# 儒家宪政与中国未来

## 我们是谁？我们向何处去？

范瑞平　贝淡宁　洪秀平 ◎ 主编

华东师范大学出版社

华东师范大学出版社六点分社　策划

# 目 录

范瑞平　前言 / 1

## 政治儒学复兴的正当性问题

蒋　庆　儒学在当今中国有什么用？ / 1
　　　　王绍光　"王道政治"是个好东西？ / 17
　　　　蒋　庆　回应王绍光对"王道政治"的批评 / 37

盛　洪　积善之家，必有余庆 / 42
　　　　陈弘毅　评盛洪的历史维度原则 / 55

李晨阳　天—地—人之天，还是超越天—地—人之天？ / 58
　　　　范瑞平　评李晨阳的天人观与民主观 / 69

陈祖为　儒家宪政的合法性问题 / 75
　　　　贝淡宁　评陈祖为的合法性观点 / 87

唐文明　儒教、宪政与中国：一个初步的思考 / 90

## 可行性与可取性问题

白彤东　新邦旧命 / 103

韩　星　三才之道与王道政治 / 115

姚中秋　论儒家式多中心治理秩序 / 145

杨汝清　以孝治天下 / 167

杨朝明　儒学特质与廉政文化 / 179

林安梧　中国政治传统之过去与未来 / 190

## 走向未来

张祥平　德治中国，德覆天下 / 217

贝淡宁　儒家学说与社会主义的和解？/ 234

洪秀平　梁金瑞　论家族文化复兴对儒家文化复兴之基础性意义 / 246

范瑞平　我们是谁？我们向何处去？/ 257

# 前　言

本书包括两次学术研讨会中精选出来、经过作者修改以及我们三位主编编辑的优秀论文。第一次研讨会的主题是"改革开放与中国前途——儒家的义理、价值、动力及当代探索";第二次研讨会的主题为"儒教宪政与中国未来"。这些论文都在不同侧面、以不同方法论证两项重大课题:一是改革开放与政治儒学复兴的相关问题,一是中国未来发展的儒学资源问题。作者们都认识到,随着中国日益强大,国人应该具有更多的文化自觉,诉诸自己的传统资源为世界文明做出文化贡献。儒学无疑是内容最丰富、影响最深远的中国传统文化资源,因而,这些论文大都以儒学为核心来展开论说。我们依其内容分为三部:政治儒学复兴的合法性问题,可行性与可取性问题,以及走向未来的关注问题。

毋庸讳言,中国三十年改革开放取得了举世瞩目的伟大成就,但实用主义道路也已经走到尽头。中国的未来之路怎么走?就近些年来的学术界而言,人们可以明显看到自由主义与新左派之间的持续争论。自由派宣扬现代西方的"自由"、"平等"、"民主"、"人权"等观念,高调倡议在中国落实这些"普世价值";新左派则看到这些价值不过是现代西方价值,强调中国具有不同的国情,应当走自己的独特道路;自由派对于文革灾难、极权主义、人权问题痛心疾首,急欲建立"自由民主宪政"来医治匡正;新左派则认识到西方传统对于中国现实的外在性、偏激性和全盘西化的肤浅性,并以民族主义情怀提议通融中国历史中的孔夫子传统、毛泽东传统和邓小平传统,以指导新时代的进一步改革和发展。

相比之下,以儒学为核心来展开论说的当代儒家尚未形成局面,但他们的队伍正在不断壮大。一批真正的儒家学者已经从"研究儒家的学者"中脱颖而出，做了非常有益的文化自觉的工作。例如，当代儒者蒋庆基于儒家传统的义理、价值和动力提出"王道政治"，已在学术界产生重大影响。这批具有儒家情怀的学者确实具有自己的见解，既不能把他们归于自由派，也不能把他们归于新左派，但可以把他们称为中派。他们不是自由派，因为他们和新左派一样认识到，把现代西方价值看作"普世价值"不过是一种一厢情愿的幼稚——这些现代西方价值带有明显的西方个人主义和平均主义特征，同大多数中国人的生活方式有不可避免的冲突。他们也不是新左派，因为他们认识到，中国社会应当用来自自己悠久历史的、正当的主流价值来指引，实行蒋庆所说的"一统之下的多元"。如果把互不相容的传统不分主次统统摆在一起，那就难以得到协调一致的合理辩护，也难以为国家发展提供明确导向，甚至可能引起思想混乱、社会动荡。说他们是中派，是因为他们继承中国几千年来的儒家文化正统，面对现实，既坚持儒家的基本义理和核心价值，又学习和借鉴现代西方的先进经验，尝试以儒家思想为基础来提出有益于中国社会发展和人民幸福的政治、经济、法律等方面的建议和方案，以供人们思考和讨论。

这些学者的思想常常被一些人说成"保守"、"狭隘"或"不切实际"。事实上，具有儒家情怀的学者讲究"中庸之道"，反对走极端，认同孔子所说的"过犹不及"的观点。20世纪可以说是世界范围内的革命世纪，中国知识分子的心态尤其典型。他们对自己的传统完全丧失信心，也失去了逐渐改革的耐心，期望找到捷径，一蹴而就，通过革命一下子就能变贫穷落后为繁荣先进；甚至认社会达尔文主义为真理，以功利主义为圭臬，彻底砸烂自己的传统。人们是通过这方面的极其深重的教训以后，回过头来意识到传统儒学的"仁义道德"和"天地良心"的重要性。此外，今天的儒家学者并不"狭隘"，他们并不认为传统中的一切都是好的，也十分清楚要向西方学习。事实上，他们的那些最受瞩目的提议，包括蒋庆的提议，都是在学习和吸收了西方理论和经验的基础上做出的。关键在于，他们坚持要以来自悠久历史积淀的、中国自己的核心思想和价值为主导来思考中国的现实和未来，而不是一面倒地投向现代西方的核心思想和价值。他们为此提出了理由和论证，供人们反思和批评。他们的观点当然是有争议的，但并非"不切实际"。如果我们能够认真阅读他们的论文、思考他们的观点，我们就会发现，他们所提出的是一些根本性的、关乎中国的进一步改革和未来发展的问题。

当然，如同任何有生命力的学派一样，儒家学者内部并非总是意见一致。事实上，本书的读者可以清楚看到，他们之间在许多具体问题上都有不同看法。从大的方面说,尽管他们都是中派,①但也有各种类型的不同。有的较为宗教,有的较为世俗;有的略为偏左一点,有的略为偏右一点;有的重视理论考察,有的偏好当下行动;有的致力于历史经验,有的集中于现实分析。我们认为,这种"和而不同"的儒学研究状况,不但正常,而且有益。为此,我们还特别邀请了一些非儒家学者,参与评论、对话和论述,期望读者能在他们之间的交锋和批评中学到更多的东西,以助于自己的反思、判断和取舍。

在我们看来,中国三十年改革开放的过程正是向儒家传统逐渐复归的过程。从邓小平摈弃以阶级斗争为纲、支持包产到户、不问姓资姓社、坚持以经济建设为中心开始,到江泽民提出建设"小康社会"和追求"中华民族的伟大复兴",再到胡锦涛构建"以人为本"、"和谐社会"的宏伟理想,中国政府正在一步步地向自己传统文明的核心价值复位。在当今世界的文明竞争、利益争夺的大格局中,儒家传统的信仰、义理、价值和动力将为中国深化改革开放、进一步发展崛起提供最好的资源和指导。作为有情感、有理性和有向往的存在者,人们不能不问"我们是谁?"、"我们向何处去?"的问题。明确接受儒家思想和价值的地位,将有助于解决人民的信仰饥渴,填补社会的道德真空,维护和促进经济的持续有效发展,并且证明国家政治的正当性。

需要说明的是,泗水研讨会上的一些优秀论文未能包括到本书中来。特别是,有些作者会后还对论文作了认真修改并提交给我们,但由于篇幅关系,我们只能暂付阙如,这是应向这些作者表示歉意的。有几位学者两次研讨会都参加了,也都提供了高质量的论文,我们只能每位选了一篇,也请他们谅解。此外,我们需要衷心感谢为我们的两次研讨会提供无私帮助的人们。济南省文化标志城规划建设办公室领导高述群先生为泗水会议精心策划,周到安排,他的同事王明强先生帮助接待四方来宾;泗水县陈洪夫先生等相关领导为泗水会议的成功举办鼎力相助,全力支持;远在北京的高翔先生专程赶来泗水参与接待和联络工作;曲阜孔子文化学院的杨朝明院长,宋立文老师为会议的材料准备做了大量工作;孔氏后裔创办的上海明德基金为两次研讨会慷慨提供了赞助。香港城市大学公共及社会行政学系资助并主办了第二次研讨会,我们感谢系主任陈汉宣教授的大力支持和高级研究助理刘屹智先生的周到安排。该系的研究助理刘木晖、研究生周国樑、李琴、宋玢璐、孙小逸、洪崇妙、吴灵琼、朱桂兰为会议提供了切实有效的服务,在此一并致谢!必须提到的是,倪为国先生为本书的出版做了

---

① 即坚持以儒学的核心思想和价值为主导来思考中国的现实和未来,不躲避或讳言这些思想和价值与现代西方思想和价值之间的冲突。

极大的努力。最后,我本人要诚挚感谢本书的另外两位主编、我的朋友贝淡宁和洪秀平,他们和我一起做了本书的编辑工作,更重要的是和我一起主持了这两次相关的研讨会:山东泗水研讨会的优异成绩应当归功于洪秀平,香港城大研讨会的良好协作应当归功于贝淡宁。

范瑞平

2010年6月于香港城市大学

# 政治儒学复兴的正当性问题

# 儒学在当今中国有什么用？[①]

蒋 庆[②]

儒学在当今中国有什么用？现在提出这样一个问题，是因为百年来中国受到西方功利主义的影响，已经成了一个功利主义盛行的国度。现在很多中国人的心中，功利主义占了上风。[③]很多中国人已经不会从道德、良知、天理的角度来思考评判事物了。在这样的思想背景下，儒学被人认为已经没用了，像出土文物一样是博物馆中的陈列品，最多只供专门的研究人员研究。在这些中国人的心中，儒学与化石、西汉古尸没有什么区别，仅仅是一种文字形态的古化石。[④] 然而，儒学果真没用了吗？果真是文字古化石或出土文物吗？果真已退出中国的历史舞台了吗？我的看法是否定的，我认为儒学在当今中国不仅有用，而且有其"大用"。下面，我就向大家具体分析一下儒学在当今中国究竟有什么"用"，以及有什么"大用"。

在具体分析儒学的"用"之前，我们有必要简单了解一下儒学在中国历史上的"用"。儒学在中国历史上的确实有非常大的"用"，这是不争的事实，中国主流的思想与正统的士大夫都充分肯定儒学的"大用"，这一"大用"就是儒学

---

[①] 本文原为香港凤凰卫视"世纪大讲堂·国学系列"演讲。
[②] 贵州阳明精舍书院院长。
[③] 功利主义的根本特征就是"功用至上"，一切问题都要从"功用"上来思考、来评价才认为合理，"功用"成了人们思考评判所有事物的最高标准。
[④] 袁伟时就持这个观点。其实，在这些中国人心中，儒学还不如马王堆汉墓的西汉古尸有价值，西汉古尸还可以向外国人夸耀我们的祖先早就有了防腐的先进技术，墓中的漆器多么精美，丝织品多么精致，而儒学不过是黑暗的封建社会的意识形态，是残酷的专制政治的帮凶，是落后的小农经济的产物，等等。

奠定了中华文明或者说中国文化的精神价值基础。我们知道，儒学并非创立于孔子，孔子只是儒学的集大成者，在孔子之前的"二帝三王"时代，就已经存在儒学了（二帝是尧、舜，三王是夏禹、商汤、周文），所以儒学已经有五千多年的历史了；严格说来，儒学已经有六千五百多年的历史了，儒学的基本经典《易经》最早由伏羲画卦，现在经专家考证可以追溯到约6500年前。我们知道，儒学的基本经典《诗》《书》《礼》《乐》《易》《春秋》体现的是中国"古圣人之道"，这一"古圣人之道"是中华文明或中国文化的历史渊源和价值基础，所以说儒学也就是中华文明或中国文化的历史渊源和价值基础。从这个意义上来看，儒学实际上就是"中华文明与中国文化之学"，是名正言顺的中国的"国学"。儒学作为中国的"国学"，体现了中华文明或中国文化的根本精神与根本价值，是中华文明或中国文化根本精神与根本价值的载体；我们可以说，离开儒学，中华文明或中国文化的根本精神与根本价值就无从展现，因而也就不存在中华文明或中国文化本身。正是在这个意义上，我们说儒学在中国历史上有其"大用"，儒学的这一"大用"就是儒学体现并代表了悠久博大的中华文明或中国文化的根本精神与根本价值。

另外，在中国的夏商周"三代"，中国就形成了独特的儒教文明，儒教文明是中华文明的具体表现形态，使中华文明得以区别于世界上的其他文明，比如区别于印度佛教文明与西方基督教文明，而儒学正是中国儒教文明的核心价值与义理基础，所以说儒学也就是中华文明的核心价值与义理基础。我们可以说，中国之所以有区别于西方文明的中华文明，就是因为中国有建立在儒学义理价值基础上的儒教文明。儒学在中国"三代"以后两千多年的历史中，通过三个时期的三种学术形态，即通过汉代公羊学、隋唐河汾学与宋明性理学，培育出了以儒教文明为特征的中华文明，起到了安顿中国人心、培育民族精神、教化中国社会、维护国家秩序、转化残暴政权、提升中国政治的作用。这就是儒学在中国历史中的"大用"。我们可以说，没有儒学，就没有中华文明，就没有中国文化，就没有中国历史，也就没有中国。这一过程相当复杂，今天就简单说到这里为止。

以上我们讲了儒学在中国历史上的"大用"，那么在座的同学和老师们一定会问，你讲的是儒学在中国过去的荣耀，过去的"大用"，现在的中国已经发生了翻天覆地的变化，已经进入了一个全球化的全新时代，在今天这样一个拼命追求现代化的中国，儒学还有用吗？这确实是一个必须正面回答的问题。我们知道，按照儒家的思想，儒学中所体现的义理价值是"圣人之道"，"圣人之道"是"常理常道"，是"万世法"，用今天的话来说是永恒不变的普遍真理。所以,儒学中的一些具体论断可能会过时,但儒学的根本精神与根本价值则永远不会过时,因为儒学的根本精神与根本价值源自天道,根于人心,不会随着时代的改变而改变。因此,虽然今天的中国发生了巨大变化,儒学的根本精神和价值并没有发生变化,仍然能适应今天已经变化了的当今中国。这就是董仲舒说的"天不变道亦不变"的意思,也是董仲舒说的后王"有改制之名,无易道之实"的意思。另外,儒学不仅具有博大精深神圣超越的学理,同时又是入世的学问,具有很强的实践功能,所以历史上把儒学的这一实践功能称为"儒术"。在中国历史上,儒学的这一实践功能表现在儒学能够成功地解决中国人的生命、社会、政治诸多问题上。在今天,中国人在生命、社会、政治诸多方面都出现了问题,这些问题只有通过儒学才能解决。下面,就从几个最主要的方面来讲讲儒学在当今中国究竟有什么"用"。

## 一、儒学在当今中国的第一个"用":通过儒学安顿中国人的个体生命

人不是奶牛,只有物质肉体存在,吃好住好就满足,人是精神道德的存在,人活着不只是为了满足肉体的需要,而是要追寻生命的意义与价值,动物没有这种要求。所以,人的生命不只是一个物质欲望的生命,同时也是一个宗教信仰的生命,人需要宗教提供的意义与价值来安顿人的生命,否则人的生命就会空虚与荒唐。因此,人对生命意义的追求决不会低于人对物质欲望的要求,这就是为什么世界上会产生各种宗教文化的原因。然而,我们看看近代以来中国人的生命现状究竟如何呢?中国一百多年来儒家文化衰微,出现了梁漱溟先生所说的"中国文化调失"现象,即中国以儒家为代表的老文化崩溃,新文化又没有完成重建,直接后果就是中国的一句老话"礼崩乐坏,学绝道丧",具体表现在中国人的个体生命上就是我常说的"十亿中国灵魂在飘荡",也就是说,中国人的心灵得不到安顿,没有归宿;中国人的生命缺乏价值,找不到意义。我们知道,人类生命的安顿古今中外都是通过特定的文化来实现的,文化的重要功能之一就是通过文化中所体现的超越神圣的信仰与价值来提供生活的意义与安顿生命的无常,离开了特定的文化就不可能存在抽象挂空的超越神圣的信仰与价值,比如西方人的生命是通过基督教文化所体现的超越神圣信仰与价值来安顿的,穆斯林的生命是通过伊斯兰文化所体现的超越神圣信仰与价值来安顿的,而历史上中国人的生命则是通过儒家文化所体现的超越神圣信仰与价值来安顿的。但是,百年来,中国文化遭遇西方文明的冲击,中国人的生命已不能通过儒家文化所体现的超越神圣信仰与价值来安顿,出现了现在中国人心灵飘荡无处归依的普遍现象,这就

是我们现在大家都普遍感到的中国人信仰空虚、价值虚无、生命荒谬、意义失落的现象，这一现象为中国的各种怪力乱神提供了温床，也是可能造成中国社会动乱的一个深深的隐忧。因为儒学认为：人心不安不稳，就最终会导致社会政治的不和谐、不安稳。

怎么办呢？复兴儒学不失为一种可能可行的选择，即通过儒学中所体现的超越神圣信仰与价值来安顿中国人的生命。因为儒学体现的中国文化的核心价值不是世俗性的价值，而是神圣性的价值；儒学不是一般世俗的学问，而是具有宗教性的学问，因而儒学集中体现了源自"天道性理"的超越神圣的信仰与价值，能够给中国人的生命存在提供意义与安顿。历史上的中国人把儒学称为"身心性命之学"或"安身立命之学"，用今天的话来说就是解决人生信仰、生命价值与存在意义之学，儒学中所说的"上达天德"、"天人合一"、"内圣外王"、"天道性理"以及"立人极"、"三不朽"、"返心复性致良知"等等，都是通过儒学体现的超越神圣信仰与价值来安顿生命，来为生活提供意义与价值。所以，要解决当今中国人生命无处安顿意义失落的心灵飘荡无归状况，只有复兴儒学，在儒学中来安顿中国人的生命，来为世俗的生活提供超越的意义与价值。只有这样，才有可能克服导致社会政治不稳定的隐忧。

## 二、儒学在当今中国的第二个"用"：通过儒学重建中国人的社会道德

前面已讲到，人类的社会道德从来都不是抽象的，都是在特定文化中存在并体现的，如美国人的道德体现在基督新教文化中，俄罗斯人的道德体现在东正教文化中，穆斯林的道德体现在伊斯兰教文化中，而中国人的道德则体现在儒教文化中。但是，由于百年来中国儒教文化崩溃，更由于儒教文化的核心——儒学——式微，中国人的社会道德开始崩溃，现在的中国人已经不知道按照什么样的道德标准来实施自己的行为了！⑤ 中国古代也有因为政治、社会、战乱等原因出现过道德崩溃的状况，但是当时中国文化与儒学并没有崩溃，儒学体现的道德标准在社会人心中还存在，只是有道德标准做不到，而百年来中国文化与儒学受到西方文化的冲击与社会内部的动荡而崩溃，儒学体现的道德标准在社会人心中已不复存在，现在的问题不是不遵守道德，而是因为儒学式微已经没有道德标

---

⑤ 即出现了孔子所说的"无所措手足"的状况，出现了前面说的"礼崩乐坏，学绝道丧"的局面，我常说"九百六十万平方公里无规则"就是指的这种局面。

准了！中国人已不知什么样的行为是道德的行为了。⑥

怎么办呢？答案：复兴儒学，因为我们知道儒学的基本特征就是把道德放在治理社会与国家的首位，儒学在本质上就是道德之学，追求一个道德的社会就是儒学的实践目标。比如儒学中的"五常"（常理常道——"仁义礼智信"）就是人类普遍永恒的道德，任何时候任何情况下都不会过时，历史上的儒学都努力在社会中实现仁、义、礼、智、信"五常"。举例来说，"诚信"是现在中国最缺乏的道德，前面所说中国社会、政治、经济、教育等领域虚假欺骗盛行，就是缺乏"诚信"。比如，现在在生意场中钱不到不发货，货不到不给钱，互不信任，交易成本增大，"诚信"完全丧失。⑦ 因此，要在今天恢复"仁义礼智信"道德，就要恢复儒学的权威，用儒学的道德来教育中国人，包括教育中国的儿童和成人，让中国人认识到儒家道德就是不可须臾而离的"伦常日用之道"，这种"伦常日用之道"是克服中国社会道德危机的根本解决之道。

另外，有人批评儒学是中国农业社会的产物，认为中国今天已经进入了工业社会，儒学显然过时了。对这一批评，我们要问：一个生活在农业社会中的中国人要遵循儒学所提倡的"仁义礼智信"的道德，一个生活在工业社会的中国人就可以违背"仁义礼智信"的道德吗？也就是说，一个生活在工业社会的中国人就可以不仁、不义、无礼、无智、不信吗？就可以不遵守人类的普遍道德吗？

还有，通过二十多年的改革开放，中国人欲望的闸门被完全打开，在市场经济利益最大化原则的驱动下，中国人全民"交征利"，拼命追求物质财富，现在中国人的物质生活水平与过去相比，有了很大的提高，这符合儒学"利用厚生"的原则，值得肯定。但是，在追求物质财富的市场经济中，中国人忘记了"利用厚生"的原则前面还有两个字："正德"，即忘记了要用道德来规范指导市场经济追求物质财富的行为，中国人就像孔子批评的那样在市场经济中"放于

---

⑥ 在今日中国，人们每天在报纸上电视上听到看到的都是道德崩溃的坏消息：毒奶粉、黑心棉、假药、假酒、假文凭、假论文、假博士、假医疗器械，还有医生收红包、教育乱收费、学校卖文凭、学者剽窃论文、官员权钱勾结贪污腐败、买官卖官屡禁不止、豆腐渣工程年年出现、从村官开始搞假政绩一层骗一层骗到国务院，并且村官选举也搞贿选，以及假冒伪劣商品层出不穷，住房几层铁门又加防盗网（简直是"家家动物园"），出门提心吊胆怕被抢，一点小纠纷就酿成恶性刑事案件，"盗已无道"抢劫财物后常恶意杀人，"从重从快"打击刑事犯罪收效甚微，等等。这些都说明中国的社会道德已经崩溃，中国处在一个完全靠利益驱动的缺乏道德的社会，改革开放以来所谓全民经商、全民炒股、全民言利、全民发财、全民造假以至全民腐败就是这一社会的写照。这就是孟子所说的"上下交征利"的社会，用现在的话来说就是"一切向钱看"的社会。而孟子还有下一句话："上下交征利则国危矣"，现在的中国"一切向钱看"国家就已经出现危险的征兆了。

⑦ 孙中山先生讲百年前南洋华人做生意全靠诚信不靠法律，常不签合同，一个招呼信就发货付钱，签合同认为是对人的不信任，不齿于生意圈，现在是熟人骗熟人、老乡坑老乡。

利而行",结果"多怨",导致了今天中国社会的贫富不均与两极分化,引起了社会人群之间的普遍怨恨,直接威胁着中国社会的稳定和谐。汤因比说,人类历史上很多内战,都是因为财富分配不均引起的。怎么办呢?只有儒学提倡的"中和价值"才能为中国的市场经济与社会秩序建立一个道德的基础,才能限制资本恶性膨胀向非人道的方向发展。⑧ 也就是说,只有儒学提倡的"中和价值"才能避免当今中国的社会出现董仲舒说的"富者田连阡陌而贫者无立锥之地"的贫富对立状况,真正实现儒学"均富"的社会理想,即实现中国社会的共同富裕。所以,从这个意义上说,儒学天然就是社会主义的。

复兴儒学,在儒学的引导下发起一场振兴中国社会道德的运动,重建中国的社会道德,才能克服中国社会道德决堤的危机,从而避免中国社会因贫富悬殊引起的动乱,使中国人不被自己创造的财富腐蚀压垮,使中华民族又重新成为一个有道德的民族,使中国社会又重新成为一个有道德的社会,使中国人真正不愧为尧舜孔孟的后代,使中国不愧为"礼义之邦"的美名。

## 三、儒学在当今中国的第三个"用":
## 通过儒学重塑中华民族的民族精神

每一个民族都有每一个民族的民族精神,民族精神在精神气质上把一个民族与另一个民族区别开来。因此,民族精神是一个民族的根本特征,或者说自性特质。民族精神不是今天才有,而是一个民族在长时间的历史文化演变中逐渐形成并定型,所以,民族精神是一个民族历史文化的产物,也是一个民族历史文化特质的体现。在一个民族与其他民族交往的过程中,民族精神是一个民族自我认同的核心内容,是一个民族文化身份的集中体现,也是一个民族立于世界民族之林的身份标志。一个民族如果没有民族精神,就不会有民族自我认同的内聚力,就没有确定的文化身份与其他民族交往,就会处在亨廷顿所说的"无所适从的精神分裂状态"。从历史上来看,民族精神都体现在一个民族的文化中,具体体现在一个民族占统治地位的思想学说中,如美利坚民族的民族精神体现在基督新教文化及其思想学说中,俄罗斯民族的民族精神体现在东正教文化及其思想学说中,而中华民族的民族精神则体现在儒家文化及其思想学说中,即体现在儒学中。

---

⑧ 因为资本的本性就是倾向于冲破道德约束最大限度地追求利润,马克思说资本是带着血来到人间就是此意。

但是，百年以来，在反传统的浪潮中，从"五四"打倒孔家店到文革"破四旧"，最后彻底地与传统绝裂，儒学都首当其冲，成为攻击的目标，而导致儒学式微。儒学式微最直接的后果就是中华民族丧失了自己的民族精神，学到的西方文化及其西学又不能转化为自己的民族精神，结果中国人灵魂四处飘荡，无所归依，中华民族成了一个没有民族精神的民族，从而成了一个没有民族文化自我的民族、一个没有民族文化身份的民族、一个不知道自己民族文化自性特质的民族。在这种情形下，中华民族就成了一个不知道"我是谁"的民族，一个"精神分裂无所适从"的民族，一个精神上处于"游魂"状态的民族，一个民族内聚力日益弱化的民族。由于中华民族丧失了民族精神，使中华民族缺乏确定的文化身份与文化自我同其他民族交往，不能以确定的民族文化身份立于世界民族之林。⑨

怎么办呢？答案：复兴儒学，通过复兴儒学来重塑中华民族的民族精神，因为中华民族的民族精神自古以来就体现在儒学中，儒学就是中华民族民族精神最集中的载体。在中国过去的历史中儒学体现了中华民族的民族精神，在今后岁月中，儒学也将再度体现中华民族的民族精神。这是儒学"为生民立命"的历史使命，"为生民立命"就是为生民重塑中华民族的民族精神。这样，重塑中华民族民族精神的努力就成了复兴儒学的努力，复兴儒学就成了重塑中华民族民族精神的当务之急。

## 四、儒学在当今中国的第四个"用"：通过儒学重建中国人的信仰与希望

人与动物不同，人是希望的存在，希望就是超越人自然生命的束缚，怀抱着理想与信仰生活，动物则无此特征。如果人的生命中没有信仰与希望，不仅人的存在会荒唐，人类历史也会荒唐。荒唐就会产生无意义感、空虚感与恐惧感，人的存在就会痛苦不堪。从儒学的历史来看，儒学在本质上是希望之学，儒学追求的正是社会和谐、世界大同与宇宙太和的信仰与希望，儒学把人类的希望寄托在人类的良知上。在中国漫长的历史中，儒学为中国人提供了信仰与希望，使中国人的生命存在与历史现实具有了意义，获得了动力。但是，近百年来，由于中国人自己打倒了儒学，儒学不能再给中国人提供信仰与希望，

---

⑨ 小布什到中国访问刻意要去教堂礼拜，目的是要表明自己基督新教的文化身份，我国政治人物出国访问怎样表明自己的文化身份呢？

中国人抛弃儒学转向西方。然而,冷战结束,苏联东欧瓦解,意识形态的冲突消亡,中国人才恍然觉悟,当初中国人热情拥抱的西方学说和思想实际上并没有给中国人提供真正的信仰与希望,中国人又一次陷入痛苦中。由于在现实中中国人没有信仰与希望,为了解脱痛苦,开始通过无休止地拼命追求权力、财富、虚荣来麻痹自己。但是由于人是希望的存在,没有信仰与希望,人不能生存,权力、财富、虚荣并不能真正麻痹中国人,我们现在仍陷入在深深的痛苦与惶惑中,中国的社会已经成了一个没有信仰、没有理想、没有希望,只有当下物质享受的社会。

　　怎么办呢?亦复兴儒学,因为儒学的特征就是理想之学、信仰之学、希望之学,儒学能够给当今的中国人指明理想、提供信仰、带来希望。[⑩] 不过,儒学提供的理想、信仰与希望不是建立在理性必然性上的乌托邦,而是建立在生命信仰与历史信念上的真正的理想与希望,而西方近代理性主义哲学提供的历史进步观才是建立在理性必然性上的乌托邦,苏联东欧的历史变化已经做出了有力的证明。因此,在今天的中国,只有复兴儒学才能激发理想、重建信仰、再获希望,从而解除我们因丧失理想、信仰与希望而产生的无意义的痛苦,为中国的社会现实与今后的历史提供意义与动力。马克斯·韦伯说现代性的世界是一个理性化铁笼笼罩的世界,因而没有理想与希望,儒学的理想与希望就是要打破这个理性化的铁笼,为生活其中的人带来信念与热情,理想与希望。

## 五、儒学在当今中国的第五个"用":
## 通过儒学重建中国政治文明

　　政治中最重要的问题,用儒学的术语来说是所谓"政道"问题。合法性解决的是权威与服从的关系,是实现政治稳定与执政能力的根本。解决了合法性,用卢梭的话说就可以"把统治变成权利,把服从变成义务",实现"长治久安"。在中国历史上,政治秩序的正当性是儒学赋予的。儒学在古代又称"王官学",[⑪]其基本功能是为政治权力提供正当性的标准。[⑫] 具体说来,儒学是通

---

　　[⑩] 即儒学能够给当今的中国人指明社会和谐与王道德治的理想、提供世界大同的信仰、带来宇宙太和的希望。

　　[⑪] "王官学"是支持某一政治秩序同时又批判这一政治秩序的标准,既有意识形态的功能,又有批判政治的功能。

　　[⑫] 符合合法性的标准,人们就自愿服从,政治就长期稳定;不符合合法性的标准,人们就不服从,政治就不稳定,就处在随时可能发生反抗与动乱的边缘。

过"王道政治三重正当性"来为政治秩序提供正当性的标准。[13] 虽然历史中现实的政治秩序未必都符合这三重正当性,但"王道政治"所包含的"三重正当性"确实为人类政治提供了一个最周全最完满的评判标准。

中国自近代以来,马上得天下,然而"天道好生之仁",武力并不能成为政治秩序正当性的基础,也得不到"神圣天道正当性"的支持。昔儒言:"逆取"必须"顺守","顺守"就是解决政治秩序正当性的问题。

改革开放以后,中国在经济上有了高速的发展,开始有"经济增长的正当性"的说法,但"经济增长的正当性"属于"人心民意的正当性",不能成为整个政治秩序的唯一基础,即不能以"经济增长的正当性"排斥否定"神圣天道的正当性"与"历史文化的正当性"。再进一步说,"人心民意"很复杂,构成"人心民意的正当性"的内容很多,除经济增长外,还包括政治公正、吏治清明、社会公平以及社会道德状况、权利状况、自由状况等,所以"经济增长的正当性"也只是"人心民意的正当性"中一个涉及人的物质利益的部分,一个稳定的政治秩序绝不能只靠经济增长带来的物质利益作为自己正当性的唯一基础,因为这种做法政治动乱的风险非常大。

怎么办呢?唯一的办法就是复兴儒学。具体说来,儒学能够提供"神圣天道的正当性"、"历史文化的正当性"与"人心民意的正当性"。这样,中国的政治秩序才能够得到天道、历史与民意的广泛认同与支持,就算"人心民意的正当性"中经济增长出现了问题,但其他正当性仍在稳定地支撑着中国政治,不会出现严重的正当性危机,因而不会导致中国政治秩序的全盘崩溃,不会使中国的老百姓再受百年来中国政治动乱无秩序之苦。环顾当今之世,没有哪一种学说能像儒学一样。我的朋友张祥平先生说:"早尊儒早安定,晚尊儒晚安定,不尊儒不安定",这是中国历史已经反复证明的真理。所以我们说,儒学对中国政治秩序有"大用"。

## 六、儒学在当今中国的第六个"用":
## 通过儒学建立具有中国文化特色的政治文明

中国的政治制度在古代是建立在儒家文化上的"大一统礼乐刑政制度",而其理想是儒学推崇的"王道政治"。因此,中国的政治制度自古以来都具有

---

[13] "王道政治三重正当性"包括"神圣天道的合法性"、"历史文化的合法性"与"人心民意的合法性",一个政治秩序必须同时具备这三重合法性才完全合法,否则合法性就要打折扣。

中国文化特色,即儒家文化特色,具有中国文化特色的政治制度可以说是中华民族的民族精神在中国政治制度上的体现。但是,近代以来,中国人学西方,把西方的民主制度(不管是资本主义民主制度还是社会主义民主制度)作为中国政治制度的发展方向,进而作为其根本目的。这样,中国政治制度就丧失了自己的文化特色,向西方文化歧出并变质,即变成体现西方文化精神特质的西方式的政治制度。⑭ 这种文化的歧出变质在中国古代叫"以夷变夏"。"以夷变夏"的直接后果就是亨廷顿"文明冲突论"中所暗示的中国变成了一个世界民族文化之林中"无所适从的精神撕裂的国家",即中国在以文明为单位划分国家属性的世界格局中找不到自己的文化定位与文明归宿。在传统上中国不是欧美文明,不是伊斯兰文明,而现在日益西化已经"以夷变夏"又不是传统的中国文明,中国在政治制度上完全丧失了自己的文明属性,找不到自己的文化自我,确立不了自己的文化身份,在世界文明体系中无所适从,处于自我撕裂状态。亨廷顿在《文明的冲突与世界秩序的重建》一书中引用了一个人类文明谱系图,图中描绘中国文明的现状是一个"?",该图描绘现在世界上存在的各大文明谱系与文明定性都非常清楚,如埃及文明与美索不达米亚文明产生了地中海文明与迦南文明,发展到现在形成了明确的西方文明、东正教文明与伊斯兰文明;古印度文明发展到现在形成了印度文明;中华文明在演变过程中分为两支:一支发展到现在形成现代的日本文明,一支在中国古代形成中国文明,而这一中国文明发展到现在已不知其文明的明确性质,即现在的中国文明既不是传统的中国文明,又不是现在的西方文明,编谱系的西方人不知现在中国文明的性质究竟是什么,只好以一个"?"来描绘现在中国文明的状况。这样,中华文明发展到现在竟然变成了一个缺乏文明自性且没有文化自我的问号"?",这说明中华文明处在最危急的关头,陷入了最悲惨的境地。你们想一想,一个有着六千五百年辉煌历史的伟大文明发展到现在到底是什么性质的文明都已经搞不清楚了,中华文明在漫长的历史中形成的文化自性已经在现在的世界上不知不觉地消失了,这不是最大的文明悲剧又是什么!这最能说明中国的政治制度已丧失了中国文化的特色,中国成了一个没有自己文明属性、文化身份、文化自我与文化方向的国家。

怎么办呢?唯一的办法就是复兴儒学,通过复兴儒学来建立具有中国文化特色的政治制度。前面已言,"王道政治"不仅在三重正当性的内容上优胜

---

⑭ 因为不管是欧美式的政治制度还是苏俄式的政治制度,本质上都是体现西方文化精神特质的西方式的政治制度。

于民主制度所具有的"一重正当性",同时"王道政治"本身就是具有中国文化特色的政治制度,因为"王道政治"产生于中国夏商周三代以来的"圣王文化",继承的是中国文化的"圣王道统",因而是具有中国文化特色的政治制度的最典型形态。因此,中国今后政治发展的方向不是西方式的民主,而是吸收了某些西方民主正面价值又避免了西方民主弊病的继承中国文化"圣王道统"且具有中国文化特色的"王道政治"。正是基于这一中国政治的发展方向,我们要用"王道政治"来改造、提升并超越民主政治,只有这样,才能克服近代以来中国政治文化的歧出与变质,才能寻回中国政治文化的自我,才能确立中国政治制度的自性,才能回归中国政治文化的特质,才能确立中国政治制度的文化身份。也就是说,只有这样,才能使中国不再成为世界民族文化之林中"无所适从的精神撕裂的国家",才能使中国在世界文化格局中找到自己的文化定位与文明归宿,从而才能改写亨廷顿书中对中国文明现状所打的"?",即在这个打"?"的地方明明确确地写上"中国文明"。而这个"中国文明"靠谁来写?靠所有的中国人来写,最根本的是要靠在当今中国复兴儒学来写。

## 七、儒学在当今中国的第七个"用":
## 通过儒学奠定中国现代化的道德基础

中国近代以来进入了一个中国历史上从未有过的国际生存环境,即进入了一个弱肉强食的西方达尔文主义文化支配主宰世界的时代。不讲道德、掠夺别国财富、瓜分全球的殖民主义、帝国主义在全世界盛行。在这种时代背景下,百多年来中国一直面临着西方列强瓜分侵略的巨大压力,救亡图存一直是中国近代史的主旋律,我们的国歌歌词最典型地表达了中国近代以来救亡图存的最强音。而救亡图存的直接诉求就是学习西方的声光化电、坚船利炮、科学技术以及西方的政法制度、财经制度、工业制度、军事制度等一切能够使中国救亡图存的制度。用一句话概括:救亡图存的直接诉求就是追求国家的富强,因为中国富强就可以避免中国挨西方打,而"落后就要挨打"正是中国近代史中最不道德的又是最现实的一条血淋淋的铁律。(国家"落后就要挨打"就像邻人相处"矮小就要挨打"一样,实在荒唐。)在这种背景下,追求国家富强就是增强国家综合国力,具体方法就是走西方现代化的道路,因为只有走现代化的道路才能使中国富强不挨打。但是,按照中国的文化观,西方现代化的道路是中国古代圣人所反对的"以力服人"的"霸道"的道路,是不道德的,西方社会达尔文主义的文化也是一种不道德的强盗文化、霸道文化,而中国文化追求的是"以德服人"的"王道政治",

中国文化是建立在中国历代圣贤义理之学上的圣贤文化、君子文化。所以,中国百年来追求洋务富强的知识分子如张之洞等人认为中国文化在"体"上(精神价值上)崇尚道德,优于西方文化,本不用学西方文化,但西方列强已打到你家门口了,中国面临"亡国亡种亡教"的威胁,所以在"用"上(器物层面上)不得已为了救亡图存要去学西方文化,即去学使西方富强的现代化。因此,中国的现代化不是从中国社会内部产生的,而是被不道德的外部力量逼出来的。中国人本不想放弃圣贤文化、君子文化而效法西方列强,但迫于救亡压力非常不情愿地被推上了现代化的路。所以,正是在这个意义上,有研究中国现代化的学者说:中国的现代化是被诅咒的。

因此,在这样的背景下,中国的现代化只具有底线公正的意义,即只具有反抗殖民主义、帝国主义瓜分侵略的意义,不具有更高的道德意义。因为中国的现代化学习的是西方社会达尔文主义的文化,这种文化追求强力霸道以力服人,是没有更高道德的小人文化,说得严重点是违背人类基本道德的强盗文化。因此,中国一百多年来的现代化,没有道德基础,纯粹追求物质力量,而没有道德基础的现代化必然会导致两种结果:第一种结果是在国内,现代化腐蚀中国人的精神道德,因为现代化所追求的物质财富本身就是对人性和民族精神最大的腐蚀力量,罗马帝国的衰亡就产生于财富的大量占有而腐蚀了罗马人心,明帝国的灭亡也产生于社会财富的增加而全民追求物质上的享乐安逸(即郑板桥《道情》所说"最可叹龙盘虎距,尽消磨燕子春灯")。第二种结果是在国际关系方面,如果中国的现代化没有道德基础,当中国国力强大到在国际事务中具有举足轻重的说话资格和影响力时,中国肯定会称霸;中国现在说自己将来不称霸,是因为现在还没有称霸的能力。为什么呢?因为中国现在所走的现代化之路就是按照西方社会达尔文主义规则在走,中国已经接受其规则,即"有力量就称霸",谁都不可能按照这个称霸的规则做事又不称霸,就如同接受足球比赛的规则参加球赛又声明比赛不是为了进球一样。现在中国人按西方人确立的现代化规则走现代化的路,这二十多来年来遵循他们制定的规则比一百年前遵循得好了,西方人就紧张了,"中国威胁论"于是出笼,遵循他们的规则超过了他们,他们能不紧张吗? 他们看到中国人遵循他们的规则必然会按这一规则的逻辑行事,所以他们是实话实说,因为他们知道他们的规则是不道德的规则,是有力量必然称霸的规则。中国开始有点力量了,他们自然感到威胁。这就是因为中国接受的西方现代化规则是国际关系中不道德的规则。

那么,怎么办? 在将来很长一段时间内,国际关系中社会达尔文主义支配主宰世界的状况不会改变,因而中国还必须走现代化的路。但是,现代化的路又是一条不道德的路。到底怎么办?唯一的办法就是复兴儒学,通过儒学奠定中国现代化的道德基础。我们知道,儒学就是道德之学,儒学以道德为首出,最重道德。儒学所体现的中国文化价值与文化特性实质上就是一种普遍的道德精神。因此,在国内,只有用儒学所体现的道德精神来指导、规范或者说提升中国的现代化,来作为中国现代化的基础,中国的现代化才不会偏离道德的方向,才不会变为腐蚀中国人人性和败坏中华民族民族精神的负面力量,从而中国的现代化才具有超越单纯追求物质财富与国家强大的更高的道德意义。

此外,在国际关系上,只有通过儒学奠定中国现代化的道德基础,中国的现代化才能在增加社会财富的同时又保持人类普遍的道德精神,中国的现代化就会从以前追求底线公正的消极力量(救亡图存的力量)上升为改变西方社会达尔文主义规则的积极力量,从而才不会因为中国最终国力强大后按照西方的"霸道规则"行事而称霸世界。这是因为儒学的理想就是要建立一个道德的世界,表现在国际关系上就是要建立一个"以德服人"的道德的国际秩序,就是要把国与国之间"狼的关系"变成"人的关系",即把国际关系中比拳头大的"动物规则"还原为讲道德的"人类规则",最终建立一个"道德的天下"。这是儒学的伟大抱负——"为万世开太平"(张子"四句教"的最后一句)。这样,以儒学道德精神指导的中国的现代化就担负了改变西方不合理不道德的现代化的历史使命与道德使命,为最终打破国际关系中"落后就要挨打"的铁律奠定了道德的基础。由于西方文化中没有"为万世开太平"的文化基因,改变西方现代化不道德因素的任务就历史地落在了儒家文化的身上,具体落在了儒学的身上。从这里可以看到,当今中国复兴儒学不仅可以解决中国的问题,也能解决人类的问题,而当今人类最大的问题仍然是国际关系中的社会达尔文主义问题。所以,复兴儒学不仅具有中国意义,也具有全人类的意义。

## 八、儒学在当今中国的第八个"用":
## 通过儒学解决中国的生态环保问题

儒学在本质上是"天人之学",儒学强调"天人合一",就是强调"人与自然的和谐统一"。儒学中的生态环保资源非常丰富,并且是从精神信仰上来解决生态环保问题的"深度生态学",而不是只从技术、法律层面来解决生态环保问题的"浅度生态学"。比如张载"乾父坤母,民胞物与"的思想、邵康节"以物观物,物各付物"的思想、王阳明"天地万物一体之仁"的思想,都是建立在精神信仰上的非常深刻的生态环保思想，可以说儒学就是天然的"绿色之学"。在改革开放二十多年后的今天，中国人不顾一切地向自然攻伐索取，我们的生态环境遭到了前所未有的巨大破坏，已经到了毁灭的崩溃边缘。因此，要从根本上解决中国的生态环保问题，就只有复兴儒学，因为只有儒学才能从精神信仰的深度与高度来解决这个问题。

## 结　语

以上我们讲了儒学在当今中国八个方面的"用"，通过对儒学这些"用"的了解，我们看到了儒学博大精深的价值内涵与解决当代中国问题的深远功能。这一价值内涵与深远功能就是《中庸》"致中和"的思想。《中庸》说："致中和，天地位焉，万物育焉"，只要达到了"中和"，天地万物都能够得其所，这就是"致中和"的伟大功用。"中和"是儒学的根本精神与治世功能，从上述儒学八个方面的"用"中，我们可以看到儒学的这种根本精神与治世功能，即儒学能够使人心和谐、社会和谐、民族和谐、政治和谐、国家和谐、世界和谐、物我和谐、天人和谐、宇宙和谐，这就是儒学在当今中国的全体大用！环顾当今中国的思想界，没有哪一种思想学说能够解决上述八个方面的问题，因而没有哪一种思想学说在解决当今中国的问题上能够比儒学更有用。因此，只有儒学才是当今中国最有用的思想学说！只有儒学才能救中国！既然如此，我们还能像"五四"知识分子那样认为儒学"无用"吗？"儒学无用论"无疑已是一个假问题而不复存在了。我希望我今天的演讲能够使大家达到"儒学在当今中国最有用"的共识。另外，通过以上对儒学的"用"的了解，我们了解到当今中国在文化上的当务之急就是复兴儒学与弘扬儒学。这是每一个中国人的文化责任，也是每一个中国知识分子的道德责任。

# "王道政治"是个好东西？

## ——评蒋庆的"儒家宪政"

王绍光①

## 蒋庆的"王道政治"

俞可平有句话现已传遍海内外，即"民主是个好东西"。② 然而，并不是每一位认真思考中国未来的论者都同意这个断语。在当代中国思想界，蒋庆可以称得上是"群居不倚，独立不惧"。虽然不曾明说，但他一定确信"王道政治才是个好东西"。

在过去二十年里，从阐发"公羊学"入手，③蒋庆致力于构筑"政治儒学"的理论架构，④继而倡导"王道政治是当今中国政治的发展方向"。⑤ 最近，他又开始推动"儒教宪政"，其核心依然是"王道政治"。⑥ 蒋庆之所以如此孜孜不倦、用志不分，其目的据说是为了处理所谓"合法性问题"。在他看来，政治最根本的问题是政治权力的合法性问题，或"政道"问题。而不管是在中国、还是在被某些人奉为楷模的西方，这个问题都解决得不好，甚至存在严重危机。王道政治是他为解决合法性问题开出的药方。

中国的问题据说是"合法性缺位"。为什么会出现"合法性缺位"问题呢？因为他认为，近百年来"中国固有文化崩溃，完全以外来文化——或自由主义文化或社会主义文化——作为中国的主导性文化，即僭越了儒家文化在政治与社会中的正统主导地位，偏离了中国文化的发展方向"。⑦

---

① 香港中文大学政治与公共行政系讲座教授、清华大学公共管理学院长江讲座教授。
② 闫健：《民主是个好东西：俞可平访谈录》(北京：社会科学文献出版社，2006)；Keping Yu, *Democracy is a Good Thing: Essays on Politics, Society, and Culture in Contemporary China* (Brookings Institution Press, 2008).
③ 蒋庆：《公羊学引论》(沈阳：辽宁教育出版社，1995)。
④ 蒋庆：《政治儒学》(北京：三联书店，2003)。
⑤ 蒋庆："王道政治是当今中国政治的发展方向"，《原道》第十辑，北京大学出版社，2005。
⑥ 蒋庆："'儒教宪政'主题参考文稿—缘起"，未刊稿。
⑦ 蒋庆："儒教宪政的义理问题与议会形式：回应贝淡宁教授对'议会三院制'的批评"，未刊稿，第3页。

西方的问题则是"合法性失衡"。在蒋庆看来,"西方政治由于其文化的偏至性格,在解决合法性问题上往往一重独大,从一个极端偏向另一个极端:即在近代以来是偏向民意合法性一重独大,在中世纪则是偏向神圣合法性一重独大"。由于"民意合法性一重独大",西式民主政治已变得"极端世俗化、平庸化、人欲化与平面化"。⑧

有没有办法可以既解决中国的"合法性缺位"问题又解决西方的"合法性失衡"问题呢?蒋庆的答案是"有",那就是"王道政治"。"王道政治"当然并不是儒教政治的理想形态,因为如果进入"大同"世界,则"天下为公,讲信修睦,民免有耻,无讼去刑,人人有士君子之行,远近大小若一",根本不需要"王道政治"。然而,在依然存在权力支配的现实世界("小康之世"),"王道政治"不失为人类社会的最佳选择,它应该成为中国政治与西方政治的发展方向。⑨

"王道政治"的关键在于如何理解"王"字。儒家经典采取"音训"和"形训"的方式来阐释这个字的意义。从发音看,《白虎通德论》解释说,"王者,往也,天下所归往"。从字形看,孔子指出"一贯三为王";董仲舒则强调,"王道通三",他的解释是"三画而连其中,谓之王。三画者,天地与人也,而连其中者,通其道也"。⑩ 正是依据儒家经典,蒋庆断言,王道政治的合法性必须由三个组成部分,即天道合法性(超越神圣合法性)、地道合法性(历史文化合法性)和人道合法性(人心民意合法性)。

人道合法性最容易理解,蒋庆把它定义为"以民意(人心归向)为根本"。

地道合法性的基础是儒家的"大一统"说。蒋庆的解释是,各国的政治秩序必须遵循本国的文统、道统;在中国,就是必须遵循儒家的文统、道统。

天道合法性最难理解。冯友兰曾指出,中国古代的"天"有五义,即物质之天、主宰之天、命运之天、自然之天、义理之天。⑪ 在写作《政治儒学》时,蒋庆似乎同意冯友兰的说法,但只强调"天"有四义,即主宰之天、意志之天、自然之天、义理之天。⑫ 不管是五义还是四义,"天"的内涵都不清楚,很容易引起歧义。也许是为了避免不必要的歧义,蒋庆在最近的文章中把天道这种"超越神圣的合法

---

⑧ 蒋庆:"王道政治是当今中国政治的发展方向:'儒教宪政'的义理基础与'议会三院制'",未刊稿,第6页。
⑨ 蒋庆:"王道图说:'儒教宪政'的义理基础与'议会三院制'",未刊稿,第12—13页。
⑩ 蒋庆:《政治儒学》,第202—205页。
⑪ 冯友兰:《中国哲学史》(上册)(北京:中华书局,1961),第55页。
⑫ 蒋庆:《政治儒学》,第206—207页。

性"解释为"道德"或"实质性道德"。⑬

在 2003 年出版《政治儒学》时,蒋庆将人道合法性摆在首位,把它称为"王道政治第一义"。⑭ 不过在最近的文章中,蒋庆已将天道合法性移至首位,"其根本理据是:天与地和人相比,处在乾道'首出庶物'而为'百神大君'的主宰性优先地位,天与地和人之间不是平面化的对等关系或者说平等关系"。⑮

"政道"层面的"王道政治"必须落实到"治道"层面上;否则它不免有点虚无缥缈。蒋庆建议,王道政治在"治道"上实行议会制,行政系统由议会产生,对议会负责。乍听起来,这样的制度安排似乎与近世西方政治体制很相似。不过,蒋庆构思的议会却很不一样。议会实行三院制,每一院分别代表一重合法性。"通儒院"代表超越神圣的合法性,由推举与委派的儒士构成,这些儒士必须对《四书》《五经》等儒家经典融会贯通。"庶民院"代表人心民意的合法性,由普选与功能团体选举产生。"国体院"代表历史文化的合法性,由孔府衍圣公指定历代圣贤后裔、历代君主后裔、历代历史文化名人后裔、历代国家忠烈后裔、大学国史教授、国家退休高级行政官员、司法官员、外交官员、社会贤达以及道教界、佛教界、回教界、喇嘛教界、基督教界人士产生。三院中每一院都拥有实质性的议会权力,法案须三院或二院通过才能颁行,最高行政长官与最高司法长官也必须由三院共同同意才能产生。⑯

蒋庆的理论自成一家,冲击性很强,迫使任何关心中国政治的论者不得不思考一系列相关的理论与实践问题、历史与现实问题。既然蒋庆展开"政治儒学"研究、宣扬"王道政治"和"儒教宪政"不是纯粹出于学术兴趣,而是为了对症下药,"为中国未来的政治改革提供一个理论上可能的选择维度",并解决人类社会面临的政治困境,⑰这篇评论将集中讨论他把脉认定的"病症"以及他苦心孤诣下的"处方"。

## 病症:合法性危机?

蒋庆之所以围绕合法性做文章,是因为他假设存在合法性危机。

---

⑬ 蒋庆:"王道政治是当今中国政治的发展方向:'儒教宪政'的义理基础与'议会三院制'",未刊稿,第 11 页。

⑭ 蒋庆:《政治儒学》,第 205 页。

⑮ 蒋庆:"王道政治是当今中国政治的发展方向:'儒教宪政'的义理基础与'议会三院制'",未刊稿,第 3 页。

⑯ 同上,第 14—16 页。

⑰ 蒋庆:"'儒教宪政'主题参考文稿缘起",未刊稿,第 1 页。

姑且把合法性是不是政治最根本的问题放在一边,我们首先应该明确,任何政治体制都会面临合法性问题,因为没有一个政治体制会受到所有人全心全意的拥戴。例如,共和取代帝制后,有一批前清遗老遗少质疑民国的合法性;中华人民共和国已经成立60年了,还有一些人认为它不具有合法性。但是,某些人质疑一个政治体制的合法性并不构成合法性危机。那么,到底在什么意义上,蒋庆认为中国和西方的政治体制都面临合法性危机呢?

对合法性可以有两种理解。规范层面上的合法性涉及政治权力的来源是否正当(rightful, justifiable);[18] 实证层面上的合法性涉及政治制度是否有能力让人们相信现行体制对本国是最适当的体制。[19] 很明显,实证层面上的合法性是个政治学问题。当人们普遍认为现行体制对本国不是最适当的体制时,就会出现合法性危机。规范层面上的合法性则是个道德哲学问题。然而,如果道德哲学家(或以道德哲学家面目出现的政客)对某类政治体制合法性的否定不能影响生活于其中人们的想法与行为,他们的判断只具有学术意义,并不构成合法性危机。因此,归根结底,一种体制是否面临合法性危机要看生活于其中的人们是否认为其权力来源正当、是否相信现行体制对本国是最适当的。用儒家的语言来说,判断是否存在合法性危机的关键在于"天下"是否"归往"。

由是观之,中国存在合法性危机吗?

蒋庆认为"中国政治合法性长期缺位"。无独有偶,西方主流舆论也一直坚称中国的政治体制缺乏合法性。这种说法反反复复说了几十年,现在几乎被当作铁板钉钉的事实。很多西方、港台的学术文章、新闻报道、政客演讲都把中国政治体制缺乏合法性作为推演他们"理论"的出发点。久而久之,中国内部也有人接受了这种观点。

如果采取规范层面的合法性作为衡量尺度,蒋庆当然有理由认为,中国"合法性缺位"问题很严重,因为他所倡导"王道政治"或"三重合法性"在当代都付诸阙如。问题是,蒋庆自己也承认,所谓"王道政治"是儒家以传说中三代圣王之治为原型建构起来的理想模型;三代以后,这种理想在现实中一直未能完全落实。换句话说,中国的"合法性缺位"问题由来久矣,至少已存在了两千多年。同样道理,如果在规范层面采用西方的合法性尺度,中国也一定存在合

---

[18] Rodney Barker, *Political Legitimacy and the State* (Oxford: Clarendon Press, 1990), p. 11.
[19] Seymour Martin Lipset, *Political Man: The Social Bases of Politics* (2nd ed.) (London: Heinemann, 1983), p. 64.

法性危机,因为中国的政治体制不符合熊彼特的"民主"标准,没有竞争性选举。⑳

然而,如果以"天下归往"为尺度,局面就大不一样。自从20世纪90年代以来,西方学者(或中国出生、在西方工作的学者)就中国政权的合法性做了很多次大型问卷调查。最初,当有研究发现中国"天下归往"的程度很高时,西方学者的普遍反应是:被调查者不敢说实话。因此,其后的调查都加入了防止被调查者说谎的机制(如允许他们选择"不知道"或"不回答"),但每次调查的结果仍然一样。㉑ 有一段时间,得出这样结论的论文很难在西方学术刊物上发表,因为匿名评审人先入为主的偏见让他们毫不留情地"枪毙"了这些研究成果。㉒ 不过,铁一样的事实毕竟难以抵赖。现在,熟悉这个领域的学者几乎达成了一个共识:中

---

⑳ 熊彼特:《资本主义、社会主义与民主》,北京:商务印书馆,2000。在19世纪以前,绝大多数人理解的民主,是与抽签联系在一起的,而不是选举。不管是民主的拥护者,还是反对者,他们都是这样理解的。变化发生在19世纪。从19世纪开始,越来越多的人开始把民主与选举联系起来。最终把民主与竞争性选举连在一起,是1942年熊彼特出版《资本主义、社会主义与民主》这本书以后。在这本书中,熊彼特辩称理想的民主是不可能实现的,能够实现的民主就是两个或几个精英集团之间的竞争。他把竞争性选举称之为"民主",其实与民主的原意相差十万八千里,但他的理论能够被资产阶级接受。此后,经过几代人的包装,熊彼特的概念就变成当代西方社会所谓"民主"的根基。与此同时,这套东西也被第三世界(包括中国)的很多人不由自主地接受下来,变成了天经地义的神物。

㉑ Jie Chen, Yang Zhong, Jan Hillard, "Assessing Political Support in China: Citizens' Evaluations of Governmental Effectiveness and Legitimacy," *Journal of Contemporary China*, Vol. 6, No. 16 (November 1997), pp. 551—566; Shi Tianjian, "Cultural Values and Political Trust: A Comparison of the People's Republic of China and Taiwan," *Comparative Politics*, 33, 4, (July, 2001), 401—419; Tang Wenfang, "Political and Social Trends in the Post-Deng Urban China: Crisis or Stability?" *The China Quarterly*, 168 (2001), pp 890—909; Chen Jie, *Popular Political Support in Urban China* (Washington, D. C.: Woodrow Wilson Center Press, 2004); Li Lianjiang, "Political Trust in Rural China," *Modern China*, Vol. 30, No. 2 (Apr., 2004), pp. 228—258; Wang Zhengxu, "Political Trust in China: Forms and Causes" in White, Lynn (ed.), *Legitimacy: Ambiguities of Political Success of Failure in East and Southeast Asia* (Singapore: World Scientific, 2005); Tang Wenfang, *Public Opinion and Political Change in China* (Stanford: Stanford University Press, 2005); Joseph Fewsmith, "Assessing Social Stability on the Eve of the 17th Party Congress," *China Leadership Monitor*, 20 (2007), 1—24; Shi Tianjian, "China: Democratic Values Supporting an Authoritarian System," in Yun-han Chu, Larry Diamond, Andrew J. Nathan, and Doh Chull Shin (eds.), *How East Asian View Democracy* (New York: Columbia University Press, 2008), pp. 209—237; Bruce Gilley, "Legitimacy and Institutional Change: The Case of China," *Comparative Political Studies*, Vol. 41, No. 3 (2008), pp. 259—284; Bruce Gilley, *The Right to Rule: How States Win and Lose Legitimacy* (New York: Columbia University Press, 2009).

㉒ 如史天健一篇题为"Establishing Evaluative Criteria: Measuring Political Stability and Political Support in the PRC"从未公开发表。

国政治体制的合法性程度相当高。㉓

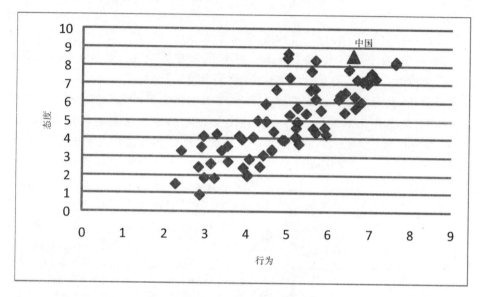

图一　72国合法性排序

Bruce Gilley 对72国家在世纪之交的合法性进行了排序(见图一),这些国家共有51亿人口,占世界总人口的83%。Bruce Gilley 的合法性有两个维度:态度与行为。有关人民对政权态度的数据来源于"世界价值调查"(World Value Survey),有关人民的行为是否显示对政权支持的数据由三个指标构成,选举投票率,公民抗议中使用暴力的频率,以及所得税、利得税、物业税占中央政府财政收入的比重。从图一可以看得很清楚,如果只看态度维度,中国在72个国家中排列第二(8.5),大大高过美国(7.12)和印度(5.89)。应该说,Bruce Gilley 设计的行为维度对中国不太公平,因为中国引入所得税的时间不长,且中央政府与地方政府之间对它进行五五分成;另外,中国还没有开征物业税;而这些制度安排与老百姓是否支持政权毫无关系。但即便如此,按照 Bruce Gilley 的行为指标,中国也在72个国家中排在第13位,大大高于许多所谓"民主国家"。㉔

美国哥伦比亚大学出版社在2008年出版了一本很有意思的书,书名是《东

---

㉓ Heike Holbig, Bruce Gilley, "In Search of Legitimacy in Post-revolutionary China: Bringing Ideology and Governance Back In," GIGA Working Papers, No 127 (March 2010), p. 6.
㉔ Bruce Gilley, "The Meaning and Measure of State Legitimacy: Results for 72 Countries," European Journal of Political Research, Vol. 45(2006), pp. 499—525.

亚怎样看待民主》。㉕ 该书涵盖了东亚八个国家或地区，书中所有个案研究都是基于全面的、严格的随机抽样问卷调查。在所有问题中，有两个与政治体制的合法性相关，即人们对中央政府与地方政府的信任度。依据该书提供的数据，图二显示，用这两个指标衡量，与其他国家和地区相比，中国大陆政治体制最接近"天下归往"的理想。

综上所述，中国似乎并不存在严格意义上的"合法性缺位"问题。

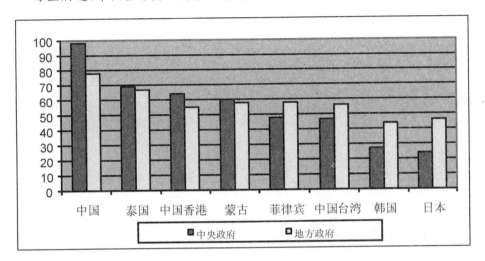

图二　东亚各国、各地区对中央政府与地方政府的信任度

蒋庆对西式自由民主制度（即资本主义民主制度）的批评是，它"民意合法性一重独大"。这种批评似乎意味着蒋庆接受了西方主流意识形态的说法：西式自由民主制度享有"民意合法性"。只不过，蒋庆认为仅有这一重合法性是偏颇的、失衡的。但西式自由民主制度果真享有"民意合法性"吗？

在欧美进行的民意调查中经常包括这样一个问题："您是否满意民主的表现？"这些调查得到的结果往往是，在那些国家中百分之七十以上的民众表示"满意"或"比较满意"。㉖ 由此，不少人得出结论，欧美国家享有"民意合法性"。不过，"您是否满意民主的表现"这种问题意义太含混，它可以被理解为(1)满意现任政府；(2)满意现行政治体制；(3)满意民主这种理想形态的政治体制，也可以

---

㉕ Yun-han Chu, Larry Diamond, Andrew J. Nathan, and Doh Chull Shin (eds.), *How East Asian View Democracy*.

㉖ 见 Comparative Study of Electoral Systems 历次调查的数据，http://www.umich.edu/~cses/resources/results/CSESresults_SatisfactionWithDemocracy.htm.

理解为满意上述三种选择的任意组合。因此,它实际上是个类似"垃圾桶"的问题,没有太大意义,不必认真对待。㉗

如果改问"您对政府有多大信心?"情况就大不一样了。在90个有调查数据的国家中,越南与中国高居榜首,人民对政府的信心最强,而大部分欧美国家就排到后一半去了,如美国排58,英国排68,法国排77,德国排87。㉘假如相当大一部分国民对政府没有什么信心,这种政治体制能有多大"民意合法性"?

在西式自由民主制度中,代表民意的是经过选举产生的所谓"民意代表",即国会议员或议会议员。正如美国《新闻周刊》主编 Fareed Zakaria 指出的那样,具有讽刺意味的是,在无数个民意调查中,当美国人被问及他们最尊敬哪些公共机构时,三个机构总是名列前茅,即最高法院、军队和联邦储备银行。这三个机构的共同特点是,它们都不是选举产生的,不是所谓民意代表机构。恰恰相反,正是那个所谓民意代表机构——美国国会——在大多数民意调查中处于垫底的位置。㉙ Fareed Zakaria 说这番话是在 2003 年,而 2010 年 4 月 18 日美国皮尤研究中心发表的最新民意调查报告《美国人民与其政府:不信任、不满意、愤怒以及党派积怨》再次证实了这个观察。它发现只有 24% 的美国人对国会的所作所为持肯定态度,高达 65% 持否定态度;国会的声誉仅比因金融海啸而搞得臭名昭著的银行与金融机构略高一点。㉚

不仅美国的民意代表机构没有多少"民意合法性",在欧洲多数国家,情况也大同小异。图三依据"欧洲指标"(Eurobarometer)2005 调查数据绘制而成。㉛除了两个弹丸小国(只有50万人口的卢森堡和只有100万人口的塞浦路斯)以外,民众对象征暴力的警察比较信任,而对头戴"民主代议士"桂冠的所谓"民意代表"很不信任。在图中列举的 29 国中,对"民意代表"的信任度平均只有 37%,虽然比美国要高一些,但还是十分低。而对警察与"民意代表"信任度的差距平均值为 25.9%。在英国、法国、德国三大国,对两者信任度的差距更高达 40%—50%。

---

㉗ Damarys Canache, Jeffery J. Mondak, and Mitchell A. Seligson, "Meaning and Measurement in Cross-National Research on Satisfaction with Democracy," *The Public Opinion Quarterly*, Vol. 65, No. 4 (Winter, 2001), pp. 506—528.

㉘ http://www.jdsurvey.net/jds/jdsurveyActualidad.jsp?Idioma=I&SeccionTexto=0404

㉙ Fareed Zakaria, *The Future of Freedom: Illiberal Democracy at Home and Abroad* (New York: W. W. Norton, 2003), p. 241.

㉚ Pew Research Center for the People & the Press, "The People and Their Government: Distrust, Discontent, Anger and Partisan Rancor," April 18, 2010, http://people-press.org/reports/pdf/606.pdf.

㉛ 其网址是 http://essedunet.nsd.uib.no/.

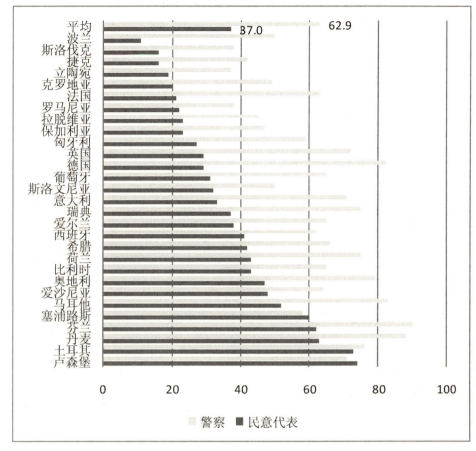

**图三 民众对民意代表与警察的信任度,2005**[32]

如果选举出来的"民意代表"被大多数人认为不能代表民意,得不到大多数人的信任,以竞争性选举为特征的西式自由民主制度似乎并没有多大"民意合法性",更不用说什么"民意合法性一重独大"了。

与蒋庆批评西式自由民主制度过于"民主"不同,我认为这种制度的问题是不够民主。近代以来,"民主"二字之前平添了不少修饰词,如"自由"、"宪政"、"代议"、"选举"、"多元"等等,其目的都是为了限制民主。"自由"和"宪政"把大量与人们福祉息息相关的事物排挤到民主决策以外;"代议"将民主变成了几年一次的仪式,限制了普通民众直接参与决策的机会;"选举"实际上剥夺了大多数

---

[32] 数据来源:http://www.eurofound.europa.eu/areas/qualityoflife/eurlife/checkform.php?id-Domain=0&Submit1=List。

人的被选举权,使选举产生的体制不可避免地带有亚里士多德所说的"寡头"色彩,㉝或弗朗西斯科·圭恰迪尼(Francesco Guicciardini 1483—1540)所说的"贵族"色彩;㉞"多元"则掩饰了经济、社会、政治资源分布严重不平等的现实及其后果。总之,加上这一系列修饰词后的民主是异化的民主、去势的民主、无害化的民主,是更多代表强势集团的民主,而不是代表广大民意的民主。㉟

看来,断言中国"合法性缺位"、西方"民意合法性一重独大"并不准确。

## "处方":王道政治?

看病要对症下药。如果对病因诊断有误,所给出的药方难免效用不彰。这原因既有"理"方面,也有"势"方面。

从"理"的角度看,如果中国的问题不是"合法性缺位"、西方的问题不是"民意合法性一重独大",王道政治还应作为中国未来政治改革的一个选择吗?还应"作为人类政治理想来追求的政治"吗?㊱

理想只有在具有现实可能性的情况下才值得追求,这就是罗尔斯所说的"现实的乌托邦"。如果理想在现实中完全没有可能实现,那不过是空想而已。上面已经提到,儒家先贤讴歌的"王道政治"是以"三代"圣王之治为原型建构起来的理想模型,而"三代"本身是东周时期生造出来的"古代黄金时代的代号",考古资料至今不能证明夏代的存在,只是传说而已。㊲且"三代"以后,按蒋庆的说法,这种理想在现实中一直未能完全落实。再好的理想,如果两千多年都无法实现,人们都有理由怀疑,它到底是不是仅为一个虚无缥缈的空想而已。人们更有理由质疑,如果这个理想在等级观念占主导的古代社会都实现不了,在经过社会主义革命、平等观念深入人心的现代中国怎么会有实现的可能?

即使经过蒋庆的重新解读,以"三重合法性"为特征的蒋氏王道政治(或"儒教宪政")也未必是值得追求的"现实的乌托邦"。

---

㉝ 亚里士多德:《政治学》,吴寿彭译,北京:商务印书馆,2001,卷四,第219页。在亚里士多德的分析框架中,选举是寡头政治的特征,与民主毫无关系。

㉞ John P. McCormick, "Contain the Wealthy and Patrol the Magistrates: Restoring Elite Accountability to Popular Government," *American Political Science Review*, Vol. 100, No. 2 (May 2006), pp. 149—150.

㉟ 王绍光:"警惕对民主的修饰",《读书》2003年第4期。

㊱ 蒋庆:"王道政治是当今中国政治的发展方向:'儒教宪政'的义理基础与'议会三院制'",未刊稿,第11页。

㊲ 许倬云:《万古江河:中国历史文化的转折与开展》,上海:上海文艺出版社,2006,第49页。

体现在制度安排上,蒋庆的"儒教宪政"由儒教宪法制(司法形式)、虚君共和制(国体形式)、议会三院制(议会形式)、太学监国制(监督形式)、士人政府制(政府形式)构成,其中他关于议会三院制设想较为成熟。一言以蔽之,"儒教宪政"是一种精英主义的构想;而且它不是一般的精英主义,而是儒士精英主义,或以儒士为核心的精英主义。[38] 倡导这种精英主义必然是基于两个假设:(1)中国与西方现行体制都不够精英主义;否则就没有必要进一步倡导精英主义了;(2)只有(儒士)精英才能洞悉"政道",通晓"治道",代表"天道"与"地道";而广大人民群众没有能力洞悉"政道",通晓"治道",也没有能力代表"天道"与"地道"。

但这两个假设都不能成立。

先说他的第一个假设。毛泽东时代的中国也许没有太多精英主义色彩,因为自50年代后半期起,他便开始探索如何破除"资产阶级法权",即改变人与人之间不平等的关系,后来这种探索也被叫做"反修防修"。[39] 1957年,毛泽东提出,虽然生产资料所有制方面的社会主义改造完成了,但"人的改造则没有完成"。[40] 次年,在评论斯大林《苏联社会主义经济问题》一书时,他进一步指出,"经过社会主义改造,基本上解决了所有制问题以后,人们在劳动生产中的平等关系,是不会自然出现的。资产阶级法权的存在,一定要从各方面妨碍这种平等关系的形成和发展。在人与人之间的相互关系中存在着的资产阶级法权,必须破除。例如,等级森严,居高临下,脱离群众,不以平等待人,不是靠工作能力吃饭而是靠资格、靠权力,干群之间、上下级之间的猫鼠关系和父子关系,这些东西都必须破除,彻底破除。破了又会生,生了又要破"。[41] 那时,他用来破除资产阶级法权的手段是搞整风,搞试验田,批判等级制,下放干部,两参一改(干部参加劳动,工人参加管理,改革不合理的规章制度)等等。其后,1963—1966年在全国城乡开展的社会主义教育运动也是为了解决这个问题。但在他看来,这些措施都不足以打破"资产阶级法权",消除"资本主义复辟"的危险。

---

[38] 其他倡导政治儒学的学者似乎都主张某种精英主义。见 Daniel A. Bell, *Beyond Liberal Democracy: Political Thinking for an East Asian Context* (Princeton: Princeton University Press, 2006), pp. 152—179;康晓光:《中国归来:当代中国大陆文化民族主义运动研究》(新加坡:世界科技出版社, 2008),第四章;白彤东:《旧邦新命:古今中西参照下的古典儒教政治哲学》(北京:北京大学出版社, 2009),第56—65页。但贝淡宁(Daniel Bell)和白彤东似乎并不强力倡导儒士精英主义。

[39] 胡乔木:《毛主席在追求一种社会主义》,1980年6月9日。见《胡乔木传》编写组,《胡乔木谈中共党史》,北京:人民出版社,1999,第70—72页。

[40] 毛泽东:《对〈这是政治战线上和思想战线上的社会主义革命〉一文的批语和修改》,1957年9月15日。

[41] 毛泽东:《读社会主义政治经济学批注和谈话(简本)》,第40—41页。

毛泽东于文革前夕发表的《五七指示》是他晚年的理想宣言,从中我们可以看出毛泽东憧憬的是一个逐步消灭社会分工,消灭商品,消灭工农、城乡、体力劳动和脑力劳动这三大差别的扁平化社会,其目标是实现人们在劳动、文化、教育、政治、物质生活方面全方位的平等。㊷ 文革前期对所谓"走资派"的批判以及文革后期对"新生事物"(五七干校,知识青年上山下乡,革命样板戏,工农兵上大学、管大学,工宣队,贫宣队,赤脚医生,合作医疗,老中青三结合,工人—干部—知识分子三结合等)的扶持都可以看作实现他理想的途径。

　　不过,经过八年文革后,毛泽东认为,靠一次文革还不能实现他的目标。在1974年关于理论问题的谈话中,他透露出壮志未酬的感慨:"中国属于社会主义国家。解放前跟资本主义差不多。现在还实行八级工资制,按劳分配,货币交换,这些跟旧社会没有多少差别。所不同的是所有制变更了。我国现在实行的是商品制度,工资制度也不平等,有八级工资制,等等"。㊸ 这也成为他"继续革命"的理论依据。毛泽东逝世前,于1975年10月至1976年1月间又多次谈到"资产阶级法权"问题,他的结论是:一百年后还要革命,一千年后还要革命。㊹

　　简而言之,由于毛泽东晚年一直致力于破除"资产阶级法权",用种种方式促进人们在经济、社会、政治、文化地位上的平等(当然"阶级敌人"除外),中国没有形成森严的等级制,解放前遗留下来的"旧精英"与解放后形成的"新精英"都受到了抑制。

　　然而,改革开放是以反对"平均主义"起步的。三十年过去后,亿万普通工人、农民的生活条件有了改善,但他们的政治地位却一落千丈。与此同时,在政治精英的扶持下,原来政治上处于底层的资产阶级和知识分子重新回到社会上层,他们也利用手中的资源与知识向政治领域渗透。现在,政治精英、经济精英、知识精英已形成某种三角同盟,并有刚性化的趋势。㊺

　　各阶层政治地位的变化也反映到全国人大代表构成上。在毛泽东激烈主导破除"资产阶级法权"的文革后期,工农兵成为全国人大代表的主体,占三分之二以上;其中工农代表超过一半。文革以后,工农人大代表的比重逐步下滑,从

---

㊷ 毛泽东:《对总后勤部关于进一步搞好部队农副业生产报告的批语》,《建国以来毛泽东文稿》第12册,北京:中央文献出版社,1998,第54页。

㊸ 毛泽东:《关于理论问题的谈话要点》(1974年12月),《建国以来毛泽东文稿》,第13册,第413页。

㊹ 中共中央:《中共中央通知:毛主席重要指示》(中共中央1976年四号文件),1976年3月3日。该文件根据毛泽东1975年10月至1976年1月多次重要谈话整理,并经毛泽东审阅批准。

㊺ 康晓光:"未来3—5年中国大陆政治稳定性分析",《战略与管理》,2002年第3期,第1—15页。

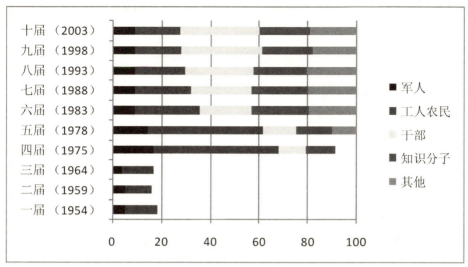

**图四 全国人大代表构成图**

1975年四届人大的51.1%滑落到2003年十届人大的18.46%。在2008年召开的十一届全国人大时,据说"一线工人和基层农民代表大幅增加",但工农代表具体占多大比例并不清楚。我们知道的是,各级领导干部与知识分子的代表现在是全国人大代表的主体,约占三分之二。㊻ 至于全国政协,那更是个各路"精英"的俱乐部,它的2237位委员分别代表34个界别。虽然全国政协里也有"全国总工会"和"农业界"的代表,但他们多为专职工会干部和农业专家,几乎没有普通工农的代表。㊼

而西方的自由(资本主义)民主政治体制从一开始就是一种精英政体。早在19世纪末、20世纪初,当多数人统治的理论开始被广泛接受时,加塔诺·莫斯卡就提出了"统治阶级"理论,㊽维弗雷多·帕累托也提出了"精英理论"。他们预料,普选时代会产生一种幻觉,似乎人民成了统治阶级,但实际上,社会还是会由一批精英统治,而这批新精英几乎毫无例外地都是资产阶级份子。㊾ 不管他们

---

㊻ 孙承斌、田雨、邹声文:"更多新面孔'亮相'中国政治舞台:十一届全国人大代表构成特色评析",新华社北京2008年2月28日电,http://news.xinhuanet.com/politics/2008-02/28/content_7687622.htm。

㊼ 全国政协官方网站,"中国政协的构成",2008年12月19日,http://www.cppcc.gov.cn/page.do? pa = 402880631d247e3e011d24ad4ee60072&guid = 4625e9e517e64bddac0d3ca06e09fb8f&og = 402880631d2d90fd011d2de66e59027e。

㊽ 加塔诺·莫斯卡:《统治阶级》,南京:译林出版社,2002。

㊾ 维弗雷多·帕累托:《精英的兴衰》,上海:上海人民出版社,2003,第58—59页。

出于什么动机提出"精英理论",欧美各国后来一个多世纪的发展证实了他们的预测。

在自由民主制度下,民众参与的主要形式是选举。而在选举时,占有不同社会资源的人,参与的可能性非常不一样。大量跨国历年数据表明:占有资源越多,投票率越高;占有资源越少,投票率越低。换句话说,社会精英阶层比下层民众参与选举的频率高出很多。㊾

不仅社会精英阶层投票更积极,绝大多数在选举中胜出的人也来自精英阶层。有关欧美各国政治精英的背景研究,在20世纪五六十年代还不少,因为那时马克思主义的分析思路影响比较大。60年代以后就比较少了,到当今已是凤毛麟角了。但是还是可以看到一些蛛丝马迹。在美国国会,众议院435个成员里面,至少有123个人是百万富翁,也就是435个里面有将近三分之一是百万富翁。在参议院100个人中,至少有50人是百万富翁,也就是一半。㊿ 说这些人是百万富翁其实并不完全准确,因为这其中不少人是千万富翁、亿万富翁。例如,2004年总统候选人克里,他的家庭资产达3.4亿美元。也许有人会说,美国国会中百万富翁多,那是因为美国百万富翁比较多。美国百万富翁的确是不少,但是百万富翁的数量绝对超不过人群的百分之一。由此可见,美国百万富翁是扎堆出现在政坛上。一位研究美国国会的学者 Thomas Mann 概括得好:美国国会议员绝对不是从一般老百姓里面挑选过来的。他们是一个不折不扣的精英团体。○52

除了积极参与选举影响决策者的挑选或亲自出马担任公职以外,社会精英阶层也会不遗余力地用游说的方式影响政策决策过程。西方主流的"多元主义"试图说服大家相信,任何人都可以组成自己的团体,提出自己的诉求;无数个团体的存在使它们不仅可以有效制衡政府,而且能互相牵制、避免任何团体独大,从而形成多元政治格局。然而,实际情况是,代表精英阶层的特殊利益集团的能

---

㊾ 王绍光:《祛魅与超越:反思民主、自由、平等、公民社会》(北京:中信出版社,2009;香港:香港三联书店,2010)(北京版),第227—233页。

㊿ Sean Loughlin and Robert Yoon, "Millionaires populate U. S. Senate: Kerry, Rockefeller, Kohl among the Wealthiest, CNN Washington Bureau, June 13, 2003, http://www.cnn.com/2003/ALL-POLITICS/06/13/senators.finances/; Paul Singer, Jennifer Yachnin and Casey Hynes, "The 50 Richest Members of Congress," *Roll & Call*, September 22, 2008, http://www.rollcall.com/features/Guide-to-Congress_2008/guide/28506-1.html?type=printer_friendly.

○52 "Millionaires Fill US Congress Halls," Agence France Presse, June 30, 2004, http://www.commondreams.org/headlines04/0630-05.htm.

量比代表普通民众团体的能力大不知多少倍。㊽

政治参与的不平等导致各阶层的政治影响力严重不平等：精英阶层对政府政策的影响力远远大于下层民众。2008 年美国总统大选选战正酣时，普林斯顿大学 Larry M. Bartels 教授出版了一本题为《不平等的民主》的专著。㊾ 当时有报道说，奥巴马也读到了这本书。㊿ 这本书分析了第 101、102、103 三届国会期间，参议院决策对不同收入群体诉求的回应性。它发现，参议院对高收入群体的回应性最强；对中等收入群体的回应性次之；对低收入群体的回应性最低，甚至是负的，意味着对他们的利益是有害的。这种回应性的差异在三届参议院的情况大同小异。有人也许会说，美国是两党制。如果一个党嫌贫爱富的话，另一个党会平衡这个政策偏向。事实证明这个想法是虚幻的。共和党和民主党这两个党有没有差别呢？的确有。共和党更倾向于富人，但民主党对穷人也不客气；两个党对穷人的回应性都是负的。很显然，这两个党是有差别，但是差别不太大，都是以代表精英阶层利益为己任。㊼

西方自由（资本主义）民主过于精英主义，这恐怕是它"民意合法性"不高的根本原因。

如果中国和西方的政治体制已经具有很强的精英主义色彩，人们不禁要问，蒋庆倡导进一步强化精英主义到底是有助于实现"政道制衡"，还是会加剧他所担心的政治结构失衡呢？

再看蒋庆的第二个假设。精英或大儒能够代表"超越神圣的合法性"吗？这首先要看"超越神圣的合法性"的内涵是什么？如果它是指抽象的"实质性道德"，所谓"实质性道德"是普世价值吗？蒋庆似乎并不承认普世价值或"全球伦理"，那么它只能是"本土伦理"。㊽ 问题是，用蒋庆否定"全球伦理"的论证方式，人们也可以论证儒家伦理只是中国本土伦理的一支，而不能垄断本土伦理，尤其是在当代中国，否则就犯了与"西方中心论"一样的"儒家中心论"的错误。如果儒教不能垄断本土伦理，成立一个"通儒院"来代表超越神圣的合法性本身似乎就没有什么"合法性"。

---

㊽ 王绍光：《祛魅与超越》（北京版），第 241—242 页。

㊾ Larry M. Bartels, *Unequal Democracy: The Political Economy of the New Gilded Age* (Princeton, NJ: Princeton University, 2008).

㊿ Mark Murray, "Obama Blasts GOP for Ignoring Economy," MSNBC, September 3, 2008, http://firstread.msnbc.msn.com/archive/2008/09/03/1334964.aspx.

㊼ Larry M. Bartels, *Unequal Democracy*, pp. 260—270.

㊽ 蒋庆：《政治儒学》，第 341—358 页。

哪怕接受本土伦理等同于儒家伦理,回顾中国儒学史,人们也会从另一个角度对大儒能否代表"超越神圣的合法性"产生疑问。蒋庆本人区分过"政治儒学"、"心性儒学"("新儒学")与"政治化的儒学"。在他看来,未能开出新外王的"新儒学"不过是"诱人玩赏的无谓光景",而且它还带来一系列严重后果。[58] 他对"政治化的儒学"的批评更严厉,指责它"完全放弃了对崇高价值理想与未来大同希望的终极关怀,丧失了批判现存体制与自我批判的能力,与现实统治秩序彻底一体化,异化为纯粹的意识形态,沦为完全为现存体制与统治者利益辩护服务的政治工具"。[59]

在儒学发展史中,汉代的儒生曾把儒学神学化,弄得儒学乌烟瘴气、鬼话连篇。魏晋期间,士人又"大畅玄风",把儒学玄学化。隋大业年间引入科举考试制度,在随后的1300年间,儒学则成了一代又一代儒生出人头地、进入仕途的"敲门砖"。汉语中流行的说法,如"满嘴仁义道德,满肚子男盗女娼"、"假道学"之类不就是基于对儒士们言行不一的观察吗?中国历代贪污猖獗,那些贪赃枉法之徒不都曾是"一心只读圣贤书"的儒士吗?一部《儒林外史》让我们看到多少唯唯诺诺、蝇营狗苟的儒士?其实,大儒也概莫能外。野史中非议理学大师朱熹的记载未必完全没有依据。[60] 而抗日战争期间,伪华北政务委员会中"三巨头"汉奸之一的王揖唐就是一位满腹经纶的"国学大师"。他一边配合日本人在华北大搞"强化治安运动"屠杀和残害抗日民众,一边开办"国学院",举办幼儿国学训练班,把国学当成奴化灌输的工具。以研究儒家出名的原中国社会科学院哲学研究所中国哲学史研究室主任郑家栋大概也够得上"当代大儒"的称号,而2005年他却因涉嫌偷渡六位女子出国而被捕判刑。[61] 虽然事后有人说,郑家栋犯罪与儒学无关,问题是事前人们如何能辨别哪些儒士是真儒士、哪些儒士是伪儒士呢?

如果蒋庆对"心性儒学"与"政治化的儒学"的批评成立,如果儒学确曾在很长的时间里步入歧途,如果相当多的儒生言行不一,那么我们有什么理由相信,仅凭熟读四书五经,儒士就有把握代表"超越神圣的合法性"呢?是不是有必要

---

[58] 蒋庆:《政治儒学》,第18—23页。

[59] 同上,第109页。

[60] 宋人叶绍翁的《四朝见闻录》指责朱熹:"虐待老母,不孝其亲;与尼偕行,诱之为妾;开门授徒,厚索束修;四方馈赂,动以万计。"其中"不孝其亲"是指朱熹有好米不给母亲吃。朱熹承认自己"私故人财"、"纳其尼女"等等数条,说"深省昨非,细寻今是",表示要悔过自新。洪迈《夷坚志》也记录了朱熹的虚伪与小心眼儿。

[61] 龙灿:"'学者蛇头'郑家栋",《三联生活周刊》2005年第25期。

甄别儒士,像以前区别真伪"马克思主义者"一样,考察真伪儒士呢?谁又有资格来实施这种甄别呢?

如果未经筛选的儒士不能代表"超越神圣的合法性",他们与其他文化精英能代表"历史文化的合法性"吗?这就涉及到对"历史文化"的理解了。"文化"这个概念很难定义。早在1952年就有两位学者收集了164个不同的定义。[62] 蒋庆所说的"历史文化"应该是指"历史文化传统",亦即世代相传的社会价值系统的总和。如果的确如此,这种历史文化传统应该既包括经典记载的、由社会精英传承的"大传统",也包括社会大众在日常生活中实践的、口口相传的"小传统"。[63] 这里我们不必去纠缠"大传统"与"小传统"到底哪一方决定另一方。但可以肯定的是,两者都是活的、随时代变化不断演变;它们之间的关系是互补互动。不过,蒋庆似乎有将"历史文化传统""本质化"(essentialization)的趋向,好像它是一部先贤早已写就的"天书",只有掌握"密码"的儒士和文化精英才能解读。如果"历史文化传统"是活的"大传统"与"小传统"的总和,它的解读就应该有普通民众参与,不能成为儒士与文化精英的禁脔。

上面从"理"的角度讨论王道政治"可欲性",现在转向"势"的角度讨论王道政治的"可行性"。

蒋庆很清楚,要在中国实现王道政治或儒教宪政,"最起码需要三个方面的条件配合:一是以儒教为主体的中国文化在中国社会全面复兴,二是中国朝野自发形成具有共同儒学信仰与行动意识的规模巨大的'士群体',三是'孔孟之道'入宪"。[64] 他同时又乐观地断言,"这三个条件在将来的中国不是不可能实现的"。[65] 这里,也许谈"可能性"(possibility)不如谈"或然性"(probability)。当然,谁也不能完全排除实现这三个条件的可能性;不过,儒教回到正统地位、成为"王官学"的几率似乎很低。

我借助"百度指数"来支持这个判断,而不是仅仅依靠个人的直觉。"百度指数"是以百度网页搜索和百度新闻搜索为基础的海量数据分析服务,用以反映不同关键词在过去一段时间里的"用户关注度"和"媒体关注度",它能直接、客观地

---

[62] Alfred Kroeber and Clyde Kluckhohn, *Culture: A Critical Review of Concepts and Definitions*, Harvard University Peabody Museum of American Archeology and Ethnology, Vol. 47(1952).

[63] "大传统"与"小传统"是美国芝加哥大学人类学教授罗伯特·雷德菲尔德在《乡民社会与文化》一书中提出来的,见 Robert Redfield, *Peasant Society and Culture: An Anthropological Approach to Civilization* (Chicago: University of Chicago Press, 1956).

[64] 蒋庆:"儒教宪政的监督形式:关于'太学监国制'的思考",未刊稿,第30页。

[65] 同上。

反映社会热点和网民兴趣。⑥⑥ 图五(A)对比互联网用户对三个关键词"儒教思想"、"自由主义"和"毛泽东思想"的关注度。它告诉我们,2006年以来,网民对"儒教思想"的关注度一直大大高于对"自由主义"的关注度;而网民对"毛泽东思想"的关注度又一直大大高于对"儒教思想"的关注度,这反映在对三个关键词搜索量的均值线上,三者都不在一个数量级上。图五(B)换了三个相关的关键词"孔子"、"胡适"、"毛泽东"。从"用户关注度"的分布上看,图五(B)与图五(A)大同小异:中国"自由主义"的旗帜"胡适"一直被压在底下(如果用"李慎之"换"胡适",则会低到看不见的位置),儒家老祖宗"孔子"稳居第二,而"毛泽东"则高高在上。2010年初,"孔子"突然大热,一度超过"毛泽东",这是因为电影《孔子》正在上映,而不是因为趋势发生了根本性的改变。如果用"Google搜索解析"分析这些关键词的搜索量,结果也是一样的。这说明,儒学的确复兴了,但这并不意味着它将成为享有独尊地位的意识形态。因此,实现王道政治或儒教宪政恐怕并不是一个"现实的乌托邦"。

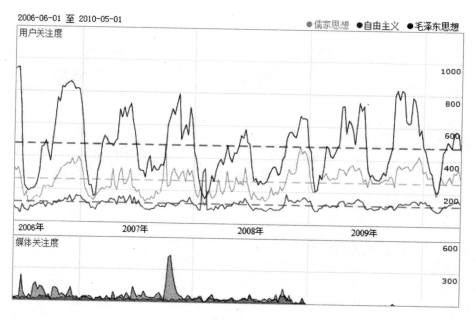

图五(A)

---

⑥⑥ "Google搜索解析"提供类似的服务。

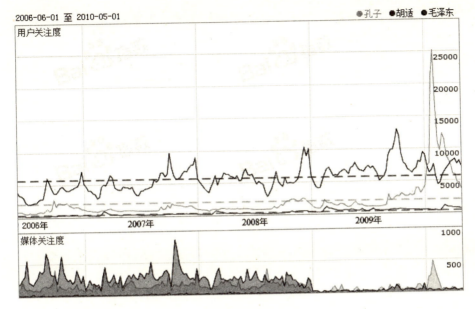

图五(B)

## 结语：中华社会主义民主

蒋庆主张精英政治、"圣贤政治"，是因为他从根本上否定政治上人人平等。他确信，"人在现实的道德层面……差别非常大，有圣贤凡人与君子小人之别，并且这种道德的差别具有政治统治的意义"。⑥⑦ 这意味着，他完全接受"唯上智与下愚不移"(《论语·阳货》)，"民可使由之，不可使知之"(《论语·泰伯篇》)，"劳心者治人，劳力者治于人"(《孟子·滕文公上》)这些论断。大概任何论辩都不足以动摇他这种根深蒂固的信念。

其他主张政治儒学的学者未必走得像蒋庆那么远。如在论证精英政治必要性时，白彤东似乎并不否认圣贤与凡人在参政潜能上的平等；他强调的则是一般民众(包括今天大多数的白领、"小资"、或中产阶级，比如科研人员、工程师、医生、金融业人员、教师等等)没有时间、精力、兴趣或能力参与国家治理。⑥⑧ 不过，如果是因为凡人没有机会实现他们的参政潜能，大可不必拥抱精英主义，更重要

---

⑥⑦ "王官学、政治保守与合法性重建：《南都周刊》蒋庆专访"，http://www.rjfx.net/dispbbs.asp?boardID=25&ID=7051&page=1。

⑥⑧ 白彤东：《旧邦新命》第三章，"一个儒教版本的有限民主：一个更现实的乌托邦"。

的事情是创造制度条件，让人民大众把参政潜能发挥出来。

在我看来，“中华社会主义民主”就是实现“六亿（十三亿）神州尽舜尧”的制度条件。限于篇幅，本文不可能详尽地讨论什么是“中华社会主义民主”的理念。我只想指出，这里“社会主义”是中国在过去六十年实践里左一脚、右一脚不懈探索的那种社会主义，[69]是全球进步力量在过去一个多世纪的理论争辩中不懈探索的那种社会主义；[70]“民主”必须超越“选主”，用商议、抽签、现代电子互动技术促进广泛的大众参与，并把参与范围从政治领域扩展到包括经济在内的其他领域；[71]“中华”则意味着它比“儒家社会主义民主”更具包容性，在文化上植根于“多元一体”、革故鼎新的中华文明（不仅仅是汉文明，更不仅仅是儒家思想）之上。“中华社会主义民主”的目标是实现“大同”，而不仅仅是“小康”。即使按蒋庆的说法，王道政治对“大同世界”也是不适用的。

假设我们借用蒋庆的用语，这里“社会主义”是天道（超越神圣的合法性），“民主”是人道（人心民意的合法性），“中华”是地道（历史文化的合法性）。这种具有三重合法性的模式不是一个比王道政治“更现实的乌托邦”吗？

---

[69] 王绍光：“坚守方向、探索道路：中国社会主义实践六十年”，《中国社会科学》2009年第5期。

[70] 例如“现实乌托邦项目”（The Real Utopias Project），http://www.ssc.wisc.edu/～wright/RealUtopias.htm。

[71] 见拙著《祛魅与超越》和《民主四讲》，北京：三联书店，2008。

# 回应王绍光对"王道政治"的批评

蒋 庆

王绍光教授评论本人提出的"儒教宪政"构想,涉及的问题很多,本人不能一一回应,谨就其中四个最主要的问题再重申我的看法。

## 一、关于"合法性缺位"问题

首先,王教授认为中国不存在"合法性缺位"问题,并且在"民意合法性"问题上引用经验性的民意调查证明中国民众对政府的满意度相当高,因而认为中国"合法性缺位"的论断不准确。对于这一问题,我要强调的是:"合法性缺位"是指"三重合法性缺位",即某一政治权力缺乏"超越神圣的合法性"、"历史文化的合法性"与"人心民意的合法性"。"超越神圣的合法性"是建立在宗教信仰与超验价值上的合法性,百年来的中国打倒了中国本土的宗教——儒教,导致了中国政治的合法性不能建立在宗教信仰与超验价值上,即不能建立在儒教的"超越神圣合法性"上,因为儒教在中国政治上的作用正是宗教信仰与超验价值的提供者与"超越神圣合法性"的赋予者。正是在这个意义上,我们说中国存在"合法性缺位",即存在"超越神圣合法性"的缺位。(六十年来的中国,国家意识形态是无神论与唯物论,这种国家意识形态更是决定中国不能解决"超越神圣合法性"缺位的问题。)另外,在"历史文化合法性"问题上,尽管近年来中国文化传统开始受到国人重视,但相对于中国百年来一波又一波的激烈反传统运动,特别是政治上的激烈反传统运动,如"五四"、"文革"等,中国文化传统在政治上的影响力非常有限。直至今日,中国的政治架构仍然是另一个外来的西方政治模式——前苏联政治模式——的翻版,仍然缺乏源自中国自身历史文化传统的义理价值与架构内容。所以在合法性问题上,中国仍然面临着另外一重"合法性缺位"的问题,即面临"历史文化合法性"缺位的问题。至于"人心民意的合法性",由于三十年的改革开放,中国经济实力日益增强,人民生活水平得到很大改善,故在人心民意上民众的满意度确实得到提高,即形成了所谓"政绩合法性"。但是,"人心民意合法性"的内容很广泛,除物质生活的满足外,还包括各种权利保护,如言论自由、宗教自由、新闻出版自由、结社自由;包括民众的安全感、幸福感、公正感以及民众对社会与政治的道德感与评价,如对人心、社会与政治的全面腐败极度不满是人心民意最重要的一个内容。在这方面,中国的民众显然是不满意的。因此,在"人心民意合法性"问题上,民众的满意度要打许多折扣,因而在人心民意上中国的合法性也是有所缺位的,而不是完全到位的。由此以观,在"三重合法性"上中国都存在着不同程度的"合法性缺位",因而王教授否定中国存在"合法性缺位"的论断是不能成立的。

## 二、关于"规范合法性"与"认同合法性"问题

王教授为了否定我对西方民主政治"民意合法性一重独大"的判断,通过经验性的问卷调查,说明西方民众对民主政府的信任度很低,因而证明西方民主政治不是"民意合法性一重独大",而是"民意合法性"欠缺,即不是"过于民主",而是"不够民主"。在这里,王教授没有看到"规范合法性"与"认同合法性"的区别,而是用"认同合法性"替换了"规范合法性"。我们知道,西方民主政治的合法性是"主权在民","主权在民"是一种建立在形而上学普遍原则上的"规范合法性",是衡量政治秩序与政治权力是否正当的理性标准,具有形上真理的规范性质。故不管现实政治中的民众对民主的政治秩序与政治权力的主观认同度有多大,民主的合法性都是规范性的"主权在民"。极而言之,即使民主政治中的民众对民主的政治秩序与政治权力都不认同,对民主政府的所作所为都不满意,民主政治的合法性仍然是"主权在民"。这是因为民主政治作为"主权在民"的"规范合法性"是理性的、客观的、普遍的、决定性的,而对民主政府的认同则是经验的、主观的、心理的、派生性的。因此,"规范合法性"决定了民主政治的合法性性质,是评判民主政治是否合法的根本标准,而不是"认同合法性"决定了民主政治的合法性性质,成为评判民主政治是否合法的根本标准。正是在这个意义上,"民意合法性一重独大"是指民主政治的"规范合法性"只有一重,而缺乏另外两重"规范合法性",即缺乏"超越神圣的合法性"与"历史文化的合法性",因而在"规范合法性"上一重独大而不受其他的"规范合法性"制约,即不受"超越神圣合法性"与"历史文化合法性"的制约,故民主政治在合法性问题上存在着一重独大的严重弊端。王教授站在新左派"大民主"的立场上用主观的"认同合法性"来替换客观的"规范合法性",认为西方民主政治的问题不是民主而是不够民主,从而否定我对西方民主政治"民意合法性一重独大"的判断。这一做法不仅置换了"政治合

法性"的不同概念，并且也违背了西方民主政治建立在"主权在民"这一"规范合法性"上的"民主合法性理论"。

## 三、关于毛氏"大平等"与"儒教宪政"的贤士统治问题

王教授之所以被学界目为"新左派"，就是对毛主义的"大平等"无限的怀念与推崇，认为中国理想的政治就是毛主义《五七指示》所提出的消灭社会分工、消灭商品、消灭体力劳动与脑力劳动的全方位平等的社会。因此，王教授特别反对"儒教宪政"的贤士统治，即特别反对"儒教宪政"中"通儒院"的制度安排。在王教授看来，体现"儒教宪政"贤士统治的"通儒院"，就是压制性的不平等的精英统治。确实，"儒教宪政"的贤士统治是一种不平等的制度安排，但这种不平等的制度安排不是建立在资本对权力的独占垄断上，即不是建立在所谓"资产阶级法权"上，而是建立在人的道德品性与能力的自然差别上，即建立在现实中人的"贤"与"能"的不平等上。因此，按照儒家"选贤举能"的根本原则，贤能者宜在高位，故贤士统治虽然不平等，但并非不公正，即贤士统治正是体现了亚里士多德所说的"以不平对待不平等"的"分配的公正"。其实，儒家与新左派有相近之处，儒家也反对王教授所反对的资本对权力的独占垄断，即反对建立在"资产阶级法权"上的政治精英与经济精英合谋压迫宰制广大民众。但是，儒家不走极端，不是因此就扫除一切不平等，高唱"遍地英雄""六亿舜尧"的彻底的平等政治，而是主张建立在"贤"与"能"上的等级性的贤士统治。这是因为在儒家看来，只有儒家的"贤能之士"因其道德品性与能力才能真正代表广大民众的根本利益，因而在"贤能之士"获得统治权后才能强有力地反对资本对权力的垄断而造成对大众的压迫宰制。因此，王教授不应担心"儒教宪政"的贤士统治，更不必顾虑"通儒院"的宪政安排，因为历史昭示我们，在中国历史上真正代表民众利益为民请命的都是儒家的贤士即儒士。儒士的学识、教养与身份决定儒士不是民众的压迫者，而是民众根本利益的代表者，这一点看一下《论语》、《孟子》、《礼记·儒行篇》、横渠"四句教"、王阳明奏议与历代史书就会知道。此外，儒士在"三代"后的"无王时代"代表"王道"，"王道"有"人心民意合法性"一重，故代表民众正当的最根本最长远的利益正是儒士之所以为儒士的神圣天职。所以，王教授推崇的毛氏"大平等"不是"现实的乌托邦"，而儒教的贤士统治才是"现实的乌托邦"。这是因为，儒教的贤士统治在中国古代曾经实现过，今天则可以继承其精神因应时

代的条件再造创性地实现之,而毛氏的"大平等"在任何社会中都不可能实现,只能是名副其实的乌托邦空想,尽管我们对这种空想怀抱着敬意。①

## 四、关于"中华社会主义民主"问题

　　王教授的通篇文章都是在批评"儒教宪政"不是"好东西",那么,什么是中国政治的"好东西"呢?在王教授文章的结尾处,王教授提出了自己替代"儒教宪政"的"好东西":"中华社会主义民主"。王教授借用王道政治"三重合法性"的义理架构指出:"社会主义"是天道(超越神圣的合法性),"民主"是人道(人心民意的合法性),"中华"是地道(历史文化的合法性)。在这里,王教授对天道(超越神圣的合法性)存在着根本性的误解。依儒教,天道(超越神圣的合法性)指涉的是宗教性的超验价值或形上本体,是信仰把握的对象而不是理性知解的对象。而社会主义的理论基础是生命的无神论与历史的唯物论,建立在理性的科学主义上,即社会主义理论否定对超越神圣之神的信仰,相信理性(辨证理性)能够创造出一个合理的(合历史必然性之理的)新世界,并相信科学技术是推动历史发展的革命性因素(第一要素)。因此,这种世俗的、理性的、科学的、技术的、无神论与唯物论的社会主义,显然不能等同于儒教"三重合法性"中的"天道合法性",因为社会主义没有超越神圣的宗教性质,因而不会具有"超越神圣的合法性"。在"人心民意的合法性"方面,王教授认为"民主"是人道,这没有错,但"民主"所体现的大众参与不能作为中国政治的唯一的"规范合法性",即不能以大众参与作为政治是否正当的唯一标准。由于"民主"属于人道,"儒教宪政"有"人心民意合法性"一重,故"儒教宪政"不完全排斥大众参与,大众参与在"儒教宪政"的制度安排中即在儒教"议会三院制"的"庶民院"中得到了制度性的安排,获得了宪政性的保障。但是,尽管如此,"儒教宪政"在本质上是精英政治,即一种"贤士统治"意义上的独特的精英政治(如果可以借用"精英政治"一词的话),"庶民院"的制度安排不会改变"儒教宪政"这一独特精英政治即"贤士统治"的性质。在这一点上,王教授认为"儒教宪政"是精英政治大致可以接受。但是,王教授文章中却

---

①　举个例,在今天通过宪政制度的重建,如通过"通儒院"的制度安排,将一部分政治权力,如一部分议会权力,给予信仰儒家价值的儒士并非不可能,而消灭社会分工将劳力者与劳心者一体拉平则绝对不可能!我们今天可以设想让王教授去东莞工厂的流水线上打工,而让东莞工厂的打工仔到香港中文大学的讲台上当教授吗?这可是文革中"知识分子劳动化,劳动人民知识化"的"大平等"理想啊!这显然不可能,在任何时代都不可能,故王教授的"大平等"理想注定是不能实现的乌托邦空想,"儒教宪政"的贤士统治则不是不能实现乌托邦空想,而是王教授所说的可以通过探索与努力实现的"现实的乌托邦"。

把西方大资产者占有议会政治权力称为精英政治,这显然与"儒教宪政"的精英政治不同:前者基于财产,后者基于贤能。如果按照"儒教宪政"的精英理论,王教授所说的占有议会政治权力的大资产者不是精英,而是庸众,甚至可能是"乐得其欲"的小人。② 至于王教授认为"中华"是地道,即是"历史文化的合法性",理解准确,这里就不再多说了。

总之,出于人类普遍的良知仁心,我敬重新左派对弱势大众的同情关怀。但出于儒家的文化立场,我不能接受新左派"大平等"、"大民主"的思想。因为在我看来,所谓资产阶级自由民主的"政治现代性"已经在平等与民主上出了很多问题,而新左派的"大平等"、"大民主"思想又企图继续沿着"政治现代性"的道路用更"政治现代性"的方案来解决"政治现代性"带来的问题,即把"政治现代性"的基本原则如权利、平等、民主等推到极端来反对"政治现代性"。对于这种以"政治现代性"原则解决"政治现代性"问题的方案,我是看不到希望的。是故,对于"政治现代性"问题,只能用"政治传统性"来解决,因为在看不到希望时,回归传统就是唯一的希望。就中国而言,回归传统就是回归儒教文明,"儒教宪政"就是回归儒教文明在政治重建上的诉求。这一诉求既区别于中国的自由民主主义者,也区别于中国的新左派,当然也区别于中国的港台新儒家,是一种建构具有中国历史文化特色政治制度的诉求。以上就是我对王教授批评"儒教宪政"的简单回应。

---

② 《礼记》言:"君子乐得其道,小人乐得其欲。"

# 积善之家，必有余庆

## ——论儒家宪政原则的历史维度

盛 洪[①]

## 一、家庭主义的社会更看重历史

我在"论家庭主义"一文中将"家庭主义"定义为，"在计算成本和收益时以家庭为单位计算，而不具体到家庭内成员个人。"（盛洪，2008）依据这样的定义，中国传统社会是一个家庭主义的社会。

由于以家庭为计算单位，时间视野就发生了与个人主义不同的巨大变化，因为生命在不断延续，时间在理论上可以被认为是无限的。因而家庭主义的人和个人主义的人的计算有着重大区别。个人主义的人因生命有限而认为现在比未来重要，从而他的贴现率为正；家庭主义的人因生命无限而认为未来至少与现在一样重要，从而他的贴现率为零。

重视未来，就重视过去。既然未来与现在在价值上是一样的，那么过去与现在在价值上也是一样的。因为一个家庭的不同世代的生命在价值上是平等的。只是时间之箭向前，所以现在所做的事情是为了未来的，也可以影响到子孙的福利。

一个理性的家庭主义的人，不仅要考虑他的行动会给他自己带来多少福利，还要考虑给自己的子孙带来多少福利。究竟什么样的行为可以同时达到给自己和后代都带来福利，显然就比只为自己考虑更为复杂。因为一个行动如果还可以产生跨越较长时间影响的话，一定会有多个因素，影响到多个方面，并且经过

---

① 北京天则研究所研究员、所长。

多个因果链环,从而不可能像只为自己考虑时那样直观和简单。

怎样才能知道自己的当下行为对后代的影响呢?这涉及到对社会的判断。而社会作为一个复杂系统,无法建立起精确的预测科学。行之有效的方法,是观察过去发生的类似事件的后果,从中总结利弊得失,提炼出基本原则,来指导当下的行动。这就导致对历史的重视。所谓历史,就是按时间维度记述人的行为;所谓历史学或对历史的研究则是探讨人的行为及其结果之间的关系。

从而,一个家庭主义的社会比一个个人主义的社会更看重历史。因而,毫不奇怪,传统中国作为一个家庭主义的社会有着世界上最长的有连续文字记载的历史。

## 二、儒家通过延长时间视野说服别人

虽然儒家是形而下地从对社会规范的观察和理解中逐渐建立起自己的价值体系,但其价值内涵依然相当超越。如仁、义、理、智、信,这些价值最后被上升为天道或天理。这些价值,儒家首先用来"为己",即用来修身。而当说服别人,尤其是政治统治者时,则非常现实,承认他们是有自身利害的经济人,进而从对他们是否有利来说服他们。

只是在传统中国这样一个家庭主义社会中,儒家更强调跨越世代的利害,即一个家庭是否能够长久延续下去。具体表现为是否"保宗庙",是否有"香火相传",是否有"家祭"等。这比强调个人或家庭的当下利益更重要。因为对一个家庭来说,家庭血脉的延续比一定数量的当下利益更重要。因为当下利益是一个既定的量,而生命延续在理论上可能无穷。由于人们经常会被眼前利益遮蔽,所以强调世代延续,就会延长被说服者的时间视野。

一个人的时间视野越长,就越会为自己的当下行动的未来结果负责,就越会小心翼翼地避免做损害别人以利己的事情,从而防止对自己的后代产生报复性的后果。于是他的行为就仿佛有人在约束他一样。反过来讲,他越是为与之打交道的其他人带来增益,就越有可能获得这些人的报答。这些报答不仅会体现在当下,而且可能反应在对他后代的态度上,从而使自己的子孙受惠于他今天的善行[②]。

如在《孝经》中,孔子在劝说诸侯、卿大夫和士要达到孝的境界后说,"然后能

---

② 何怀宏在其《世袭社会及其解体》一书中曾列举过春秋时晋国赵氏的一段故事,讲的是赵氏之兴衰与赵氏自身的所作所为相关,其中赵氏避免了一次覆亡的灾难,是因为对在关键时刻出来为赵氏说话的大臣韩厥有抚养之恩(1996)。

保其社稷","然后能守其宗庙","然后能保其禄位,而守其祭祀"。都是在说,遵循"孝"的原则,就能使自己的家庭和其所拥有的财产和权力能够长久保持延续下去,也就是在强调要放远时间视野。有了这样的视野,孔子提出的符合孝的原则,如"在上不骄,高而不危;制节谨度,满而不溢";"非先王之法服不敢服,非先王之法言不敢道,非先王之德行不敢行",以及"资于事父以事母,而爱同;资于事父以事君,而敬同",就容易被接受。

反过来,不少统治者也主要在保持其家族的政治合法性的长久存在的意义上,达致或接受儒家的价值原则。尤其是那些目睹了前一个王朝因行暴政丧天命而垮台的新统治者,就会对自己建立了新王朝能否千秋万代产生忧虑,进而探寻永保天命的原则。

如在《周书》中我们看到,周公不断地总结殷商覆亡的教训,担心"在我后嗣子孙,大弗克恭上下,遏佚前人光在家,不知天命不易,天难谌,乃其坠命,弗克经历,嗣前人恭明德"。③ 周公在多处说过,要"祈天永命","受天永命","欲至于万年,惟王子子孙孙永保民"。在这样长远的时间视野下,周公提出了"皇天无亲,惟德是辅;民心无常,惟惠之怀。为善不同,同归于治;为恶不同,同归于乱"等一系列儒家早期的宪政原则。

为世人称道的唐太宗李世民,在传统中国的帝王中达到了一个顶峰,能够自觉反省、从谏如流,并基本达到儒家所提倡的道德水准。然而他并没有达到超越王朝功利的境界。他经常担心后代不知前朝覆灭之教训,本朝创业之艰辛,以致最后丧失政治统治权。他说"朕历观前代拨乱创业之主,生长人间,皆识达情伪,罕至于败亡。逮乎继世守文之君,生而富贵,不知疾苦,动至夷灭"。尤其有隋朝二世而亡的前车之鉴,他更多以隋朝为例,反复探讨王朝长治久安之策。所以他深知"水能载舟,亦能覆舟"的道理,虽然重点在"舟",但基本上接受了儒家的仁义价值。

所以,虽然儒家追求超越的道德价值,但在推广和说服他人接受这些价值时,还是非常冷静和现实的。他们从人们的利害角度出发,利用传统中国社会的特点,即家庭主义,强调世代相继的时间视野,从而可以被看作是一种放长视野的理性主义风格。应该说,这一风格取得了相当的成功。

---

③ "恐怕我们后代子孙,不能敬天理民,失掉前人的光荣传统,不知道天命的艰难,天命是难于领悟的,如果不能永远继承前人的光荣传统,就会失去上天赐予的大命。"(《周书·君奭》,王世舜译,第238页)

## 三、用历史上兴亡成败的故事教化统治者

儒家的思想体系博大精深,其道德价值又要通过长期的格物致知和正心诚意的修身过程才能深切体悟,因而并非一般人都能够达到。要想影响一般人及统治集团,就要采取较为简单和容易理解的形式。因而"讲故事,说道理"就是一种可行的方式。

换句话说,这种方式就是一种经验主义的试错方式。对于理性有限的人来说,这种方式不仅简单,而且能够使人避免建构主义的错误。具体来讲,就是讲一个故事,其中当事人如何行为,导致什么后果。从后果反观此一行为是否恰当正确。简单地划分,后果分"兴"、"亡"、"成"、"败"。

关于"亡",最令人印象深刻的,是那些亡国之君的故事其及引申的评论。比较多的如夏桀和商纣,以及秦和隋的二世而亡。《尚书》说"有夏昏德,民坠涂炭";又说"今商王受,弗敬上天,降灾下民。沈湎冒色,敢行暴虐,罪人以族,官人以世,惟宫室、台榭、陂池、侈服,以残害于尔万姓。焚炙忠良,刳剔孕妇。"

关于秦亡的故事,《史记》说:"秦王怀贪鄙之心,行自奋之智,不信功臣,不亲士民,废王道,立私权,禁文书而酷刑法,先诈力而后仁义,以暴虐为天下始。夫并兼者高诈力,安定者贵顺权,此言取与守不同术也。秦离战国而王天下,其道不易,其政不改,是其所以取之守之者[无]异也。孤独而有之,故其亡可立而待。"

关于隋朝覆灭的原因,《贞观政要》中唐太宗与群臣有不少探讨,因为年代接近,有的故事甚至很具体。如"贞观二年,太宗谓黄门侍郎王珪曰:'隋开皇十四年大旱,人多饥乏。是时仓库盈溢,竟不许赈给,乃令百姓逐粮。隋文不怜百姓而惜仓库,比至末年,计天下储积,得供五六十年。炀帝恃此富饶,所以奢华无道,遂致灭亡。炀帝失国,亦此之由。'"说的是隋朝廷舍不得开仓济民,到灭亡时还留下了五六十年的粮食储备。

关于"兴",也有许多成功的故事。如三王的故事;文、武、周公的故事;汉的文景之治,唐的贞观之治和开元盛世,以及宋明清时期的治世盛世故事。这些故事不仅告诉人们这些政治领导人的治理是如何成功的,而且告诉人们这些治理成就又如何可以惠及那个政治统治家族的后代。

许多故事,如尧舜禅让,大禹治水,商汤"网开三面",周公吐哺,汉高祖约法三章,等等,都是各个王朝的开国领袖的妇孺皆知的故事。它们都在揭示着"兴"的简单道理。更有《左氏春秋》对兴亡道理做了提炼:"禹汤罪己,其兴也勃焉;桀

纣罪人,其亡也忽焉。"

《贞观政要》中记录了唐太宗与群臣对王朝兴亡的反复探讨。如"贞观九年,太宗谓魏徵曰:'顷读周、齐史,末代亡国之主,为恶多相类也。齐主深好奢侈,所有府库,用之略尽,乃至关市无不税敛。朕常谓此犹如馋人自食其肉,肉尽必死。人君赋敛不已,百姓既弊,其君亦亡,齐主即是也。'"

他们也注意到,如果一代帝王实施仁政,为老百姓带来福利,甚至会抵消他的后代的一些错误。如贞观十一年,侍御史马周上疏陈时政曰:"汉文帝惜百金之费,辍露台之役,集上书囊,以为殿帷,所幸夫人衣不曳地。至景帝以锦绣纂组妨害女工,特诏除之,所以百姓安乐。至孝武帝虽穷奢极侈,而承文、景遗德,故人心不动。向使高祖之后,即有武帝,天下必不能全。"(《贞观政要》)

在实际中,这些历史故事是说服人们尤其是缺少外在约束的统治者时,有着简单易懂的功效和很强的说服力。

## 四、相对独立的史官制度

既然历史是重要的,其信息的真实性就是重要的。否则一个扭曲的历史故事就会给后人带来误解,甚至得出错误的历史经验教训。在这时,一个独立的史官制度就是非常重要的。

在我国,史官制度起源很早。据《史通》,"史官。肇自黄帝有之,自后显著。夏太史终古,商太史高势。"据李泽厚及其他学者,史是从巫发展起来的(朱杰勤,1980,第7—9页)。巫的一个重要职能,就是人神沟通。在原始宗教占主导地位的远古时期,人类的社会秩序是以宗教信条的形式引入的。对人能否遵循这些规范的约束,主要靠人对神的敬畏。将这种敬畏落实的制度,就是巫向神汇报人的行为的制度。我们今天在中国的灶王爷的功能上,还能看到这种制度的遗存。

据张岩,最初的历史记录实际上是巫向神汇报的文字。他说:"这个传统制度规定,祝史在祭祀仪式的祝告言辞中要有一个必须提到的内容,也就是向神'汇报'主祭这个仪式的为政者的德能政绩;这种传统制度还规定,在祝史向神'汇报'德能政绩的祝告言辞中必须'荐信',要'直言情',要'其忠信于鬼神',要'陈言不愧',也就是有罪恶则'言罪',有善则善之;否则,便是'矫诬',便是'其言僭嫚于鬼神'。"(第261页)据他推测,《春秋》的简约文体说明,这是一种向神汇报的祝辞。

由于是向神"汇报",即使是政治领导人也没有权力阻止祝史如实汇报,其中可能会包括他自己的劣迹。如果这样做会被看作是对神的不敬,从而可能会引起神的惩罚。在这时,祝史如何向神汇报是相当独立的。

到了周代以后,原始宗教的灵光逐渐褪去,史也从巫中逐渐分工出来。但史仍然保留了巫时代的独立性和工作风格,即"君举必书"和"书法不隐"。有善书善,有恶记恶。史官制度也发展得相当复杂。不仅有太史,小史,左史,右史,内史,外史,女史,御史等史官职位,其职能几乎覆盖整个政府部门,包括占卜、祭祀、星象、记事、档案、谏议、典礼、军事等等各种职能(许兆昌,2006,第54—99页)。这也许是因为,大量的政府与宗教职能,都要以懂得历史为基础。

然而自东周开始,政治领导人在祛魅过程中也逐渐失去了对神的敬畏,从而想通过自己的强力改变史的书写内容,阻止史官将自己的恶行记录在案。因而出现了用死威胁史官,甚至杀史官的事件。比较著名的,是"在齐太史简,在晋董狐笔"(文天祥),都是说不畏强权,不惜杀身,直书历史的史官的故事。但在春秋末年,史官受到没有宗教敬畏的政治强权的压力,"书法"渐"隐"(张岩,第286页)。

这种史官相对独立,但有时会有生命危险的状态后来延续了两千多年。总体来讲,史官的独立性得到了基本的尊重。唐太宗想看一下起居注,兼知起居注的褚遂良以"不闻帝王躬自观史"拒绝了。唐太宗问,"朕有不善,卿必记耶?"褚遂良回答说:"臣闻守道不如守官。臣职当载笔,何不书之。"后来在房玄龄任史官时,唐太宗终于看到了一部分被删简的历史记录,其中关于玄武门之变写得颇为隐晦,还说要"直书其事"(《贞观政要》)。

到了宋代,史官的独立性和其对帝王的约束力量依然比较明显。最著名的故事就是"宋太祖怕史官"的故事。大臣批评宋太祖溺于游乐而不务政事,宋太祖大怒将大臣的牙打掉了。大臣将掉牙揣在怀里。宋太祖说,你难道还要告我不成;大臣回答,我无需告你,自有史官记录。宋太祖听了以后马上转变了态度。

在宋代,史官制度发展到了一个顶峰,形成了一套相对成熟完备的制度体系。相应的机构包括,起居院,时政记房,日历所,史院,会要所,玉牒所,书局等。这些机构的设置反映了一个完整的修史过程。据蔡崇榜(1991,第5页),这一程序如下:

明代的史官制度稍有松懈,但帝王对史官也是很忌惮的。如"一日,神宗顾见史官,还宫偶有戏言,虑外闻,自失曰'莫使起居闻之,闻则书。'"(转引自朱杰

勤,1980,第366页)到了清代史官制度被进一步削弱,但在康熙一朝还是比较坚持,从而有内容非常丰富的《康熙起居注》。

因此,尽管历代史官在帝王专制的重压下多有顾忌,帝王甚至也不时利用手中权力篡改历史纪录,但至少在表面上帝王也不得不承认史官工作的独立性,并一直保持着一个制度化的史官体系。人们也经常从对史官的态度,间接地评价帝王。北齐文宣帝高洋曾说:"我终不作魏太武诛史官。"(百度百科)这句话本身为他赢得赞誉。因而,史官制度的存在从宪政意义上形成了对最高政治领导人的历史约束。

## 五、文化精英掌握着历史评价的主导权

历史事实还只是一种叙述,一般而言并无价值判断。价值判断一部分起源于对历史事实的观察和总结;另一部分起源于对天道的顿悟。所以对历史的记录和价值判断是互动的。以儒家为主流的中国传统文化价值观,尤其是关于政治道德的原则,是随着修史而发展起来的。如儒家的五经中,《尚书》、《诗经》和《春秋》都与历史有关。甚至还有"六经皆史"的说法。我们发现,儒家有关政治道德的思想也是从对历史的评价中发展成熟起来的。

反过来说,儒家从一开始就意识到了对历史评判的极端重要性。虽然《尚书》的作者具体是谁存有争议,但孔子修《春秋》是确定无疑的。后来的《史记》、《汉书》等二十四史,以及《资治通鉴》等史学巨著,主要是以儒家为主来修编的,也都推进着政治道德和一般价值的讨论。正是儒家对历史约束的重视,包括司马迁、班固、魏征、房玄龄、欧阳修、司马光等一大批名的儒家人物,投入大量精力于修史活动,使得我国的优秀历史著作都包含着丰富的儒家价值。

应该强调的是,儒家修史,并不一定是因为他们是官方的史官。许多史书是儒家人物以非官方的身份修撰的。即使是孔子修《春秋》,也并非是鲁国史官身份。当时周王室衰落,各国多年征战,史官制度废弛,史籍散乱。孔子利用他掌握的鲁国和其他各国的历史资料编修了《春秋》。司马迁的《史记》,被称为"私家史学发展的一大飞跃"(乔治忠,2008,第50页);范晔编撰的《后汉书》被称为"私人著述"(百度百科);陈寿的《三国志》也被称为"私人修史"(百度百科)。明清时期的私人修史也是相当普遍(朱杰勤,1980,第253-261页;第287-292页)。因此可以看出,修史被儒家看作是一种天职,即使身不在朝,也认为自己有修订历史、褒贬善恶的使命。这也说明,到后来,即使没有制度化的官方修史制度,或者官方修的史太过偏离儒家道统,也会有民间文化精英出来校正这一失误。

在这些历史著作中,除了叙述历史,还有对具体历史事件和人物,或对某一类事件或人物的评价。评价可能是采取特殊的语言,即所谓"春秋笔法",用一字之褒贬来评价某一历史事件或历史人物;也可以直接评价。或者以"周公"之口,或者以"君子"之口,后来更多的是修史者本人。如《春秋》中以"传"的形式来评论。《春秋》"公羊传"被认为是出自孔子(蒋庆,1995)或其弟子之笔。在《史记》中有"太史公曰",在《汉书》、《后汉书》有"论"、"赞",《三国志》中为"评",《资治通鉴》中为"臣光曰"。

这些评论既是对历史的总结,从中提炼价值原则,也是通过对具体事件和人物的褒贬,影响后世的人的行为。如孟子说,"孔子作《春秋》,而乱臣贼子惧"。虽然儒家的价值判断是经过长时间对历史的观察形成的,但到了春秋时期,儒家的文化价值已经成熟,构成一个相对完整的体系,这时用这套价值体系去评价事件和人物,就实际上在引导和约束人们的行为。

这些评价所形成的文化价值,就是儒家的核心价值,如仁义礼智信,忠孝节义,等等。针对政治统治集团,儒家主张经济自由和政治无为,对老百姓轻徭薄赋,"因民之所利而利之",强调统治者自身的道德。所有这一切,归根结底,是约束统治者不要利用手中权力去侵夺甚至奴役民众,要为民众的福祉创造制度环境。

修史的功能,不仅是总结历史经验,让以后的人避免重蹈覆辙;而且本身就直接是一种奖惩善恶、判定是非的手段。人们,尤其是政治统治集团的人们,会努力去做被史书的价值观肯定的人,而避免成为被史书贬斥的人。这不仅为自己,也是为后代。反过来,这使得重视历史评价的人的行为也是遵循某种价值观的行为。如此,现实中的行为和书本中的历史交互影响,从而使儒家价值观又成为塑造历史的重要因素。

## 六、历史著作作为教育中的重要经典

这些重要的历史著作,并不是可读可不读的闲书,而是制度化教育中的"必读书"。而所谓"制度化教育",首先是针对国君和贵族的。正是因为他们手中拥有政治权力,所以自己行为的对错才可能产生更大的后果,学习历史以避免错误才更重要。

早在远古,君王身边最重要的人物就是巫和瞽,两者都是史官的前身。这说明,在那时人们已经清楚地意识到,重要的决策要参照历史。到后来,具备历史知识和相应的价值观被认为是一个政治领导人的必备条件。因而在政治制度中，就有了成熟的教育君王的制度安排。据《通典》，早在虞舜时代，就有了太师一职；商代就已有太师、太傅和太保的三公之职；到了周代，制度更为完备。贾谊说："天子不喻于前圣之德，不知君民之道，不见礼义之正，《诗》、《书》无宗，学业不法，太师之责也。"（转引自《文献通考》）这种制度一直保持到了清代。我们从《康熙起居注》中可以看到，康熙经常到弘德殿，听讲官讲儒家经典，其中包括《尚书》和《春秋》。

那些王位继承人一旦被确立，也要指定一个老师来教他经典；这个老师一般是被朝野公认的大儒。这个老师有时被称为太子太师，太傅，少师，少傅等。在学习的经典中，历史是主要部分。

大约在商周时期，教育机构主要是官学，学生最初主要是贵族子弟；到后来，有越来越多的平民子弟进入。他们读的课本包括《诗》、《书》、《礼》、《乐》、《易》和《春秋》。据张岩，这些书籍在孔子之前就已存在。很显然，其中很大一部分是历史。汉以后，又设太学，作为全国最高教育机构。其教学内容也主要以六经为主。总体而言，自商周以来传统中国的教育体系中，历史教育占有重要地位。

自孔子以后，私学发展起来，其主要内容显然包括儒家六经。而其中历史学的份量很重。在以后又有大量民间书院发展起来，大多继承了孔子的传统。自汉、唐、宋、元、明到清，五经一直是主要的甚至是最重要的教材（李振宏，2007，第134—135页）。在宋代，民间书院发展到了一个高峰，全国有500多家民间书院（邓洪波，2004，第62页）。这样，有关历史价值的文化传统就成为一种全国性社会性的主流思想。

到了隋唐以后，科举制逐渐成熟。无论是哪个朝代，历史经典，如《尚书》、《春秋》等都是考试的重要内容，考试中一个重要科目就是史科。在宋代尤为侧重。因此，通过教育、考试和选拔官员的一个制度化的体系，儒家的历史经典的价值观就更为深入于学子之心，成为未来官员的内在价值。由于科举制度面对所有的人，从而也使教育体系覆盖了几乎所有的人，使得由历史得出的价值观成为社会的主流文化。这种主流文化又可以上升为政治结构的宪政原则，影响和约束着政治统治者。

## 七、谥号制度对政治统治集团的约束和激励

对于占主导地位的政治集团，一个直接的历史约束制度就是谥号制度。谥号制度就是用一个字来概括人的一生，作为这个人在历史上的称谓。其适用范围是帝王、诸侯和士大夫。据《白虎通义》，"黄帝"就是最早的谥号。"名黄自然

也,后世虽圣,莫能与同也。后世得与天同,亦得称帝,不能立制作之时,故不得复黄也。"即"黄"是对开天辟地创造制度基础的人的最高赞美。尧和舜也是谥号:"翼善传圣谥曰尧,仁圣盛明谥曰舜。"据张岩,商代卜辞中已有"文祖丁"和"武祖丁"之称。到了周代,谥号制度已经发展得很完备了。

谥号制度的作用,正如《白虎通义》所说,"则上其谥,明别善恶,所以劝人为善,戒人为恶也。"这种劝善戒恶的功能并不是在人活着的时候,这时还有其他激励和约束的制度手段,如当下的奖惩,而是对其人死后的"盖棺论定"。所以这谥号制度有着历史约束的功效。这一功效不仅是对被授予谥号的人,他只是在生前会有所虑,更重要的是做给别人看。正如张岩所说:"虽然谥名定于死后,但制度的创立意图是为约束生者。"(282页)他引《论衡·佚文篇》:"加一字之谥,人犹劝惩,闻知之者莫不自勉。"

在传统中国的历史上,得到好的谥号的帝王还是比较多的,如文、武、宣、昭、简、明、德,等等,但令人印象深刻的,是那些遗臭万年的暴君,如夏桀,商纣,隋炀帝等;还有一些昏君或犯有严重错误的帝王,如周幽王,周厉王,等等。这些恶谥的威力是难以想象的。它使那些生前不可一世、作恶多端的统治者最后在历史中永世不得翻身。唐太宗李世民曾说:"桀、纣,帝王也,以匹夫比之,则以为辱。"(《贞观政要》)即夏桀和商纣虽贵为帝王,但平民百姓被称为桀纣,也会深以为耻辱。

据张岩,这种谥法与春秋的"书法"在逻辑上是一致的,在一字褒贬的意义上,风格上也相近。张岩指出:"谥名是对为政者一生德能政绩的总结,'书法'规则的基本内容之一是对为政者一时德能政绩的具体评价。二者都具有用来教育'后嗣'的功能,善则可以效法,恶则引以为戒。"(283页)

更为重要的是,对善与恶的判断以儒家主流的文化价值为标准。在具体的定谥过程中,以史官为主的士大夫集团的意见有着决定性的作用。张岩指出:"《周礼·春官宗伯》提到由史官(大史、小史)具体负责为卿大夫等'赐谥'的制度。在'礼乐征伐自天子出'的西周时期,诸侯的谥名也应由天子定。天子的谥名应由史官与卿士议而定之。"(282页)他们显然会依据儒家主流的文化价值确定谥号。

## 八、儒家的历史约束制度的现代含义

近代以来,中国的传统社会走向衰落甚至崩溃。这一方面是因为西方的挑战,另一方面是因为中国社会也逐渐从一个家庭主义的社会走向个人主义的社会。与之相应的,是儒家文化传统和政治传统的瓦解。其中自然包括儒家的历史价值观和历史约束的制度。史官制度在政府结构中逐渐消失。虽然对政治领袖的公开讲话,政治会议的发言和政府文件还有记录和存档,但这些记录多有改动或损毁,并且一直处于保密状态。并无制度规定何时解密。更不用说存在着独立的史官,他们对政治领袖言行的记载可以不受限制,因此远做不到"君举必书",也难以用谥法来约束和激励。

在这样的情况下,就需要我们重建历史维度的宪政原则和相应的制度框架。我们首先可以从比较容易的事情做起。最容易的事情,就是私人修史。当官方的史官制度废弛,或官方修的史有着严重问题时,私人修史就是一个必不可少的补充。因为修史的工作可以完全个人化地进行,没有任何手段可以阻止这样做。当然,特定个人编撰的历史并不一定可以成为社会公认的"正史"。更多的情况是,对同一历史阶段,有多个历史版本,最后那个最好的版本胜出,如《三国志》的情形;或是几个版本并行,如《春秋》三传。

第二件事,就是传承和改进儒家历史价值观。尽管近代以来中国的世界发生了很大变化,但从几千年历史中提炼出来的价值观仍有着顽强的生命力,仁、义、礼、智、信仍有着永恒的魅力。我们要把埋藏在历史典籍中的文化价值挖掘出来,传承下去,用来评价当今的事件和人物。我们也还要将近代以来的历史经验教训提炼出来,融入到整个儒家的历史价值观中去,以使其更具一般性。我们也要借鉴其他文明的历史经验教训,以丰富我们的文化价值,从而能从多个角度反观历史。

第三件事,就是恢复历史在教育中的重要地位;第四件事就是恢复谥号制度;第五件事就是恢复独立史官制度。这三件事要在上述两件事基本完成后才能开始,也只有主导政治集团认为这样做是必需的才能有效实行。这需要相当一段时间的等待。

## 九、总结:宪政历史维度的一般性

有人会说,制度化的历史约束是传统中国特定环境下形成的,在现代的政治条件下也许并不必需。实际上,无论是家庭主义的社会,还是个人主义的社会;无论是君主政体,还是民主政体,都需要历史维度的约束。这是因为不管个体的时间视野如何,一个社会总要长久存在下去的。所以,从社会的视野看,跨越世代的历史是重要的,对历史经验的总结是重要的,从历史中提炼出一般价值也是重要的。

民主制度虽然解决了领导在世时的更替问题，使其在有生之年内就会知道对他任期内德能政绩的评价；但整个社会往往因为缺少历史视野而重蹈覆辙。例如美国在越南战争的三十年后，又陷入了伊拉克战争。而越南战争的经验已经被那些当事人总结得非常清楚：美国只有在当事国政府能自助且邀请和国际社会同意的情况下，才应向海外派兵（麦克纳马拉，1996）。

实际上，现代西方社会虽然是一个个人主义社会，但其时间视野因宗教因素而放长。基督教有灵魂和耶稣复活之说，这都使人的视野超越自己的个体生命。只是这些较长视野没有恰当的历史约束的制度，包括历史记录、历史教育和正确历史价值的形成的配合，很难形成有效的历史约束。而在今天的中国，已经从一个家庭主义的社会走向个人主义的社会，既没有宗教作为补充放长人们的视野，也没有家庭血脉永续的眼光，人们已经变得短视，从而缺乏对自己的约束；更不用说建立一套历史约束的制度了。

人类社会之所以要总结历史经验，是因为人类创造的制度只有在相当长的时间中，才能显示其是否正确。这需要持续不断地观察和对长时期历史的分析。判断一个制度的好坏，往往需要几百年，如传统中国中的分封制和郡县制的优劣；又如罗马帝国的制度，在其最强盛时期是无法判断的。

对历史的正确判断，也往往需要较长的时间。这是因为距离历史事件发生的时间越远，评价的人就越与当事人没有瓜葛，就越能中立和公正地评价历史事件和人物。时间有着中立的品格。

历史也是对任何权势的最强有力的约束。我们承认，在一定时期内可能会出现一个最具有政治强权的人物，他可以利用自己的权力禁止任何批评，也可以利用御用文人写一部褒扬自己的"历史"，但他终有一死。他终究逃脱不了"被评价"的命运。

传统中国社会很早就发现了对不太好约束的人的历史约束方法。这一方法到今天仍闪耀着智慧的光芒，从中也能看到中国人对理想社会的文化向往。当然，历史约束的最重要的缺陷是不能直接约束当下行为，但从历史长河的角度看，却可保证人类文明跨越世代。历史约束制度将与其他制衡制度一起，构成通过惩恶扬善，约束和激励公权力的宪政结构。

## 参考文献

蔡崇榜：《宋代修史制度研究》，北京：文津出版社，1991；

邓小平："在上海西郊宾馆政治局常委扩大会议上的讲话"，1993年1月15日；转引自《新华网》"发展论坛",http://forum.home.news.cn/thread/61541682/1.html。
何怀宏:《世袭社会及其解体》,北京:三联书店,1996;
蒋庆:《公羊学引论》,沈阳:辽宁教育出版社,1995;
李振宏:《睿通孔子》,北京:九洲出版社,2007;
乔治忠:《中国官方史学与私家史学》,北京:北京图书馆出版社,2008;
麦克纳马拉:《回顾:越战的悲剧与教训》,北京:作家出版社,1996;
盛洪:"论家庭主义",载于《新政治经济学评论》,2008,第四卷第二期;
许兆昌:《先秦史官的制度与文化》,哈尔滨:黑龙江人民出版社,2006;
杨继绳:《墓碑》,香港:天地图书,2008;
张岩:《从部落文明到礼乐制度》,上海:上海三联书店,2004;
中共中央:《中共中央委员会关于建国以来党的若干历史问题的决议》,1981;
朱杰勤:《中国古代史学史》,郑州:河南人民出版社,1980。
中国第一历史档案馆整理,《康熙起居注》,北京:中华书局。
《尚书》,汉英对照本;今译者,王世舜;英译者,杜瑞涛;
孔子:《孝经》;
孔子:《春秋》;
左丘明:《左传》;
司马迁:《史记》;
班固:《白虎通义》;
吴兢:《贞观政要》;
杜佑:《通典》;
马端临:《文献通考》;

# 评盛洪的历史维度原则

陈弘毅①

盛洪教授的论文论点新颖并具启发性,他指出,儒家思想的"历史维度"或"时间维度"构成对统治者的行为的约束,可以理解为一种宪政约束,这便是"儒家宪政"的内容之一。更具体来说,他认为儒家重视跨越时间性的思维:它视家庭为社会的构成单位,对家庭的关心伸延为对子孙后代的福利的关心,因此儒家思想有深广的历史视野;对于统治者,儒家重视"历史的评判",即历史对某统治者或统治集团的政绩的评判,这种评判便构成对统治者如何行使其权力的"宪政约束"。

在西方的宪政传统中,"宪政"(constitutionalism)这个概念一般理解为一种包含法治、分权制衡和人权保障的政治体制,最终来说,宪政可理解为某种关于统治者的权力的行使的约束或限制,从这个角度看,盛洪教授的论文所探讨的儒家思想的历史维度,包括历史评判的思维以至中国历代的史官制度,的确可理解为宪政的一个维度。当然,把这些传统的思想和实践应用到现代语境时,便需要适当的"现代化"或"创造性转化"。例如盛洪教授的论文中提到儒家引用一些历史故事来说服王朝的统治者怎样做才能延续其子孙后代的统治,现在已经不是"家天下"的时代,这样的历史教化方法当然需要予以转化。

盛洪教授的论文的核心是探讨中国历史上的史官制度——包括其独立性和历史评判的作用——怎样能构成对统治者行为的约束。我认为这是一个很好的研究课题,值得进一步研究。例如,史官是以怎样的心态去做他们的工作?在中国历史中,是否有一种特别适用于史官的职业伦理发展出来?如果有的话,儒家的一般伦理与这种史官的职业伦理有怎样的关系?史官的良知有何内容、结构或特征?史官是否特别关注事实、史实,要把历史事实忠实地写出来,这是不是一种独特的求真精神,如果是,它是否是儒家传统的独特的贡献?还有值得研究的在于,中国历史中有没有发展出保证史官工作独立性的制度性保障,就像现代宪政主义提倡司法独立和对于法官独立行使其职权的制度性保障(如法官终身制或保证可工作至退休、给法官优厚的待遇、法官的司法行为享有豁免权、立法机关不可评论或干预法院的裁判等)。

---

① 香港大学法学院教授。

盛洪教授的论文提到我国近代以来情况，我十分同意他的分析和建议，例如关于私人修史方面。但对于恢复史官制度，我对其可行性有点怀疑，尤其是关于如何保证其独立性。相比之下，由民间在学术自由的环境下修史，可能更具独立性和公正性，更能发挥儒家意义上的历史评判作为一种宪政约束的作用。言论自由、出版自由、学术研究自由、讲学自由，这些自由或人权是现代自由主义宪政传统所重视的，由此可见，这个传统所强调的公民权利和自由的保障，对于强化儒家传统的历史评判是可以作出贡献的。

作为法学工作者，我觉得盛洪教授的论文所谈的儒家历史评判与当代法治和人权思想和实践中对犯下暴行的统治者的法律追究有相似之处，两者都是在追究统治者的历史责任。例如"转型期正义"（transitional justice），便是说当一个国家从威权统治转型为民主政体后，对于前政府领导人对其曾犯的一些暴行所应负上的法律责任的追究。例如二次大战后的纽伦堡审判、东京审判，20世纪90年代国际刑事审判庭对在前南斯拉夫和卢旺达发生的种族清洗等严重侵犯人权行为的审判，南韩在民主转型后对两位前总统的审判，以至我国在80年代初对"四人帮"的审判。由此可见，通过现代司法途径，确定有关史实，追究统治者对其非法作为的法律责任，也是一种历史评判。

最后，我想谈谈中国在现代史中对于宪政的追求和儒家在这方面的贡献。晚清以来，多代的国人都在思考中国应如何现代化，包括应如何在中国建立宪政。大家都知道在清末，康有为、梁启超主张立宪，建立君主立宪的现代政体，孙中山先生则主张革命。孙中山先生提倡的三民主义，可以说是一种具有中国特色的意识形态，他在革命后提出分三个阶段在中国建立宪政：这三个阶段便是"军政"、"训政"和"宪政"。关于宪法的制定，孙中山先生提出了"五权宪法"的构思，西方用的是三权宪法，即立法、司法和行政三权分立，孙中山主张在三权以外加上"考试院"和"检察院"，便是参考了中国的政治传统。后来1946年"中华民国宪法"的制定，儒学大师张君劢是积极参与者之一，他著书立说，论述宪政的原则。

在1958年，张君劢和其他三位儒学大师牟宗三、唐君毅和徐复观在台湾和香港共同发表《为中国文化敬告世界人士宣言》，其中包括关于中国政治制度现代化的思考，他们认为中国应走向民主宪政，他们强调这样不但不违背儒家传统，而且能有助于儒家传统的进一步实现和发扬光大。至于当代儒家对于宪政的思考，参加我们这次研讨会的诸位都是有代表性的学者、大师。

从这次会议看来，我觉得我们对于中国宪政问题，是有一定的共识的，虽然分歧也有一些。共识似乎是，在中国发展宪政，应以中国文化和国情为本位，同时适当吸收西方宪政的思想和实践。虽然在昨天的会议中,讨论较多的是中国文化、中国特色的一方面,但我觉得其实蒋庆先生和康晓光先生都赞成在我国引进现代西方宪政的一些重要元素。例如蒋庆先生主张议会中应有民选的一院,议会的三院应有相互制衡的作用;他在他的著作中也承认西方宪政所实现的政治权力和平转移的制度是它对人类文明的重要贡献。康晓光先生认为如要有效地监督政府、防止腐败,言论、出版、媒体等自由是必须的;他在他的著作中主张一种社团主义,通过社团的协商,制定政策,故需要结社自由。由此可见,蒋、康两先生都承认现代西方宪政的一些核心元素对于中国的价值。

我同意白彤东先生在这次会议上提出的一个论点,就是儒家思想中有具有普遍意义或普世价值的东西,对于改善西方的宪政能作出一定的贡献。以下便是我能想到的一些例子。首先,儒家的仁政概念,可以为政治权力应如何行使,提供指引。第二,儒家强调行使政治权力的人应该是有道德修养的,掌握的权力越大,其道德责任便越大。第三,正如蒋庆先生和白彤东先生在这次会议上指出,儒教对现代政治的启示是,现代的政治体制应该是民主主义与精英主义的结合,民主不一定是唯一的、至高无上的原则。第四,正如李晨阳教授在这次会议中提出,"政治儒学"应该为"心性儒学"服务;我的理解是,儒家主张的政治制度应以提供这样的一种社会环境为目的:这种社会环境能促进儒家所理解的人格成长,每个人都能实现其作为人的善性和其他潜质。

最后,我想谈谈我们在这次会议曾经讨论到的一个问题,就是由谁来立宪。我认为立宪的思考不可能只是由主张儒教的人士或群体主导的,立宪或修宪必须是社会上持不同意见的人士和群体的互动、对话、协商的过程。信仰儒教的人士,必须与其他人士(如社会主义者、自由主义者等)共同协商,尝试形成共识,然后进入立宪或修宪的阶段。在协商过程中,各方都应遵守协商的伦理,包括互相尊重,尝试了解对方的观点,互谅互让,求同存异,从而形成共识。

# 天—地—人之天,还是超越天—地—人之天?[1]
## ——兼论"民主的形式和儒家的内容"

### 李晨阳[2]

当今儒林中,蒋庆先生是一面大旗。他的哲学思想思考严密,态度严肃,功底扎实,论证系统化。与一大批有自由主义倾向的儒学思想家形成鲜明的对照,蒋先生的思想独树一帜,代表了当代中国振兴儒学活动中的最保守、[3]最激烈、同时也是最顽强的一支。任何认真对待当代儒家思想的人,力图全面考察当代儒家思想的人,都不应该忽视他的思想。蒋先生的儒家宪政方面的贡献尤其引人注目。蒋先生建立了一个庞大的体系。这个体系的龙头是一个"超越的天"。本文的目的是要说明,儒家的"天"应该是"天地人"三才之道的天。撇开了"天地人"之天的儒家未必是货真价实的儒家。设置一个超越"天地人"之上的"天"的儒家,则是倒退的,画蛇添足的儒家。蒋庆先生儒学体系里的"形上的"、"超越的""天"是一个空虚的概念。当今的儒家哲学没有依赖这样一个概念的必要。这样的"天"不能成为政治主权的基础。

在蒋先生的体系里,"天"有两层意义:一个是"超越的天",另一个是"等差的、分殊之天",也就是我们说的"天地人"之"天"。前者高于后者,并派生出后者。这个"超越的天"是蒋先生关于儒家政体理论的最终依据。在《儒教宪政的监督形式》一文里,蒋先生说:

---

[1] 本文为2010年5月在香港城市大学举行的"儒家宪政与中国未来"国际学术研讨会所作。参加会议的各位学者,特别是组织会议的范瑞平、贝淡宁教授,对本文提出一些批评和建议。商原李刚先生也对本文初稿提出了有益的意见和帮助。作者在此一并深表感谢。
[2] 美国Central Washington University哲学系主任、教授。
[3] 此文中的"保守"是中性词,即conservative。

"主权在天"之"天",依儒教是超越形上的神圣人格之"天","天"之人格并非只从拟人的形象上说,主宰、意志、创造、性情都是"天"之人格的体现。程子认为,"天"与"上帝"并无区别,只是称呼的角度不同而已。在程子看来,以形体言之,谓之天;以主宰言之,谓之帝;以妙用言之,谓之神;以性情言之谓之乾。用今天的话来说,此处之"形体"是指"天"涵盖万有,"主宰"是指"天"有神圣意志,"妙用"是指"天"有创造大能,"性情"是指"天"有超验理则(天理天则)。另外,《诗·毛传》也认为:尊而君之称皇天(天是有意志之主宰),元气广大称昊天(天涵盖万有无边无际),仁覆闵下称旻天(天有仁爱悲悯之情感),自上降鉴称上天(天能降灾异谴告人类)。可见,儒教这里所说之"天"只是名称与表现不同,但却只是一个"天"。若从形而上之义理言之,只是一个浑然一体的"'理一'之天"。

但是,这个超越形上的、有神圣人格的天,又必须派生出一个分殊的天,即"天地人"之天。蒋先生说:

> 这种浑然一体的"天"是从超验的"理一"上说,即是从终极的超越形上层面说,但从派生的形下层面说,即从"天"创生进入人类历史文化说,"天"不能没有"分殊",即"天"不能不生成差异性的世界,正是"天"的"分殊"产生了"物之不齐物之情"的形下世界,而人类历史文化即是这一"分殊"的形下世界,人类政治也不能例外。因此,"儒教宪政"讲的"主权在天",是从终极的超越形上界说,但在形而下的政治世界中,"理一之天"要分殊为"等差之天",即形下的政治世界要从不同的层次与维度来体现、展现与实现"理一之天"。具体来说,在"儒教宪政"的形下层面,"王道政治"就是从形下世界不同的层次与维度来体现分殊的"等差之天"。"王道政治"参通天、地、人,就是把"理一之天"分殊为天、地、人三重"等差之天",天、地、人同时都是"天"在人类政治中的分殊性体现。

我完全认同"天地人三才"之道中的天,也就是蒋先生说的"等差之天"。"天地人"之天无疑是儒家的核心理念之一。我的问题是,蒋先生所说的那个超越的、形上的、有神圣人格的天,在今天的历史环境下,究竟有什么实际意义?我认为,答案应该是否定的。更何况,蒋先生已经明确说明,在"天地人三才"之中,"天"已经占据着比"地"与"人"更高的地位了。这就更没有必要再另外设置一个"天外之天"了。这样的天并不能证明任何政体的正当性。

下面，我从两个方面讨论这个问题。第一，超越形上的、有神圣人格的"天"在蒋先生的体系里，只是一个空虚的概念，它并没有实质的意义。第二，在先秦中国思想中，天的概念有一个重要的过渡，即从超越形上的、有神圣人格之"天"到"天地人"之中"等差之天"的过渡。到了古典儒家哲学那里（至少其主流哲学思想中），"天"已经是"天地人三才"的"天"了。从这个角度讲，蒋先生重返超越的、形上之天是一个思想的倒退，而不是前进。

一

蒋先生的关注点是"儒教宪政"。他讲"天"的主要目的是要证明"主权在天"，从而演化出一整套儒家宪政的理论。蒋先生说：

> 宪政之道出于"天"，即"天"是宪政"主权"的终极的至上渊源，因为"天"永远不变，故这种"主权在天"的宪政之道亦永远不变。儒教认为天是宇宙万物之所出，是人类生命与历史文化的根本源头，当然也是作为人类历史文化形态之一的政治的根本源头，故亦是"宪政"的根本源头。因此，"儒教宪政"的义理特性决定"儒教宪政"是具有超越性神圣性或者说宗教性的宪政，"儒教宪政"的合法性来自"天"而不是来自"民"，所以"儒教宪政"是用"天的合法性"（即天意）而不是"民的合法性"（即民意）来指导、规范、约束政治的宪政。一言以蔽之，"主权在天"就是最高政治权力的合法性源自于"天"，"天"是"儒教宪政"的所谓"高级法背景"或者说"超验价值"。

儒家传统讲天，讲天的义理涵义，当然也就可以把天做为主权（即统治权）的基础。用蒋先生的话说，也就是，"（超越神圣之）'天'（天意）赋予了政治权力最高的合法性，只有（超越神圣之）'天'才具有赋予政治权力合法性的大能"。可是问题在于，蒋先生这里所讲的"天"是超越"天地人"的、形上的"天"。这个超越的"天"只是一个体系上的"公设"（postulate），而不是严密论证出来的结论。在蒋先生那里，这个终极的、超越的、形上的天又派生为形下的、"分殊"的"天"，即天地人等差之"天"。但它本身不是"天地人"中的天。在蒋先生的体系里，天、地、人同时都是形上的、超越的"天"的分殊性体现。可是，既然这个终极的、超越的、形上的天只有在派生为"天地人"之"天"之后才能其作用，为何不直接就是"天地人"之"天"？！

蒋先生的体系让我想起了基督教的三位一体说教。按照这一说法，圣父完全是上帝,圣子完全是上帝,圣灵完全是上帝;但是圣父不是圣子,圣子不是圣灵,圣灵不是圣父。按说,作为系词的"是"(is)既可以连接相同的对象(比如,长庚星是启明星),也可以表示一对象属于某个范畴(比如,苏格拉底是人)。借用克里普基(Kripke)的说法,"圣父"、"圣子"、"圣灵","上帝"都是固定指称词,而非摹状词。所以,这里的"是"应该是表示相同性。从逻辑等同律的角度说,如果甲与乙等同,又与丙等同,那么,乙就与丙等同。这样的逻辑结论当然与三位一体的教条相左,作为信仰,基督教的三位一体论或许情有可原。信仰不必是理性的。但是从哲学的角度看,则大有问题。至少,基督教的三位一体违反了基本逻辑规则。

这里,我当然不是想说蒋先生所谓的那个终极的、超越的、形上的"天"和派生为"天地人"的、分殊的"天"跟基督教的三位一体是一回事。我是要说,蒋先生的体系中也包含了一个类似的逻辑矛盾。他的"终极的天"和"派生的天"之间究竟是一种什么关系?两者等同吗?如果等同,为何他们之间会有派生的关系?它们不等同吗?那么,除了说一个派生另一个之外,它们之间还有什么差别?进一步说,假如它们之间没有其他差别,那么,这种联环套式的设置究竟有什么实际意义?

也许,这种从超越到分殊的转化并不是纯文字游戏。像黑格尔的纯逻辑体系到人类历史的过渡一样,蒋先生的"天"的派生关系的意义体现在他设计的政治体系里。如此一来,蒋先生也就难免犯跟黑格尔类似的非逻辑之逻辑的毛病。也就是说,为了体系的完美,不惜违反基本逻辑规则。

蒋先生说:

> 用政治学的术语说,"主权在天"的"理一"的形上的绝对的最高的合法性,在进入政治世界后分殊为现实政治中的超越神圣的合法性、历史文化的合法性与人心民意的合法性,即分殊为"三重合法性"。

蒋先生的政治安排包括"太学"和"议会"两部分。太学是国家精神的体现,地位上高于议会,相对于形上的、超越的天。议会分为三部分,通儒院、国体院和庶民院。这个三位一体的议会恰恰与"天地人"的三重分殊相应。(见下图)

| 超越的天 | | | 太学监国 | | |
|---|---|---|---|---|---|
| 庶民院 | 天 | 地 | 人 | 通儒院 | 国体院 |

蒋先生这种安排可谓精心，近于完美。同时也不能不使人觉得，或许是因为"太学监国"需要一个概念上的对应体，超越的"天"应运而生。也就是说，这个超越的"天"的存在完全是蒋先生的体系的需要，如果真的如此，我们就不能不问蒋先生的体系是否妥当。

对蒋先生来说，主权在天，并不等于说天可以管制人事。天毕竟是"形上的、超越的"。蒋先生的解决办法是依圣代天。他说，"只有'圣意'才能整全性地绝对地代表天，故'主权'就不能'在民'，只能'在圣'"。蒋先生说：

> 在具体的政治活动中应由什么人来代表并体现"主权"呢？这就存在一个政治中的"主权委托代理"问题。在儒教看来，"圣王"就是政治中"主权委托代理"的主体。具体言之，"圣王"之为"圣"，是因为"圣"是天人之间的中介，《说文》说"圣"是"通"，即是说"圣人"通于天人，上知天意并把天意下传到人间，甲骨文"圣"字的字型中耳听天声口传天意即是此义，《论语》载时人谓"天将以夫子为木铎"亦是此义，而《大戴礼记》则将此义概括为"圣人者，知通乎大道应变无穷者也"。此处的"大道"即是"天道"。这是从圣人超越神圣的生命与天合德上说，即是从圣人"天人合一"的"理一"的生命境界与浑全的圣格上说。

蒋先生认为，只有圣王最有资格代表天并体现天。圣王代表并体现"天意"、"天命"、"天视"、"天道"、"天秩"、"天则"、"天理"。圣王最能了解"天谴"、"天罚"、"天鉴"。在政治中只有圣王最有资格代表并体现"天"的超越神圣的永恒价值，最有资格代理"天"掌握最高政治权力从事政治（"代天行政"）。于是，天将"主权"委托给圣王，由圣王以其圣格代理"天"行政。说到底，在现实中还是要靠"圣人"（至少相信历史中如此）。在理论上说，圣人只是代表天，只是天的工具。在实际操作上，圣人则是天的体现。换句话说，当被代表者只有通过代表者才有声音时，代表者也就成了实际上的被代表者。代表者和被代表者就只能是同一个体。圣人也就成了"天"。"天"变成了一个空虚的概念。

但是，"天"的委托机制并没有就此结束。蒋先生说：

> 三代以后，圣王待兴，圣王虽留下治世经典，但政治现实中圣王却处于隐遁状态，"主权"也因之处于无代表状态，故"主权在圣"又必须再一次委托，即将"主权"再次委托给"士"群体，由代表圣王经典价值的"士"群体来代理圣王行政。这样，"主权在天"要完成"二次委托"，即"天"将"主权"第一次

委托给"圣王","圣王"又将"主权"第二次委托给"士"群体。

到了这一步,圣也不见了。说到底,还是要由"士"来主政。

经过如此两轮的"委托",那个超越的"天"已经被抽空了,或者说被架空了。也可以说,"天已不天"了。在蒋先生的体系里,实际存在的不是"天"间接地委托政权与士,而是士藉用"天"的名义来论证自己的合法性。这样的"天"只不过是一个空虚的概念而已。这样的"天"并没有实质的意义。

西方基督教历史上有著名的马丁·路德的宗教改革。路德改革的中心是把对上帝的解释权从罗马教廷的垄断之手中解放出来,让一般民众能通过《圣经》直接跟上帝建立关系,从者众多的新教由此而生。假如有一天蒋庆先生的宪政模式真的得以实现,我们也不能不试想一个儒家的路德改革,把对"天"的解释权从"士"的垄断之手中解放出来。何况,儒家自古就有"天视自我民视,天听自我民听"一说呢?!

## 二

本文的第二部分试图说明,在早期儒家思想中,"天"的概念有一个从超越的、形上的、有神圣人格之"天"到"天地人"的"等差之天"的过渡。蒋先生重返超越的、形上的"天"是一个思想的倒退,而不是前进。

冯友兰先生曾经把中国古代的"天"的概念归纳为五种意义。他说:

> 所谓天有五义:曰物质之天,即与地相对之天。曰主宰之天,即所谓皇天上帝,有人格的天、帝。曰命运之天,乃指人生中吾人所无可奈何者,如孟子所谓"若夫成功则天也"之天是也。曰自然之天,乃指自然之运行,如《荀子·天论篇》所说之天是也。曰义理之天,乃宇宙之最高原则,如《中庸》所说"天命之谓性"之天是也。(冯友兰,55)

冯先生这个"天五义"说应该是准确的。但是各派学者对哪些文献中的"天"属于哪个意义有不同的见解。冯先生自己认为,"《论语》中孔子所说之天,亦皆主宰之天也"。蒙文通则认为《论语》里孔子的天有自然之义(蒙默,第23—24页)。冯先生说"皆主宰之天"似乎言过了。"天下"一词在《论语》里屡屡出现。这里的"天"字不能说是主宰之天。在《论语·阳货》篇里,孔子说,"天何言哉?四时行焉,百物生焉,天何言哉!"其中"天"的意义可以讨论。有人说它是主宰之天(冯友兰),也有人说它是自然之天(蒙文通)。似乎两者都通。蒋先生所说的超越的、形上的天似乎既属于主宰之天又属于义理之天。所不同的是,早期儒家的"天"主要是"天地人三才"之天,而不是像蒋先生所用的意义上的高高在上的、超越的天。蒋先生所用的超越的天,因为高高在上,不得不分殊为"等差之天"。"天地人三才"之天则不需要这样的转化,因为它本身就在三才之中。

关于"天",在一点上学者们似乎有共识,那就是,在早期中国思想中,"天"的概念有一个从超越形上的、有神圣人格之天到"天地人"三才之中"等差之天"的过渡。

在《古代宗教与伦理——儒家思想的根源》中,陈来先生对"天"的概念在商周之间的演变如此评价:

> 殷商和西周世界观的重要区别,不在于商人是否以"天"为至上神,因为如果"天"只有人格的"皇天震怒"的天,那么在信仰实质上,与"帝"的观念并无区别。事实上,在许多文献中二者是等同的,或可以互换的,很难明确分别。商周世界观的根本区别,是商人对"帝"或"天"的信仰中并无伦理的内容在其中,总体上还不能达到伦理宗教的水平。而周人的理解中,"天"与"天命"已经有了确定的道德内涵,这种道德内涵是以"敬德"和"保民"为主要特征的。天的神性的渐趋淡化,"人"与"民"的相对于"神"的地位的上升,是周代思想发展的方向。用宗教学的语言来说,商人的世界观是"自然宗教"的信仰,周代的天命观则已经具有"伦理宗教"的品格。(陈来,168)

殷商时代的"天"是高高在上的、人格神的天。这样的天是形上的、超越的天。欧阳桢人先生不同意在殷商和西周的"天"观念上划上明确的界限。但他也认为,两者之间有一个演化的过程。欧阳桢人说:

> 将殷商的世界观视为"自然宗教",将周人的天命观视为"伦理宗教",作为一种宏观的发展趋势来讲,从宗教史发展的必然逻辑来说,是正确的。(欧阳桢人)

欧阳桢人认同陈来的说法,即从殷商到西周的时间段里,天的神性渐趋淡化,相对于"神","人"与"民"的地位有上升的趋势。他认为,在殷商时代,由于"天"的力量过于强大,笼罩在它下面的人过于渺小,致使人们心中充满了盲目的虔诚和巫术般的迷狂。在这样的情况下,"天"实际上是一种至高无上的命令。而人的自身道德修养与后天的努力也就消解到这一至高无上的命令之中去了。然而，到了周代，这种情况有了转化。欧阳桢人说：

> 周代的"天"中，明显增加了理性的内容，人之所以为人的地位得到了提升，在"天"这一神灵中，我们看到了人类自己的尊严和精神。（欧阳桢人）

这个提升了地位以后的，与人相连系的"天"，是"天人之天"或曰"天地人之天"。我认为，"天人之天"，而不是超越的天，才是儒家哲学的主流概念。

如上所述，陈来先生和欧阳桢人先生已经就商周时期"天"的概念的转变做了清楚的论述，我在这里不再重复。我想说明的是，这种转变的趋势在早期儒家的形成和演变的过程中得到了进一步的发展。儒家的"天"就应该是"天地人之天"。

在《论语》中，孔子所说之天既有主宰之天和义理之天之义，又有自然之天之义。张岱年先生认为，孔子在晚年可能有一个从主宰之天到自然之天的转变。（张岱年，20）在孟子那里，天是与人之心性相通的。天不是超越心性，而是体现在人性中。这与《中庸》所谓"天命之谓性"一脉相承。在《周易》里，乾是与坤相对待的，天与地是相联系的。"天行健，君子以自强不息。"《周易》里的"天"总是"天人之天"或者"天地人之天"。儒家讲《周易》里的"天"，不能不讲"天地人"三才之道的"天"。用蒋先生的话说，就是那个"派生的"、"分殊的"、"等差的"天，而不是超越的、形上的、有神圣人格的天。这也许是因为《易传》中的阴阳思想在起作用。余敦康先生认为，《周易》的核心思想是中和。他说：

> 易道贵中和，中和的实质性的内涵，可以归结为阴阳协调，刚柔并济，双向互补，动态平衡，是事物生生不已持续发展的内在的生机活力，总体上是从阴阳哲学的基本原理自然引申而来。（余敦康，5）

无论从中和思想还是从阴阳思想看，"天"都不能是超越了"地"和"人"的单项的天，而应该是"天地人"之天。

在荀子那里，天更不是超越的、形上的、有神圣人格的，而是与"地"和"人"相"参"而存在的。他说：

> 不为而成，不求而得，夫是之谓天职。如是者，虽深、其人不加虑焉；虽大、不加能焉；虽精，不加察焉，夫是之谓不与天争职。天有其时，地有其财，人有其治，夫是之谓能参。（荀子：《天论》）

荀子的天基本上是自然的天。"天行有常,不为尧存,不为桀亡。"这样的"天"当然不能超越"地"和"人",而是与"地"和"人"相"参"的"天"。

汉代的董仲舒强调"天人感应","天"总是在和人的交往中存在的。这样的天不能是超越的,而只能是"天人之天"或者"天地人之天"。他说:

> 王者参天地矣,苟参天地,则是化矣,岂独天地之精哉。王者亦参而之,治则以正气天地之化,乱则以邪气天地之化,同者相益,异者相损之数也,无可疑者矣。(《春秋繁露·天地阴阳》)

这里的王者代表人类之优秀者。王者参天地,也就意味着人类参天地。此处的"天"也就是"天地人"三才之道的天。

以上的回顾虽然简短,但足以表明先秦思想经历了一个从超越的、形上的、有神圣人格之天到"天地人三才之道"中的所谓的"等差之天"的过渡。古典儒家哲学完成了这样一个过渡。在成熟的儒家哲学里,"天"直接的就是"天地人三才"之一的天,根本就不需要从形上的、超越的天"分殊"为"天地人三才"之天。

"天地人三才"的模式,不仅是一个本体论的模式,也为儒家政治哲学提供了理论基础。今天的儒家哲学应该以"天地人三才"为出发点,为基础,为最终归结点。

现在如果再回过头来,重提那个"天地人"之上的"天"实在是无益无补。何况,蒋先生的"超越的"天又只不过是一个空虚的概念。这样的"天"也不能成为政治主权的基础。

## 三

最后,我愿意顺着此次会议的主题,谈一谈我自己对儒家与民主的关系的一点粗浅的看法。在 1995 年,我曾提出,儒家思想体系和自由的民主思想体系作为两个不同的思想体系可以肩并肩地存在,各自独立又互相制约。[④] 现在十几年过去了,有些观点需要做出调整。下面,我对自己以前就儒家和民主的关系所

---

[④] 在 1995 年初的夏威夷第七届东西方哲学大会上,我曾以"Democracy in Confucian China"为题目,发表以上观点。该文后来以"Confucian Values and Democratic Values"为题目,发表在 1997 年的《价值研究杂志》上(*Journal of Value Inquiry*)。此文后来收入 Christina Koggel 编辑的《全球视野里的道德问题》(*Moral Issues in Global Perspective*, Broadview Press, 1999)一书中。有兴趣的读者可以参阅我的《道与西方的相遇:中西哲学主要问题比较研究》第七章。

持的观点做出一些必要的修正。我现在的基本看法可以这样来概括：从儒家的角度看，现代理想的儒家和民主的关系是"民主的形式和儒家的内容"。

所谓"民主的形式"，是说社会的基本政治机制是民主的机制。这就是说，社会的政治组织形式，包括立法机构和政府的组织形式，应该采用民主的形式。我认为，事至如今，一个健全社会的立法人员和政府领导人必须由公民选举产生。毋庸讳言，这种民选机制并非完美无缺的。从儒家的观点看，民主有很多缺陷，包括蒋庆先生已经指出的诸多问题和不足。但是儒家没有更好的机制。在长期的发展过程中，儒家一直在皇权统治下生存。虽然有一些儒家人士主张个人自由，控制皇权（从孟子到李贽，黄宗羲），但他们并没有发展出来一种比民选机制更好的政治操作方式。再者说来，在当前世界大趋势下，民选机制以外的合理的政治操作方式已经不可能实现。儒家必须面对现实，符合历史潮流，接受民选机制。需要指出的是，在这个意义上的民主，是形式的民主。它并不包括当今惯常与民主联系在一起的自由主义的价值。我们对民主可以有两种理解。一种是全方位的民主，即建立在个人绝对自由的原则上的民主。按照这种观点，只要你不妨碍别人，你就可以完全自由（J. S. MILL 的"无害原则"）。在这样的基础上，我们建立社会组织。如此说来，合理的社会也只能是在"一人一票"的基础上建立起来的。这样的社会也应该是把个人放在第一位的社会。儒家不能接受这样的理念。在这方面，我基本同意蒋先生的看法。按照对民主的另一种理解，民主仅仅是一种政治机制。即通过选举产生政府和立法人员的机制。它既不证明人人平等，也不证明大家对社会的运作有同样的睿见和贡献。我们运用这种机制，是因为现在没有更好的机制。民主的机制虽然不完满，它至少给我们一个可以接受的操作方式，我这里说的"民主，"是指后一种意义上的民主，即形式的民主。

所谓"儒家的内容"，是说，在这样一个社会里，起主导作用的应该是儒家的理念和价值。当这样一个社会运作健全时，儒家的基本理念能够得到充分的实现。在这样的社会里，政府注重民生，人民配合政府，人们尊老爱幼，家庭和睦，贵教育，崇道德，义而有信，知书达礼。为了达到这样一个目标，儒家必须在两个方面站住脚。第一，儒家必须有强大的民间力量。从幼儿读经，到儒商经世，儒家必须在社会中形成主导力量。第二，儒家的基本理念和价值必须通过宪法的形式加以确定和保护。比如，宪法应该明确规定，政府的主要职责是民生，国家保护家庭利益，国家有实施教育的责任，等等。再如，根据儒家"子为父隐，父为子隐"的原则，当一个人成为被告时，政府不得强迫其家庭成员到法庭作证加罪被告。当然，这并不等于说就不允许人们大义灭亲，而是为了按照儒家的天伦原则保护家庭的健全性，这样的社会存在完全可以与民主的形式并存。

"民主的形式和儒家的内容"应该是儒家社会政治哲学努力的目标。当然，这个问题还需要细致研究，我将另文详叙。但是这个观点的中心意思很明确，这就是，儒家现在应该放弃由天赋神权于天子，到天赋主权于圣人，再到天赋政权于"士"的思路。民主虽然不是儒家的发明，甚至与儒家传统有相抵触的地方，但是今天，儒家完全可以理直气壮地接受民主，并利用它达到自己的"治国、平天下"的永久目的。

## 参考文献

余敦康：《周易现代解读》，北京：华夏出版社，2006。
冯友兰：《中国哲学史》（上），北京：中华书局，1961。
李晨阳：《道与西方的相遇：中西哲学主要问题比较研究》，北京：中国人民大学出版社，2005。
陈　来：《古代宗教与伦理——儒家思想的根源》，北京：三联书店，1996。
蒙默(编)：《蒙文通学记》，北京：三联书店，1993。
蒋　庆：《儒教宪政的监督形式——关于"太学监国制"的思考》（会议论文之八）
张岱年：《中国古代哲学概念范畴要论》，北京：中国社会科学出版社，1989。
欧阳桢人：《先秦儒家文献中的"天"——兼论蒙文通先生对这一问题的思考》，见 http://www.mianfeilunwen.com/Zhexue/Zhongguo/30630.html。

# 评李晨阳的天人观与民主观

范瑞平①

李晨阳教授论述蒋庆先生关于儒教宪政的文章,提出了重要问题,值得我们思考和讨论。晨阳的论文一如既往,观点鲜明,概念清晰,条理分明,显示出坚实的哲学功底和丰富的知识背景,我从中学到了很多东西。

晨阳主要论证了两个问题:"第一,超越形上的、有神圣人格的'天'在蒋先生的体系里,只是一个空虚的概念,它并没有实质的意义。第二,……蒋先生重返超越的、形上之天是一个思想的倒退,而不是前进。"表面上看,这两点同儒教宪政的距离很远;实际上,如果晨阳的论证成立,就斩断了蒋庆所提出的儒教宪政的根本源头。② 这样一来,蒋庆所提出的体现中国政治的"学治传统"与"学治精神"的太学监国制以及太学六权也就无从谈起了。因而,晨阳在论文的第三部分提出了自己否定了"天"之后的宪政看法。我对他的观点有不同意见,也用三部分简述如下。

## 一、没有实质意义吗?

针对蒋庆的观点,晨阳问:"他的'终极的天'和'派生的天'之间究竟是一种什么关系?两者等同吗?如果等同,为何他们之间会有派生的关系?它们不等同吗?那么,除了说一个派生另一个之外,它们之间还有什么差别?进一步说,假如它们之间没有其他差别,那么,这种联环套式的设置究竟有什么实际意义?"我的意见如下:

1. 两者当然不等同,所以会有派生的关系。
2. 除了说一个派生另一个之外,它们之间还有其他差别:
(1)"派生的天"只是"终极的天"所派生的"三才"(天—地—人)之中的一才,此外还有"地—人"二才;这就是说,不但"三才"之中的天能够在一定意义上体现"终极的天",而且"三才"之中的地和人也能够在一定意义上体现"终极的

---

① 香港城市大学公共及社会行政学系教授。
② 因为在蒋庆看来,超越形上的、有神圣人格的"天"是宪政"主权"的终极的至上渊源:"儒教宪政"是用"天的合法性"(即天意)而不是"民的合法性"(即民意)来指导、规范、约束政治的宪政。

天",因而才有了它们(天—地—人)之间的相互关系、作用。

(2)"终极的天"是超验的、浑然一体的、神秘的;而"派生的天"则是经验的、分解的、不神秘的;

(3)"终极的天"无法用人类理性完全理解、把握;"派生的天"则可用人类理性完全理解、把握。

鉴于这些差别,"终极的天"具有实质意义,即至少具有如下几种必然性:

1. "终极的天"显示了形而上的必然性:经验中的形体之天、主宰之天、妙用之天、性情之天(乃至物质之天、命运之天、自然之天、义理之天等等)只能在"终极的天"那里达到最终统一;

2. "终极的天"显示了本体论的必然性:没有"终极的天",对(宇宙)实在的本体认识就无法完整。

3. "终极的天"显示了伦理学的必然性:没有"终极的天",道德就没有最后的标准,也无法将应然与实然达到统一(如"积善之家必有余庆,积不善之家必有余殃")。这对于作为德性伦理学的儒家伦理学十分重要。

至于圣人(乃至"士"群体)代表天的问题,晨阳指出,"当被代表者只有通过代表者才有声音时,代表者也就成了实际上的被代表者。代表者和被代表者就只能是同一个体。圣人也就成了'天'。'天'变成了一个空虚的概念。"这个结论至少还需要下述条件:(1)只有一位圣人;(2)虽有多位圣人及士,但他们总是持有相同意见;(3)天不但不说话,而且不作任何表示。但事实上,儒家传统表明,不只有一位圣人,士就更多了;他们常常持有不同意见;而且天虽不言,但作其他表示,如降祥瑞、灾害、异象等等显示给人,人依此来推测"天意",反思道德。因此,"天"并没有变成一个空虚的概念。

## 二、是倒退吗?

晨阳同意殷商时代存在蒋庆所用的意义上的高高在上的、超越的天,但在成熟的儒家(包括孔子)那里**转化**(不是派生或分殊)为"天地人三才"之"天"。这是进步,因为驱除了"盲目的虔诚和巫术般的迷狂","明显增加了理性的内容,人之所以为人的地位得到了提升"。对此,我有两点回应:(1)派生说比转化说更为准确;(2)既有派生的"天地人三才"之"天",又保留终极、超越的"天",是进步,不是退步。

派生说比转化说更为准确,是因为"天地人三才"之"天"出现之后,超越形上的、有神圣人格的"天"并没有消失,而是一并存在。如果是完全转化了,那就不会再存在了。事实上，以我有限的知识看来，大概至少在文字产生以后，"终极的天"和"派生的天"的不同用法就已存在，尽管无人对它们作出现在这样明确的概念区别。

晨阳的看法似乎是，一旦应用"天地人三才"之"天"，(1)超越形上的、有神圣人格"天"就不再存在了；(2)而且这是进步。事实上，"天地人三才"用法中的"天"固然常常是自然之天、义理之天、甚至物质之天，但也并存着"终极的天"的用法，例如：

1. "皇天无情，惟德是辅"：这一所谓著名的西周转向中的"天"的用法，只能是终极意义的、有人格的"天"，否则就无法保证"唯德是辅"的结果。③

2. 《论语》、《孟子》中的许多说法表明：天是一个有目的、有意识、有力量的主体（参阅 P. J. Ivanhoe, 2007）。

3. 墨家的"天"即上帝。

4. 董仲舒："天者，百神之大君也。"（《春秋繁露·郊祭》）

5. 《白虎通义》："天者何也？……居高理下，为人镇也。"

6. 武则天："天无二称，帝是通名……自今郊之礼，唯昊天上帝称天，自余五帝皆称帝。"（《郊礼诏》）

7. 礼仪：郊祭、封禅之礼中的"天"，作为统一的、有神圣人格的"天"才能讲通。

人们会问，关键的问题是，人事之外是否真的别有天命？三才之外果真另有一天？人只能"自求多福"、还是真的"有天可求"？说白了，"皇天无情，惟德是辅"作为一种理性、伦理信仰，根本无法在现实经验中得到证实。因此，它的命运要么是自我否定而被放弃，要么是成为一种坚定的宗教信仰（即神秘的、无法用人类理性来完全理解、把握的东西）。成为一种坚定的宗教信仰，就是相信有一个神圣的天在做最终的干预和负责（"不是不报，时候未到"），人就会由此得到畏惧、希望和力量，并依此规范自己的行为，批判现实，创造未来。孔子做到了"知其不可为而为之"，但他难以向弟子们说出"知其不可信而信之"！我想，他所说的"不怨天"，其实就是这个意思——你不要埋怨，而要信！

这就是说，伦理宗教不是要不要"终极的天"的问题，而是要何种"终极的天"的问题。信仰一个佑德的终极之天，正好有助于驱除"盲目的虔诚和巫术般的迷

---

③ 相比较，邹衍的"五德终始说"中的"天"则既可解释为终极意义的"天"，也可解释为自然之天、规律之天；宋明道/理学中的"天"：在宋明的一些道、理或气学家那里，"天"似乎不再真正有人格、意识、意志了："天言其气，帝言其性"，宇宙万物皆一气的聚散而已。

狂"和提升"人的地位"。

为什么仍然相信这样的天是进步呢？理由如下：

1. 目的：正如刘殿爵先生指出，孔孟儒家认为宇宙是有目的的，因而孔孟儒家是真正的神秘主义者，而老庄道家不是（参阅 D. C. Lau, 1984, p. 46）。在儒家看来，宇宙的目的就是生生之德，"惟德是辅"，儒教就是成德之教。这一目的预设了一个有意识、有意志、有力量的最终存在者，即有人格的"天"。如果儒家只相信自然的"气、理"之"天"而不相信超自然的"天"，那么儒家就只能是自然主义者。即使是特殊的自然主义者（因相信"气"既是物质的，也是精神的），也走不了多远。因为说到底，自然主义者只能讲宇宙的因果，不能讲宇宙的目的。

2. 意义：儒家离不开礼仪，礼仪离不开祭、祷，祭、祷不能只和一团气打交道：祷于气？祷于理？"天地君亲师"中的"天"，不能只作自然主义的解释，因为人们不能把他们的祖先——亲，只作自然主义的解释。

3. 动力：我同意晨阳的一个观点：儒家不把生活的意义寄托于来世。但儒家必须关心祖先、关心后代。现在很难找到纯粹的儒教徒，因为"儒家"已经变成一个形容词（如"儒家佛教徒"、"儒家基督徒"、"儒家马克思主义者"、"儒家自由主义者"等等）。但相信神圣人格的"天"的儒家无法只作形容词，因为他需要建立和完善自己的体系。梁漱溟先生可以做儒家佛教徒，蒋庆先生不能，区别可能在此。

4. 协调：儒家学者需要和民间协调、为民间服务。佛教在印度是无神论的，到了中国变成了有神论、主要关心来世、转生，这应该是民间的儒教信仰使然。当宋明新儒家们被一套自以为得意的气、理、性、心、天的复杂理论把自己及弟子们都搅胡涂了以后，道教、佛教的丧葬仪式则在民间起到了补充儒教信仰的作用。而当代新儒家，正如李泽厚先生指出："虽然强调了儒学的宗教性，但由于忽视了宗教所应有的现实作用和通俗性能，便仍然将儒学的宗教性弄成了凡人难懂的书斋理论、玄奥思辨和高头讲章，与大众生活和现实社会完全脱节。"（李泽厚，2008，页 4）中国的老百姓相信"老天爷"，相信他们的祖先和"老天爷"在一起。他们所相信的，正是周孔所用的"终极的天"。

## 三、儒教内容与形式应该分离吗？

肯定终极的、神圣人格的天不是要投入另一个宗教（例如基督教），而是要更好地接上儒家的"德"，即体现在儒家生活之道中的伦理、礼仪中的德。相对比，儒家之德是家庭主义、贤人主义之德，不同于基督教的个人主义、平等主义之德。

这同晨阳文章的第三部分"儒家与民主的关系"密切相关。这部分不是他的文章的重点,只是概括,他明确说"将另文详叙"。我的下述评论当然想让他在详叙时参考。

这部分有点费解。否定终极的、神圣人格的天自然要否定蒋庆所提出的太学监国制,这是可以理解的,尽管我不同意。但晨阳是强调天地人三才的,照理说,他应该接着蒋庆所提出的议会三院制来讲才对,因为后者正是要体现天道合法性、地道合法性、人道合法性。晨阳可以指出蒋庆的提议中有哪些问题是错误的,以便改正和完善,但为什么要全盘放弃转而提出接受"民主的形式",即完全的民选机制呢?

我的猜想是,这可能是晨阳否定终极的、神圣人格的天之后所作的一个不自觉的结论。既然终极的、神圣人格的天并不存在,那么天地人三才之中的"天、地"也就失去了坚实的基础。真正留下的只是"人"——人的不同观点和利益而已。因而只要民选机制就够了:蒋庆所提出的"通儒院"和"国体院"就失去了存在的意义。

然而,晨阳是要"儒家的内容"的。他指出,当代儒家应当在社会上追求实现儒家的价值:"儒家必须在两个方面站住脚。第一,儒家必须有强大的民间力量。从幼儿读经,到儒商经世,儒家必须在社会中形成主导力量。第二,儒家的基本理念和价值必须通过宪法的形式加以确定和保护。比如,宪法应该明确规定,政府的主要职责是民生,国家保护家庭利益,国家有实施教育的责任,等等。再如,根据儒家'子为父隐,父为子隐'的原则,当一个人成为被告时,政府不得强迫其家庭成员到法庭作证加罪被告。"我很赞同他提出的这些内容。但我有如下问题:

1. 既然儒家应当追求上述"儒家的内容",那么儒家为什么不应当同时追求如同蒋庆所提出的儒教机制(以便更好地实现"儒家的内容")、反而应当接受民主机制呢?

2. 这是因为民主机制可以比儒教机制更好地追求和实现"儒家的内容"吗?这真的可能吗?在什么意义上可能?

3. 另一种可能是,在当今社会实行民主机制比儒教机制更为公正。我不确定晨阳是否持有这种看法。如果是,根据是什么?

4. 晨阳似乎持一种"不可行"看法:"在当前世界大趋势下,民选机制以外的合理的政治操作方式已经不可能实现。儒家必须面对现实,符合历史潮流,接受民选机制。"我想在美国肯定不可行,但我不知道在中国是不是不可行。然而,作为儒家,逻辑的结论难道不应该是去做努力,哪怕"知其不可为而为之",或者如蒋庆所说的"以理待势"吗？

5. 也许晨阳认为这样做效果不好。我想，以儒教宪政的内容来推测，儒家宣传儒教宪政、去争得人们同意，应该不大可能导致中国社会动乱、四分五裂、刀光剑影。但也许晨阳认为儒家这样做效果上会适得其反，可能会引起人们对儒教的反感，不如接受民主机制去做内容竞争反而来得效果更好。这就回到了2。

6. 联系晨阳以前的著作来看，他持有一种深刻的多元和谐论。他讲的和谐同陈祖为教授讲的不同。祖为讲的是civility，即公民之间的一种文明礼貌，其核心要求是"在论证自己的观点时诉诸别人可以接受的理由"。晨阳讲的和谐是harmony，是更进一步的东西，表现在不同的理由、不同的宗教可以体现在一个人身上。我想，鲜明地提出儒教宪政，同晨阳的和谐论并不矛盾。因为在儒教宪政之下，晨阳意义上的"和谐之人"有的是发展空间。加之，如果全世界的每个宪政都变成了自由民主宪政，那岂不是完全丧失了政治多元化，从而使全球的政治和谐失去深刻性吗？联系到晨阳的整篇文章的主旨，我的想法是，在以科学理论为基调的自然主义学说盛行的当今学术界，有一些非自然主义的东西，不是起到更好的平衡作用吗？

## 参考文献

P. J. Ivanhoe, "Heaven as a Source for Ethical Warrant in Early Confucianism," *Dao: A Journal of Comparative Philosophy* 6, no. 3 (2007): 211—20.

D. C. Lau, "Introduction," in (trans.) *Mencius*, Penguin, 1984.

李泽厚：《论语今读》，北京：三联书店，2008。

# 儒家宪政的合法性问题[1]

陈祖为[2]

## 一、引　论

儒家思想源于西周,历经超过二千五百年。尽管儒学在历史长河之中多番转变,有一点却是毋庸置疑的:它从一开始就是政治哲学。[3] 先秦诸儒顾虑当时的政治秩序问题,如礼乐败坏、政治纷争,以及政治权威的合法性等。这些关怀虽然宏大,诸儒却不提倡大幅改革自周朝形成的政治和社会秩序;他们的理想,是要为这套秩序赋予更明确的道德意义,藉此建立稳固的政治合法性。儒学在历代各朝固然遇上种种困难,但它在今日所面对的挑战却是前所未见的。近百多年来,中国的政治、经济和家庭等制度经过了空前变化,它们与传统社会的君主制度、农村经济和父权的家庭制度迥然不同。任何一位相信儒家思想不必大幅修改仍能保持生命力的儒者,都必须正视这些剧变所带来的挑战。儒学要在现代社会之中成就外王的政治理想,这是何等艰巨的任务。

儒学应如何面对当前的挑战?一些学者(如余英时)的看法比较悲观,他们认为儒学不是一套只应停留在学院里面的思想,也不是一种有组织的宗教,它是一种要被实践的智慧,旨在转化人的生命、建立和谐的社会秩序,但在今天的社会中,儒学缺乏制度上的承托,因此只是一个"游魂"。另一些学者(如

---

[1] 孟繁麟及陈永政为本文的写作提供了很大的帮助,笔者特此向他们衷心致谢。
[2] 香港大学政治与公共行政系教授,主任。
[3] 当然,以现代哲学的用语来说,儒学不仅是政治哲学,也是(或包含了)伦理学和社会哲学等。

李明辉)的看法则较为正面,他们指出,虽然儒学与当代社会制度和政治制度的运作理念大为不同,难以参与这些制度的建设,但儒学仍可肩负批评当代社会问题的责任。

上述两种看法各有合理之处,笔者尤其同意儒学可以担当批评社会的角色,但我相信,儒学不必限于这种功能。以儒学批评社会问题的目的往往是要指出,从儒学的某些观点看,当代社会和政治应该如何改变。如果儒学能够担当批评社会的角色,那么它在一定程度上也可参与社会和政治的建设。当代的自由民主制度面对各种困难,既不是没有发展和改善的地方,也不是建基于任何必然排斥其他思想的原则。如果我们对儒学进行审慎的理论重建(critical reconstruction)使其切合当代的需要,它应能裨益当代的政治发展。在此当中,难题固然极多,其中一个重要的问题是:儒学应如何参与当代的政治?

首先,我们要说明"儒学参与政治"是什么意思。假如儒学并不只是担当批评时政的角色,更是直接参与社会和政治的建设,则"儒学参与政治"所指的自然是:儒学可以作为立法以及制定政策的理论基础;我们不妨称之为"儒家宪政"。那么,儒家宪政的形式应当如何?这点是非常值得讨论的。笔者将会区分两种儒家宪政:儒学的全盘推广和儒家价值的温和推广。本文旨在说明,儒学的全盘推广并不可取,但儒家价值的温和推广却是值得考虑的。

## 二、儒家宪政的两种形态

儒学既是政治哲学,也是人生智慧。先秦诸儒深信人格、社会和政治三者密不可分,为政者的责任是要使社会秩序得宜,成就百姓的道德人格。以现代政治哲学的术语来说,儒学是一种国家圆善主义(state perfectionism)。我们不妨分辨两种国家圆善主义,以区别两种儒家宪政。④ 根据极端圆善主义(extreme perfectionism),国家应采纳某套关于美好人生的整全性理论(comprehensive doctrine of the good life)作为立法和施政的理论基础。这类整全性理论往往源自某套传统思想,它们有颇强的系统性,说明什么是促进美好人生的价值,并对这些价值作高低的排列,以及指出实现这些价值的方法。根据这些特点,我们可以肯定地说,儒学也包含了关于美好人生的整全性理论。至于温和圆善主义(moderate perfectionism),则指国家不应以任何整全性理论作为立法的根据,而

---

④ 参 Joseph Chan(陈祖为),"Legitimacy, Unanimity, and Perfectionism," *Philosophy and Public Affairs*, Vol. 29, No. 1 (2000): 5—42。

应诉诸具体(specific)、零散(piecemeal)的价值判断,藉此促进市民的美好人生。什么是具体而零散的价值判断呢？这些判断要么指出美好人生所需的德性(如仁爱、勇毅,或智慧)或者促进幸福的价值(如艺术、勇气,或家庭生活),要么指出某种生活方式(如沉迷毒品)因严重缺乏多种人生价值而不可取。与整全性理论不同,这些价值判断并不仔细比较各项价值或生活方式。此外,温和圆善主义指出,国家不一定要事事居先,而应视乎社会的具体状况,以决定是否推广某些促进美好人生的价值。

据此,我们分辨两种儒家宪政：儒学的全盘推广与儒家价值的温和推广。儒学的全盘推广属于极端圆善主义,主张国家应推广儒学之中关于美好人生和社会秩序的整全性理论,或以这些整全性理论作为立法和制定政策的根据。至于儒家价值的温和推广,则属温和圆善主义,它反对国家采纳儒学中关于美好人生和社会秩序的整全性理论,主张国家应诉诸儒学中具体、零散的价值判断(例如某些关于德性的判断或社会公正的主张)作为立法或政策的部分理据,而在诉诸这些价值判断的时候,既不预设整套儒家学说,也不对于各种价值作高低排列。上述两种儒家宪政,何者较为可取？

## 三、儒学的全盘推广不可取

### (一) 公民和谐与多元社会

笔者认为,儒学的全盘推广并不可取,当中最主要的原因,是它损害了公民和谐(civility)这个重要价值。在当代社会中,市民的生活方式不同,生活理念各异,对宗教的看法也不尽相同,这是"多元社会"的意思。公民和谐对多元社会是十分重要的,它是市民对待其他市民的一种态度,也是市民意识到自己跟其他市民同属某个社群的一种感情。重视公民和谐的市民,愿意通过寻找彼此的共识和共认的价值以减低分歧,从而超越个人或团体的观点和利益。此外,拥护公民和谐的市民尽力保持思想开放,在论证自己的观点时诉诸别人可以接受的理由,并有意识地减少彼此间的道德分歧,甚至在无法达致共识时作出适当的让步。注重公民和谐的政治与"意识形态政治"(ideological politics)可谓截然不同。希尔斯(Edward Shils)指出,意识形态政治"纠缠于全盘性"(obsessed with totality),信奉这种政治的人认为,"只有他们才明白正确的生活秩序——所谓(生活秩序),不单指政治的生活秩序,更指人类的生活秩序",而且相信"健全的政治基于一套历久不衰的、对宇宙中所有事情了如指掌的理论"。"意识形态政治就是(敌—友)、(我们—他们)和(作为主语的谁—作为谓语的谁)的政治。对意识形态政治的拥护者而言，那些拒绝支持他们的政客就站在跟他们敌对的位置。"⑤ 显而易见，意识形态政治一旦实现，公民和谐必然深受损害。

儒学的全盘推广属于意识形态政治。如果我们重视公民和谐，就必须否定全盘推广。其实，在自由民主社会的民间讨论中，宣扬整全性理论（如儒学中的整全性理论）是受到法律保障的，这使社会上流行着多采多姿的思想；但正因如此，市民的思想交流和他们对自身利益的追求便容易引起纠纷。为尽量确保市民之间的和谐，他们实有必要自我克制，避免任何人在政治制度中以胜者为王（winner-take-all）的姿态把自己的世界观和价值体系强加于别人。公民和谐正好展现了这种自我克制，而全盘推广则严重损害公民和谐。

要进一步说明全盘推广的问题，我们不妨讨论蒋庆先生提倡的"儒教宪政"。"儒教宪政"所指的，是"建立在中国历史文化基础上体现中国独特文明性质的宪政"。⑥ 蒋庆强调，"儒学不仅在过去，而且在现在和将来都注定要进行实践，要确立其义法，证成其秩序，实现其理想，最终要建成体现天道性理的政治礼法制度，使孔子之王心王道落实于人间"。⑦ 蒋庆提出了具体的政治制度，以落实"儒教宪政"。这些制度包括：一、"太学监国制"：依据儒家的"圣王经典"规范国家政治，并以它的宗教道德原则限制国家权力⑧；二、"议会三院制"：设"通儒院"、"国体院"和"庶民院"；当中，"通儒院"由儒者组成，其议政的依据是四书五经与"天理良知"，而"国体院"则把"历代帝王君主圣贤忠烈伟人后裔"推选进来，代表国家的"万世一系"，以保障国家历史性的传承；⑨三、"虚君共和制"：以孔子嫡裔衍圣公为中国的"虚君"，使中国的"国体"永续。⑩ 由此可见，蒋庆主张以儒家的"圣王经典"作为中国政治秩序的根据，这个方案属于本文所指的"儒学的全盘推广"。

笔者认为，无论儒家经典是否展示了真理，基于公民和谐的考虑，蒋氏的"儒教宪政"并不可取。蒋氏所提议的，无疑是一种政教合一的方案，企图把儒学打造成唯我独尊的统治思想；但在当代中国社会，市民过着不同的生活，拥有不同的生活理念，并对各种意识型态以及宗教信仰持有不同的看法，这是任何当代儒者不能忽视的现实。公民和谐对当代中国社会是相当重要的，它要求政府和市

---

⑤ Edward Shils, *The Virtue of Civility* (Indianapolis: Liberty Fund, 1997), 26—28.
⑥ 蒋庆：《政治儒学·续编》，122。
⑦ 蒋庆：《政治儒学》，37。
⑧ 蒋庆：《政治儒学·续编》，131—144。
⑨ 同上，71—98，144—146。
⑩ 同上，153—224。

民思想开放,并尽量减少彼此间的分歧,甚至在议政时作适当的让步;但蒋氏的"儒教宪政"却以儒家的世界观和人生观作为宪政基础,这意味着相信自由主义、社会主义、佛教或基督教等的中国公民在宪政上要全军覆没。如此方案,必然严重损害公民和谐,也与社会现实背道而驰。

诚然,蒋庆也不是完全不顾现实的。他指出,"儒教宪政"离中国的社会现状"有非常大的距离",还提出了三个条件配合"儒教宪政"的实践:一、以儒教为主体的中国文化的全面复兴;二、中国朝野自发形成具有共同儒学信仰与行动意识的规模巨大的"士群体";三、"尧舜孔孟之道"入宪。⑪ 蒋庆认为,这三个条件在未来的中国"不是不可能实现的",因为儒家文化已在近代的中国崛起,而且中国的宪法并非一成不变:中国的宪法也经过了数次修改,当中包括保障私有产权这个突破性的修宪。⑫ 然而,我认为上述三个条件是遥不可及的。当代中国社会日趋多元,尽管儒学近年来受到的重视越来越多,但也难以设想可以全面复兴;纵观世界的政治发展,政教日趋分离,即使儒家的某些价值可以影响宪政,也难望尧舜孔孟之道入宪。蒋庆把保障私有产权的修宪和尧舜孔孟之道入宪相提并论,其实并不恰当,因为前者顺乎世界政治的发展潮流,而后者则是逆流而上。

更重要的问题,是上述三个条件应否落实,而不仅仅是它们能否落实。正如蒋氏所说,这三个条件的落实绝对不能单靠民间社会自发,而是需要"朝野合作"的。但若果"儒教宪政"离中国的社会现状"有非常大的距离"的原因是国民的多元思想以及他们的儒教意识薄弱,我们又怎能期待他们支持政府大力推广儒教?我们又有何理由要他们接受国家以其权力推广儒教?蒋庆或会回答:"儒教就是真理,而且是中国文化的核心,故此国民必须支持国家推广儒教。"这个观点是否合理?我们即将讨论。

### (二) 儒家学说,全盘接受?

上文指出,不论儒学是否是真理,基于公民和谐的考虑,儒学的全盘推广并不可取。以下笔者想说明:我们其实没什么理由相信整套儒家学说都是毫无错漏的。如果这点成立,那么,基于公民和谐的考虑,我们更有理由反对全盘推广。事实上,假如儒家学说并非毫无错漏,这点本身已经是反对全盘推广的有力理由了。

不妨想想:世上可有一套宗教或哲学思想应被全盘接受?古今中外,无数哲人圣贤,即使绝顶聪明,从没一位人物的思想是未受质疑和批评的。即使历代儒

---

⑪ 蒋庆:《政治儒学·续编》,148—149。

⑫ 同上。

者德学超群,难道他们的论述毫无漏洞?我们不必否认儒学有合理甚至真确的地方,但它对人生、政治、社会和经济等皆有讨论,是一套论述层面极广、内容复杂的学说,任何审慎的人也不应相信儒学是全无错漏的,此理应该甚明。要进一步说明这点,我们不妨略谈儒学中一些关于孝道的看法。

在传统儒家思想中,孝道主要包括三种道德要求:尊敬父母、使父母光荣(至少不令他们丢脸),以及供养父母。[13] 当中,尊敬父母是要服从父母的意愿(除非服从他们的意愿会严重违反道德;下文不赘)。然而,我们为什么要服从父母的意愿呢?任何人的一生都充满抉择,父母不可能完全明白子女一生中所需要的每样东西;要求子女服从父母的意愿,很可能损害了子女的幸福。退一步说,即使顺从父母的意愿这个原则在古代农业社会中有其合理之处,我们也没什么理由相信它适合当代社会。把"服从(父母)"视为"尊敬(父母)"的必要表现,很可能是一个源于传统中国社会和经济结构的观念;当社会条件改变,这类观念自然失去原来的重要性和吸引力。中国近百年来历经巨大的社会变化,现代社会远比古代开放和多元,国民的心理也跟以往截然不同,即使儒家的孝道仍有历久常新的意义,我们也很难相信,服从父母的意愿在当代社会中仍是合理的道德要求。[14] 因此之故,古代的"孝道"如要切合当代社会的情况,它必须被修改;按此理,其他儒家有关男女性别、婚姻或君臣等论述,也必须(或更需)被修改。既然儒学有不合时宜的地方甚或错漏,我们便不应支持儒学的全盘推广。

或会有人指出,上述理由不足以使人怀疑儒学的真理,因为儒学的真理植根于超越经验的"天道"。蒋庆便指出"在儒家形上学的基本思想中,宇宙万物的最高本体——或曰天……或曰天道"[15],而儒教的根本特性就是"主权在天"。[16] 他多次强调,民意不一定合乎道德,只有天道才能赋予政治权力的合法性。[17] 诚然,人心民意、社会传统,乃至历史文化都可能有错,但这并不意味着世上有某些超越历史人心的真理作为道德标准。这种形上真理是否存在,绝不是不证自明的。很多学者认为,我们只能从自己或别人的思想传统中,寻求改进人类和社会的道德规范,而不是探索形而上的道德真理;虽然也有不少学者相信某些形而上

---

[13] 关于儒家思想中的孝道的意义,可参考 Chenyang Li, "Shifting Perspectives: Filial Morality Revisited", *Philosophy East & West*, Vol. 47, No. 2 (Apr., 1997): 211—232。

[14] 详见陈祖为:《道德自主、自由与儒家思想》,第四节,收于陈祖为及梁文韬(合编):《政治理论在中国》(中国:牛津大学出版社,2000)。

[15] 蒋庆:《政治儒学·续编》,47—48。

[16] 同上,123。

[17] 同上。

的道德真理,他们眼中的真理也往往不是儒家的天道。这些哲学问题,必须慎思明辨;但蒋庆却断言天道非人类理性所能及,只有像孔子这样的"圣人"才能把握"超越神圣价值的天道天理,人们必须接受而使自己世俗的生活神圣化"。⑱ 但我们有何理由相信孔子把握了"天道天理"？蒋庆不是说过历史中的人物都可以犯错吗？即使孔子是圣人,又即使天道存在,我们凭什么确信孔子对天道的认识不受历史时代局限,而且毫无错误？孔子在今天的中国已走下神位,人们可较客观理性地重新评价他的思想。为何蒋氏还要将他重新奉为神明,并断言道德的真理早已掌握在孔子手中,更倡议世世代代的中国人要奉儒学为王官之学？

支持蒋氏的人或会认为:不管上述议论是否合理,儒学的全盘推广仍须落实,因为中国的政治权威必须基于儒学方能符合政治合法性,正如蒋氏指出,"政治权威必须……延续过去国家的生命才能合法"。⑲ 为何政治权威必须延续过去国家的生命方能合法？这点也不是不证自明的。假如"延续过去国家的生命"所指的是延续国家在过去多年来拥护的意识形态以及建基于这个意识形态的政策,那么,延续过去国家的生命可以是严重违反道德的,这类例子俯拾皆是,例如古代中外的奴隶制度和南非的种族隔离政策等。或会有人指出,这些例子绝对不能跟儒学相提并论,因为儒学不但不违反道德,更在悠长的历史中深受中国人尊重。然而,这仍未说明为何只有延续儒学在古代的政治地位,中国的政治权威方能合法;虽然儒学在历代广受尊重,这也不等于说过去每位老百姓都认为儒学是真理,甚或衷心接受儒学的统治地位,何况儒学在历史上的主导地位,显然得力于政治的强制力量,包括意识形态的操控。再说,即使儒学揭示了大量真理,这也不等于说整套儒学都是真理;这点上文已作讨论,在此不赘。如果我们没有理由去相信儒学是毫无错漏的,我们也没有理由坚称中国的政治权威必须基于整套儒学方能合法。

最后,蒋庆的"儒教宪政"对儒学的理解是否完全恰当,这点也颇值得讨论。由于篇幅所限,以下只略谈"儒教宪政"中关于"天"与"人"的部分论述。蒋氏将政权合法性分为"天道合法性"、"历史文化合法性",及"民意合法性",对应于"天"、"地"、"人"三种"道"。他提议把三种合法性体现于政治制度,化为"通儒院"、"国体院"与"庶民院"。然而,这种制度分野似乎有违儒学以天、地、人三道统摄于"人"的立场。在儒学中,天、地、人是"道"的三个侧面,而不是三个独立部分,分割开以各自寄托于不同人身上;设立三院以分别代表天、地、人三道,恐怕

---

⑱ 参蒋庆:《儒教宪政的义理问题与议会形式》。引文见 15—16。
⑲ 蒋庆:《政治儒学·续编》,24。

是将人民置于"天道"之外。蒋氏似乎正有此意,认为天道非平民所能及,因"'民意'产生于'人欲',要解决'天道'与'民意'的冲突,根本之道就是克制'人欲'"。[20] 不管此论是否合理,它似乎偏离了"道存乎人"[21]的儒家传统。儒家从未认为民众脱离"天道",早在《周易》已有这样的论述:"仁者见之谓之仁,知者见之谓之知,百姓日用而不知,故君子之道鲜矣。"[22]这句要说明的是,平民并非无"道",只是"日用而不知",他们虽不能自觉地理解"道"的全部内涵,所以成为君子的人不多,但其日常生活仍能暗合于"道"。对此,清代学者章学诚曾作解释,他说:"学于圣人,斯为贤人。学于贤人,斯为君子。学于众人,斯为圣人。"[23]圣人要向民众学习,当然不是指对平民日常生活的一切照单全收,而是透过观察民众生活去理解"道",所以章氏又说:"圣人求道,道无可见,即众人之不知其然而然,圣人所藉以见道者也。"[24]儒家认为"道"乃"形而上者"[25],无形迹可寻,因此不得不从"人"的角度去理解,故此《中庸》说:"道不远人。人之为道而远人,不可以为道。"[26]其实,这些观点在其他儒家经典中是随处可见的:例如《尚书》说"天视自我民视,天听自我民听";[27]孟子也指出,"天命"必须透过尽"人"之性才得以彰显,[28]而不是在"人"以外另有一个"天命",若把民心视作没有天道的"人欲",这便近于直指民众为"非人"了。

当然,历代儒者也明白"道"是难以达至的,故孔子有"鲜能知味"之叹,[29]董仲舒说"民之情,不能制其欲"[30],王船山更认为庶民为恶甚于小人。[31] 虽然儒家对民众的水平甚为悲观,却不曾主张把"天道"剥离自民众,并透过政治制度把"天道"强加于民众。儒家肯定"道存乎人"的原则:孔子认为"人能弘道,非道弘人",[32]又说"不愤不启,不悱不发",[33]所指的是"道"固然要以人力弘扬,但弘扬

---

[20] 蒋庆:《政治儒学·续编》,22—23。
[21] 王夫之:《读通鉴论》(北京:中华书局,2002),"宋文帝十三"。
[22] 《易经·系辞上》。
[23] 章学诚:《文史通义》(北京:中华书局,2008),120。
[24] 同上。
[25] 《易经·系辞上》。
[26] 《中庸12》。
[27] 《尚书·泰誓中》。
[28] 《孟子·尽心上1》。
[29] 《中庸4》。
[30] 《春秋繁露·天道施1》。
[31] 王夫之:《俟解》(第十二卷)(长沙市:岳麓书社,1992),478。
[32] 《论语·卫灵公29》。
[33] 《论语·述而8》。

的方法是激励每人自身的"道"的发展,而不是把"道"视作某种外力,要民众跟随;孟子主张扩充"四端","四端"皆在人内,不在人外。总括而言,从儒家的观点看,即使民众的德化过程缓慢甚至时有倒退,但人之所以可被教化全因天道在人;蒋氏的制度设计却把一部分人视为"天道握有者",并把大部分民众的言行视作"民意"或"人道"而与"天道"无涉,此论似乎偏离了儒家一贯的立场。[34]

## 四、略谈温和圆善主义与儒家价值的温和推广

公民和谐对多元社会是十分重要的,我们也难以相信整套儒学毫无错漏。这两点各自是反对全盘推广的理由,更相辅相成,说明全盘推广并不可取。虽然如此,笔者认为另一类儒家宪政——儒家价值的温和推广——是值得考虑的。我将进一步阐述温和圆善主义,藉此说明我们不必以批评全盘推广的理由来反对温和推广,继而略谈温和推广的特点。

上文指出,儒家价值的温和推广属温和圆善主义,温和推广主张国家在立法时可诉诸儒学之中关于美好人生的具体而零碎的价值判断(如儒学中关于家庭、智慧或品格的观点)。圆善主义与国家中立主义(state neutralism)是对立的政治原则,因为中立主义者声称国家不应把政治原则建基于任何美好人生的理念。不少著名的当代自由主义者(如罗尔斯[John Rawls])认为,公民和谐是国家中立主义的重要理据:他们指出,任何整全性理论(如儒学)都可被合理地反对,因此国家对任何整全性理论的推广都必然损害公民和谐。但笔者认为,即使我们重视公民和谐,也不必拥护国家中立主义,以为儒家价值不能作为宪政或立法的基础。很多中立主义者的论证其实基于一个错误的预设:以为国家必须在中立主义和诉诸整全性理论之间任择其一。事实上,国家可以采取中间立场,即诉诸个别的价值判断而非任何整全性理论。要清楚说明这一点,我们不妨讨论罗尔斯的国家中立主义。

罗尔斯指出,由于整全性理论是合理分歧(reasonable disagreement)的对象,而且国家对这些理论的推广容易导致市民之间的分化和仇恨,因此整全性理论无法作为社会基本结构的根本原则。他进而指出,国家在制订政策时所诉诸的理由,必须限于那些政治领域中的价值。他说:

---

[34] 就目前社会文化发展而言,笔者也倾向混合政体,但理由不在于某议院某些人可代表天道或人道,而是在于议院产生办法之不同会带来不同的政治行为,及在现实上人民在公共事务上的贤能有所差异,尤以前者的理由为重。

由于所有宗教的、哲学的或道德的理论都无法获得理性的市民一致接受,故此,一个良序的民主社会所确认的关于公正的构想,必须是一个局限于我所称的"政治领域"及其价值之内的构想。㉟

然而,引文中的推论并不成立,因为它忽视了这一点:在整全性理论和政治领域中的价值(即公共理由[public reasons])之间,其实还有一些有关美好人生的零散而特定的判断;即使整全性理论必须被排出在公共讨论之外,国家也毋须避免诉诸一切关于美好人生的判断。换言之,尽管国家在制定政策时不应援引整全性理论,它也不必否定温和圆善主义,因为温和圆善主义并不依赖任何整全性理论。根据笔者所提出的温和圆善主义,㊱它所诉诸的价值包括"构成人格的美好东西(agency goods)"(例如理性[尤指实践智慧]、勇气、公正、节制能力、正直和真诚)和"审慎性的美好东西(prudential goods)"(例如美学上的经验[如音乐]、人际关系[如友谊]、娱乐及嬉戏、知识、成就和个人自主)。这些美好东西往往被视为具有自足价值,而众多有价值的生活方式也包含了这些美好东西。有别于整全性理论,温和圆善主义并非建基于对美好东西的整全性排序,而且在确认那些美好东西的价值时,也不预设任何整全性理论。因此之故,即使现代社会日趋多元,绝大多数的人还是会肯定温和圆善主义所诉诸的价值的。

温和圆善主义恰恰符合葛特曼(Amy Gutmann)和汤普森(Dennis Thompson)等学者所提倡的"尽可能减低道德分歧"(the economy of moral disagreement)的精神,也跟桑思坦(Cass Sunstein)所支持的"未经彻底理论化的共识"(incompletely theorized agreements)不谋而合。葛特曼和汤普森指出:"市民为政策提供道德理由时,应设法寻求那些难以被反对者拒绝的理据。[他们应该]在勾画自己的道德立场,以及从自己的立场引申出政策上的意涵时,避免不必要的冲突。"㊲桑思坦亦有类近的观点:"未经彻底理论化的共识可让人们展示高度的互相尊重、公民性或交互性。"㊳这类共识所指向的是"某种具体的结果,它们能够被大家所接纳的一些狭窄而低序(low-level)的原则加以解释

---

㉟ John Rawls, *Political Liberalism* (New York: Columbia University Press, 1993), .38.

㊱ 见 Joseph Chan (陈祖为), "Legitimacy, Unanimity, and Perfectionism," *Philosophy and Public Affairs*, 11.

㊲ Amy Gutmann and Dennis Thompson, *Democracy and Disagreement* (Cambridge, MA: Harvard University Press, 1996), 85.

㊳ Cass Sunstein, "Agreement without Theory," In *Deliberative Politics*, edited by Stephen Macedo, (New York, Oxford University Press, 1999), 131.

的”。桑思坦进一步说，未经彻底理论化的共识跟“康德主义和效益主义”这些“高序（high-level）的理论”截然不同。[39] 温和圆善主义依赖具体而零散的价值，在很大程度上减少了市民之间的道德分歧，这正合乎葛特曼和汤普森所提倡的“尽可能减低道德分歧”的理念，因为在一般情况下，人们毋须预先采接纳一种整全性理论也能接纳具体而零散的价值；而且，温和圆善主义期望达到的，也正好是桑思坦所支持的“未经彻底理论化的共识”。由此看来，温和圆善主义跟公民和谐是兼容的。公民和谐并不要求市民在政治上放弃一切他们相信的价值。正如希尔斯指出：“公民和谐跟我们依赖某个阶层、某个宗教或某种专业的情感并不互相排斥。它只会基于尊重共认价值这个考虑，对那些情感作适当的调节。”[40]按此理，我们也可以说：公民和谐跟国家和市民对各种价值的追求不必互相排斥，它只要求我们在政治上实事求是、尽量减少道德上的分歧、有意识地寻求共识，并在重要的政治讨论或决策时不诉诸任何整全性理论。

儒家价值的温和推广属温和圆善主义，所以具备了上述温和圆善主义的特点与优点。诚然，温和推广所诉诸的儒家价值是需要一番切合现代社会的重构甚至修订的，但儒学之中的各种德目、人伦关系、任贤原则、保民仁政，乃至政治上公平赏罚等主张，都不必预设整套儒家学说方能被现代市民理解或认同。笔者认为，在儒家价值的推广过程中，我们必须使用现代市民能够明白的表述方式进行讨论，并在具体的法律或政策课题上，逐一分析相关的儒家价值的可取之处，再把适用的儒家价值与儒学以外的价值作出比较和整合。显而易见，温和推广跟全盘推广是截然不同的。也许有人问：“根据温和推广所制定的法律和政策，究竟有多大程度上是基于儒学的?”我认为没有一概而论的答案。任何法律或政策究竟在多大程度上基于儒学，须视乎社会讨论和政治程序的结果，而这些过程必须是自由、公平和开放的，使信仰不同、政见各异的人士在公正的情况下影响结果。

此外，支持温和推广的政府不但不必实施意识形态的操控，更应高度重视言论自由，让市民可以自由地批评儒学，鼓励市民对政策的理性讨论，以决定哪些儒家价值应如何被推广，或者作为立法的依据。既然温和推广重视言论自由、理性讨论、公正的政治程序，也不诉诸或预设整套儒家学说，那么，即使反对儒学或者不支持儒学的人在某项政治决策上输了，他们也应该明白该项决策在一定的

---

[39] Cass Sunstein, “Agreement without Theory,” In *Deliberative Politics*, edited by Stephen Macedo, (New York, Oxford University Press, 1999), 129.

[40] Shils, *The Virtue of Civility*, 26—28.

程度上是合理的;何况,只要社会讨论和政治程序是公正的,他们在将来仍有机会取得政治上的胜利。由此看来,儒家价值的温和推广跟公民和谐不必抵触,它更尽力确保多元社会中市民之间的和谐。

## 五、结　语

儒学作为人生智慧是历久不衰的,但它要在当代社会成就外王的政治理想,真是谈何容易。假如儒学要参与社会和政治的建设,它应该以某种形式作为立法和政策制定的理据,这是笔者所说的"儒家宪政"的意思。本文已尝试说明,全盘推广这种儒家宪政在合法性的立场上并不可取,而儒家价值的温和推广却是值得考虑的。然而,即使国家在原则上应采纳温和推广,我们仍须面对各种问题,例如:哪些儒家价值应被推广?某些儒家价值是否过时?温和推广应被如何落实?笔者相信,儒学在当代社会仍然是富有生命力的,但它必须经过审慎的理论重建才可切合时宜。[41] 此中难题极多,需要合众人之力方能成事。

---

[41] 笔者作了一些初步的工作,见"Is There a Confucian Perspective on Social Justice?" in Takashi Shogimen and Cary J. Nederman eds. *Western Political Thought in Dialogue with Asia* (Lanhan MD: Rowman & Littlefield, 2008), pp. 261—277; "Democracy and Meritocracy: Toward a Confucian Perspective," *Journal of Chinese Philosophy* Vol. 34, No. 2 (2007): 179—193; "Giving Priority to the Worst Off: A Confucian Perspective on Social Welfare," Daniel Bell and Chaibong Hahm eds. *Confucianism for the Modern World* (Cambridge: Cambridge University Press, 2003), pp. 236—253; "Confucian Attitudes Toward Ethical Pluralism," in Richard Madsen and Tracy B. Strong eds. *The Many and the One: Religious and Secular Perspectives on Ethical Pluralism in the Modern World* (Princeton: Princeton University Press, 2003), pp. 129—153. "Moral Autonomy, Civil Liberties, and Confucianism," *Philosophy East and West*, Vol. 52, No. 3 (July 2002), pp. 281—310; "A Confucian Perspective on Human Rights for Contemporary China," in Joanne R. Bauer and Daniel A. Bell eds. *The East Asian Challenge for Human Rights* (Cambridge: Cambridge University Press, 1999), pp. 212—237。

# 评陈祖为的合法性观点

贝淡宁①

　　首先让我对陈祖为老师的精彩报告表示感谢。正像他通常的水准，这份报告清晰，系统，引人深思。他所说的，我同意90%，但是，为了我们最终能够达成100%的共识，请让我将重点放在我所不同意的那10%。事实上，我认为陈老师和蒋庆老师的观点之间的距离并不像陈老师似乎认为的那么远。所以，我将试图指出：我们可以解释一下蒋老师的儒家宪政，以便它可以与陈老师所主张的那种"理论重建"相一致。

　　诚然，蒋老师倾向于把儒家的框架用作建立宪政方案的基础，而陈老师则倾向于一种自由主义民主的框架。但确切来说两者在内容上有什么不同？陈老师认为一种自由主义的框架不会基于一种"厚"的形而上学基础，并且能够容纳不同的形而上学观点，而蒋老师关于"天"的观点则过于"圆善主义"，又过于排他，它似乎拒绝接受这样的可能性：非儒家的诸信仰与诸传统可以有助于该宪政框架的合法化。但是，这又依赖于"天"的内容。据我看来，这与一种"客观道德"的观点相似，这种"客观道德体系"可以用来批评一个社会共享的见解，社会共享的见解与德沃金（Ronald Dworkin）等自由主义者所主张的观点相类似。否则它还可以被比作基督教的一些价值观，如上帝眼中人人平等的观念，而这种上帝之眼实际上隐藏在美国宪法背后，并且打算为民主决策设立框架（和限度）。在我看来，蒋老师的观点似乎是：政治行动者应该诉诸于某种道德框架，这种框架不是由人们的实际偏好决定的，并且能够提供一个用来批评这些偏好的基础。从宪政的角度来讲，这意味着应该有这样的政治机构存在：它的合法性并不是严格得自人民的意愿。在我看来，自由主义者、儒家和基督徒在这个观点上似乎是能够达成共识的。

　　关于这种非民主机构的确切角色，他们可能会存在分歧。并且，我很想知道陈老师对于蒋老师的实际政治方案有什么看法，因为那才是我们可能讨论得更有成效的地方。有一些人，比如子孙后代和外国人，他们受政府政策的影响，但是无权投票，如果陈老师同意：对于政治决策者来说，将这些人的利益考虑在内是十分重要的，那么他是否会认为民主机构已经足够了呢？如果只有民主机构

---

① 清华大学哲学系教授，上海交通大学政治哲学讲座教授。

是不够的,那为什么不考虑通儒院这样的机构?陈老师能否提出一种从道德角度来看更好的、并且在政治上更加可行的机构?另外,我们能够怎样审核这类非民主机构的政治权力?蒋老师关于太学的提议是否有不足之处呢?如果有,还可以有哪些其他选择?

陈老师还批评蒋老师在反对民主的方向上走得太远,因为他降低了人民意志的价值,导致人民意志在政治进程中没有起到任何作用。但是蒋老师的确设计了"庶民院"这个机构,从某种重要的程度来看,这代表了人民的意愿。我再次想知道陈老师对蒋老师的方案有什么看法,因为在那里我们也许能够确定分歧的清晰范围。我认为,陈老师和蒋老师都坚定于这样一种基本观念,即构想出一种将民主和贤能政治结合起来的政治体系,并且他们都非常开放地向其他传统学习,所以当我们具体地讨论政治方案时,他们之间的不同就会更为清晰地显现出来。

让我回到政治多元主义的问题。我认为,如果要说比起陈老师或自称自由主义者的人们来,蒋老师不够政治多元,这并不是十分公平的。他的国体院正是明确地设计出来,为非儒家传统的代表们留出地盘的——比如佛家,道家,甚至伊斯兰教和基督教。也许陈老师担心这种方案会使儒家思想成为一种国家宗教(国教),但自由主义政体也是有国教的。蒋老师自己强调要宽容其他宗教,并把自己的理想比作类似丹麦和英国的国家,尽管这些国家支持官方宗教,但同时也不禁止其他宗教和教派(不管它们是不是外来的信仰),并使它们在国家支持一种宗教的情况下也能够繁荣活跃。也许陈老师不同意用某种国家财政支持在学校里讲授儒家学说、并在乡村和社区推广儒家学说的方案。我个人同意蒋老师的观点:未来的统治者应该学习一些儒家伦理,这样他们就更有可能以道德的方式来统治。当然,领导们应当在基本的经济知识和政治知识方面得到训练,也许还需要接受相关考试,但是我们不应该仅止于此,而问题在于如何在人文方面教育统治者,以便他们能够以适宜的道德方式来统治。如果陈老师认为有更好的方法来解决这个问题,我希望我们能够进一步讨论。

也许我确实不同意陈老师报告中的一部分。他似乎认为在任何宪政设计中,价值观都不该被分级排序。但那是不准确的。在任何宪法中,价值观总是会被(或许含蓄地)排序:例如,美国宪政将公民权利和政治权利看得高于经济权利,因为只有前者才受到宪法的保护。民主宪法将这一代公民的需求看得高于下一代。几乎所有宪法都将国家利益(goods,好处)看得高于世界上其他地方的需求。陈老师和蒋老师之间的分歧与其说是在于谁为诸多价值划分了优先级——他们都这样做了——不如说是在于哪一种价值观应该优先。我认为蒋老师会同意言论自由的重要性,以及陈老师叫做"公民和谐"的那个东西的重要性。或许某个分歧会是关于多党统治(多党制)的重要性的(早期自由主义者们,如约翰·斯图亚特·密尔[John Stuart Mill],反对多党制;但当代自由主义者们几乎都赞成它)。如果蒋老师反对多党制,而陈老师支持,那么我想听听他们这样做的理由——在此处我们或许也能有更多富有成果的讨论。

  总的来说,我想陈老师和蒋老师都会同意:我们需要在过去之上建立宪政方案,但我们也需要适应并创造,以符合当代的及未来的需要。他们都同意:我们需要混合民主制和贤能政治,并且政治体系应该在为这一代人服务的同时,也为另一些受到政府政策影响的人服务——他们在民主政治中没有选票,也没有任何形式的代表。但是为了确定分歧的真正范围,我们需要更加具体一些。

# 儒教、宪政与中国：一个初步的思考

唐文明[①]

## 一、宪法与政治

我们常说，宪法（Constitutional law）是一个国家的根本大法。仅从法律的角度看，这一点意味着一个国家的其他任何法规、条例及更广义的规范（norms）都必须奉宪法为最高圭臬，就是说，作为在等级上低于宪法的法律或规范不能够与宪法相违背，否则就可以被合理地宣布其由于违宪而无效。从政治的角度看，既然国家是一个政治体，而宪法又是国家的最高等级的法律，那么，宪法所规定的，必然关乎国家之根本构成，正如西语"宪法"一词（"Constitution"）的词源所显示的那样。由此我们可以获得一个关联性的视角，即，从政治与法律之关系的角度看，宪法的实质在于政治法律化。就是说，宪法旨在以法律的方式来规范一个国家最根本、从而也是最重要的政治事务。我们一般所说的宪政（Constitutionalism）就是这个意思。宪政涉及一个国家政治生活的方方面面，比如说政治文化、社会心理等等，不过，在宪政这个论域中，宪法仍是最根本、最核心的问题。本文的讨论就集中在宪法问题上。

从西方政治的历史演变来看，宪政的产生与限制、规范君主权力的政治议题有密切关系，因此我们可以清楚地看到，宪政似乎自然地就倾向于人民主权的政治理念，也就是民主（Democracy）。但必须指出，就宪法与政体的关系而言，并不是说，凡行宪政者必得要求民主。实际上，按照我们所熟悉的对政体的通常划

---

[①] 清华大学哲学系副教授。

分,至少从理论上来说,宪政既可以和民主制相配合,也可以和君主制、贵族制、乃至党主制相配合,于是有君主立宪、共和立宪之名,亦可有党主立宪之名。换言之,宪政的目的是为了限制、规范统治者的政治行为,而这个统治者可以是君主,也可以是贵族,可以是依民主程序而选拔出来的政治精英,也可以是历史地形成的具有独专权力的执政党。

根据以上的基本界说,既然宪法的实质在于政治法律化,那么,要理解宪法与宪政,首先要理解什么是政治。政治总是关联于有限的时空、有限的人群,就是说,关联于一个共同体的实际生活。由此我们可以简明地分析出两个要点。第一,既然政治在根本上从属于一个共同体的实际生活,那么,政治就与这个共同体对于美好生活的看法有直接的关系。对于美好生活的看法,往往诉诸采取形而上的论说方法的宗教教义或文化理念,也就是约翰·罗尔斯所说的"完备性学说"。这么说当然不意味着在何谓美好生活的问题上,共同体的每个成员必须在肯定性的意义上达成一个共识性的看法。实际情况正好相反,因为在何谓美好生活的问题上存在分歧恰恰能够成为一个重要的、但也是合理的政治问题。一般而言,在何谓美好生活的问题上,一个政治共同体要求其成员必须在否定性的意义上达成一个共识性的看法,就是说,要求其成员在不能容忍的底线问题上达成一个共识性的看法。从西方政治的历史演变来看,这一点意味着一个有限度的宽容理念必须被作为一个政治上的美德。然而在此必须指出,一方面,既然宽容涉及程度问题,那么,像有些自由主义者所标榜的那种将何谓美好生活的问题排除在政治考量之外的说法要么是肤浅的,要么就是欺骗性的;另一方面,对底线的理解仍然可能受到特殊文化观念的影响,因而仍然是一个向多元主义开放的概念;更进一步,在何谓美好生活的问题上,如果一个共同体能够在肯定性的意义上达成共识性的看法,那么,这种共识性的看法当然可以通过正当的程序成为政治意志的对象。第二,既然政治必然关涉某一特殊人群对自身作为一个共同体的生活界限的划定,那么,政治也就必然关涉由生活界限的划定而产生的共同体的对内关系与对外关系。就前者而言,当然是政治共同体与作为个体的政治成员的关系问题,也就是国家与公民的关系问题;就后者而言,当然是政治共同体与其外部的环境与人群的关系,往往是指国家与国家的关系问题。因此,政治问题必然关涉一个政治实体——通常就是指一个国族——在其特殊的地缘环境中为了维持其生存、发展其生活所必须面对的一些实际问题。黑格尔曾将国家的构成根据划分为终极根据和直接根据,前者关乎组成国家之国民对于生活的终极理解,后者关乎组成国家之国民的直接利益,庶几可以用来刻画我们这里对政治的基本理解。

以法律的方式确立一个共同体基本的政治理念和政治构成，也体现在宪法的具体内容上。一般来说，一部宪法包括四个部分：序言、组织机构、权利法案和修正条款。宪法的序言部分或长或短，一般用来表达最根本的政治理念，反映着宪法制定者——理论上是代表人民的——的世界观、生活信念和政治理想。比如说，在1946年的《中华民国宪法》中，有一个简短的序言（虽然没有明确地标以"序言"），其中谈到该宪法的制定是"依据孙中山先生创立中华民国之遗教"，这里的遗教当然主要是指三民主义。又比如说，在1954年的《中华人民共和国宪法》中，有一个长度为六个段落的序言，其中谈到社会主义理想和中国共产党的主导性地位。宪法的组织机构部分旨在规范性地描述立法、行政和司法制度以及相关的各种政治机构的形成、运行应当遵守的正当程序，其中比较重要的一点是分权，即立法权、行政权和司法权的分立。在联邦制国家的宪法中，州与联邦之间的分权，或者说中央与地方之间的分权，也是比较重要的内容。宪法的权利法案部分往往被认为是一部宪法中最为重要的内容，一般列举公民或由公民组成的团体所享有的各项基本权利，并陈述公民获得各项基本权利的保证和法律对基本权利行使的约束等等。对于基本权利的厘定不仅包括一个人生存方面的考量，而且也与政治共同体的生活信念和政治理想有关，这当然是因为权利不仅关乎人的自我保存、自我肯定，而且也关乎人的自我发展、自我实现。因此，不同的宪法对于基本权利的厘定可能是不同的。比如说，在西方宪政更晚近的实践中，除了一贯得到重视的公民权利（civil rights）之外，越来越被强调的是有时候看起来与公民权利构成一定张力的社会权利（social rights）。② 宪法的修正条款旨在规定修改宪法所应遵循的正当程序。因为宪法的主旨是政治法律化，而政治又是在具体的时空中展开的，所以，尽管宪法作为根本大法意在长治久安，但实际上不可能保证在国家的政治生活的发展或变迁过程中永远适用。于是，为了适应社会、政治、经济、文化乃至技术等方面的新变化，有时需要修正甚或重新制定新宪法。总而言之，"宪法既是一个政治宣言，又是一份组织机构图表或叫'权力图'。每一部宪法都是政治或意识形态信仰的宣言和一个用法律术语表达、受各种约束力制约、规范化地包容在一个权利法案中的行动蓝图的

---

② 如果说前者主要用一般所谓的自由权利来概括的话，那么，后者主要包括"社会安全的权利、工作的权利、休息和闲暇的权利、受教育的权利、达到合理的生活水准的权利、参与文化生活的权利"等。见卡尔·弗里德里希：《超验正义：宪政的宗教之维》，周勇、王丽芝译，梁治平校，三联书店1997年版，第94页。

结合"。③

## 二、儒教与国家

作为一个伟大而优秀的教化传统,儒教对于世界、人生有一整套完备性的学说。这个学说概而言之即天、地、人三才之道。具体到人类社会的政教理想,可以《礼记·礼运》中的大同之说为代表:"大道之行也,天下为公,选贤与能,讲信修睦。故人不独亲其亲,不独子其子,使老有所终,壮有所用,幼有所长,矜寡孤独废疾者皆有所养,男有分,女有归。货恶其弃于地也,不必藏于己;力恶其不出于身也,不必为己。是故谋闭而不兴,盗窃乱贼而不作,故外户而不闭。是谓大同。"在此特别值得注意的是对人伦的强调,就是说,大同理想是以家庭为基础的,所提倡的是以"老吾老以及人之老,幼吾幼以及人之幼"为主调的差等之爱,而非以"兴天下之利"为主调的躐等之爱。

大同理想的另一种表述,是圣王理想,因为在古代的语境中,大同理想的实现,被认为依赖于圣王的出现。这一点也可以从《礼记·礼运》中分析出来:既然在孔子的讲述中小康之治对应于禹、汤、文王、成王、周公"六君子",那么,大同之治只能对应于尧、舜或更早的圣王。对于圣与王,《荀子·解蔽》中曾有一个很好的说明:"圣也者,尽伦者也;王也者,尽制者也。两尽者,足以为天下极矣。故学者以圣王为师。"这里对于"圣"的解释明确强调了人伦的意义,且以尽伦与尽制的合一为人格之典范、理想之极致。同样的情况见诸《孟子·离娄上》:"规矩,方圆之至也;圣人,人伦之至也。欲为君,尽君道;欲为臣,尽臣道。二者皆法尧舜而已矣。不以舜之所以事尧事君,不敬其君者也;不以尧之所以治民治民,贼其民者也。"

正是以人伦的价值为基础,才有天下的观念,换言之,儒教语境中的"天下",不是一个空洞的时空概念,而是意指一个扩充事亲(仁之实)敬长(义之实)的人伦之理而形成的世界秩序。就此而言,对《大学》中的"三纲领"——明明德、亲民、止于至善——与"八条目"——格物、致知、正心、诚意、修身、齐家、治国、平天下——的正确理解也都必须以人伦之理为基线。此外,关系到国家与国家的关系或国家与天下的关系,儒教的另一个重要理念是王霸之辨。关于这一点,我们在此只简单援引孟子对王道与霸道的基本解释:"以力假仁者霸,霸必有大国。

---

③ 伊沃·迪沙克:《布莱克威尔政治学百科全书》"宪法·宪政"词条,见邓正来主编中译本,中国政法大学出版社1992年版,第165页。此处关于宪法与宪政的一些看法参考了这一词条。

以德行仁者王,王不待大。汤以七十里,文王以百里。以力服人者,非心服也,力不赡也。以德服人者,中心悦而诚服也,如七十子之服孔子也。《诗》云:'自西自东,自南自北,无思不服。'此之谓也。"(《孟子·公孙丑上》)总而言之,在儒教中,被寓于三才之道的政治理想可以概括为:彝伦攸叙,推己及人;明德慎刑,人文化成;保合太和,万国咸宁;大明终始,各正性命。

从历史上看,儒教的精神与理念对于古代中国的政治实践影响巨大。此处只论及三点。其一是大一统的理念。大一统的理念意味着将政治秩序的正当性基础归之于天,但就其实质内容而言,则在以德行仁的王道政治;而既然仁之实乃在于事亲,那么,对于人伦价值的维护就是王道政治的最要关键。对人伦价值的维护也是夷夏之辨的一个要点。于是,当我们看到公羊家将《春秋》中大一统的具体含义落实在"尊王"这一点上时,就毫不奇怪了。④ 其二是三纲说。三纲说的要点在于将君臣、夫妇、父子作为一种政治性的关系以立法的方式确立下来,此所谓"君为臣纲,夫为妻纲,父为子纲"。毋须赘言,三纲是古代中国的根本大法,无论是就封建制时代的历史而言,还是就郡县制时代的历史而言。三纲说的产生与儒家思想和法家思想都有一定的渊源关系,也一直被现代以前的历代

---

④ 关于公羊家对《春秋》大一统理念的看法,见蒋庆:《公羊学引论》,沈阳:辽宁教育出版社,1995,第268页以下。关于夷夏之辨,我在《夷夏之辨与现代中国国家建构中的正当性问题》一文中说:"夷夏之辨显著地表现为古代中国文教传统内在的自我肯定和自我确证,因而也就构成古代中国文教传统中关于政教之正当性问题的一个最具概括性的观念。夷夏之辨首重其文教意义,种族意义和地理意义则相对比较松动,且在观念的实际运用中三者之间往往会构成张力。在此有必要指出的是,将夷夏之辨彻底简化为文教之辨与将之彻底简化为种族之辨一样错误,而且似乎前者流布更广。导致这两种错误的原因在于完全以静态的眼光看待民族的构成。华夏民族作为文教理想的承担者,在这一理想彻底实现之前的任何一个时刻,都是一个有地理边界和人种限度的族群,就此而言,我们不能不捍卫夷夏之辨的种族意义。但是,华夏民族的地理边界和人种限度在文教理想被不断弘扬的过程中又会被时时扩展、超越——这也就是我们常说的华夏民族实经多民族融合而形成的原因所在,就此而言,我们又不能不推重夷夏之辨的文教意义。动态地观之,一方面,民族因文教开化的程度而有界限;另一方面,民族因文教弘扬的善果而得融合。在这个意义上,夷夏之辨实际上是一种以华夏民族的客观存在为实际依托、以超越民族界限的普世文教为最高理想的民族融合理论。而且,尊重差异、容纳多元文化也正是以夷夏之辨为基础的大一统之王道理想的题中之义:'凡居民材,必因天地寒暖燥湿,广谷大川异制,民生其间者异俗。刚柔轻重,迟速异齐,五味异和,器械异制,衣服异宜。修其教不易其俗,齐其政不易其宜。中国、戎夷,五方之民,皆有性也,不可推移。'(《礼记·王制》)不应将华夏文教传统混同于一般风俗意义上的文化,尽管'文化'这个词本有其更高雅的来源。王制之义,在较高的、更为理想的层次上在于文而化之,远近如一,或者说九州共贯、六合同风,在较低的、更为现实的层次上则在于充分尊重不同族群之异制异俗且在不易其俗、不易其宜的情况下修其教、齐其政。之所以能够如此,是因为在以夷夏之辨为基础的大一统之王道理想中,无论是正性和合的宇宙秩序,还是推己及人的人伦秩序,都是具有普遍性的、超越于一切习俗的、放之四海而皆准的常理常道。"该文见唐文明:《近忧:文化政治视野中的儒学、儒教与中国》,上海:华东师范大学出版社,2010。

儒者接受。与此相关的一点是，虽然在正统儒者看来法家思想是应当排斥的异端，但却认为其危害并不大，最典型的是《近思录》所载程颢语："杨、墨之害，甚于申、韩；佛、老之害，甚于杨、墨。"虽然程颢接着解释说申、韩之危害不大的原因主要在于其思想"浅陋易见"，从而不像杨、墨、佛、老的思想"惑世之甚"，但是，古代中国的政治架构与政治治理体现出儒法互补的特征，也是一个值得我们重视的事实。

其三是封建与郡县之辩。周代封建作为一种政治制度自有其理据，分封的对象可能是有功德者，也可能是"诸父兄弟"，其目的是"以蕃屏周，为周室辅"。秦始皇统一六国后废封建、设郡县，这一影响中国历史的重大政治改革赢得了后世绝大多数儒者的赞同，尽管信奉法家思想的秦始皇就其人格而言不可能被正统儒者所认可，以至于有王夫之"天假秦皇之私以行其大公"之说。但关于封建与郡县之争的问题，处于中唐时期而发宋代新儒学之先声的柳宗元在他那篇著名的《封建论》中提出了一个更为超迈的观点："封建非圣人意也，势也。"这个观点看起来仍是为了捍卫郡县制而反对封建制，但就其立论而言则是将采取封建制或郡县制的理由都与"理"脱离开而归于"势"。如接受了柳宗元观点的王夫之在《读通鉴论》中说："郡县之制，垂二千年而弗能改矣，合古今上下皆安之，势之所趋，岂非理而能哉！"换言之，无论是封建制还是郡县制，都可以没有冲突地容纳在以三纲为根本大法的政治架构中。封建制的优点在于可以举一方诸侯之力维护皇权与国家安全，特别是在有外患侵略的时候，国家对于拥兵一方的封疆大吏就更为倚重。但封建制的问题也在这里，因为诸侯一旦坐大就可能危及皇权，而且如果诸侯之间展开争斗，也是皇室很难控制的事情。由此即可理解郡县制的优点，正在于其对于内部的稳定至关重要。顾炎武就曾指出，封建制与郡县制各有得失，即所谓"封建之失，其专在下，郡县之失，其专在上"。于是他提出了"寓封建之意于郡县之中"的看法，意在以郡县制为基本构想而又能将封建的因素容纳进来，从而发挥封建的优点。用我们现在的话来说就是，通过合理、适当的制度安排而使地方自治不仅不会在中央集权的政治架构中受到压制而萎缩，反而能够积极地发挥其力量。

## 三、儒教、宪政与中国：如何提出问题

儒教、宪政与中国的问题，也就是直面实际的历史情境，如何在中国的宪政建设中将儒教的精神与理念贯彻进去的问题。对此，我们首先必须明白，西方的宪政理论"植根于西方基督教的信仰体系及其表达世俗秩序意义的政治

思想中"。⑤ 因此，一方面，既然通过法律来规范政治行为是必要的，就是说为了保障民众的权益而不能仅仅寄希望于从政者的美德，那么，宪政就是国家建设的头等大事；另一方面，既然我们手头能够看到的宪政理论资源都来自西方，而西方的宪政在很大程度上又内在于其独特的文化传统和历史情境，那么，就必须考虑中国宪政建设的独特性，也就是说，必须考虑中国的文化传统与历史情境对于宪政建设的内在要求和客观影响，从而在中国宪政建设的问题上避免两种错误的思路，即简单的移植和笨拙的嫁接。比如我们现在经常听到的，一个是来自社会科学界、特别是法学界的声音，基本上是移植论者，这些持论者虽然也能意识到西方宪政的基督教背景，但要么认为西方宪政虽然有一个与基督教思想密切相关的历史起源，但经过世俗化浪潮的不断冲击，西方宪政的根本精神和核心理念已经摆脱了单纯基督教信仰的立场而具有了普世性的价值，要么自己本身就是基督徒，从而在一开始就站在基督教的立场上了。这就要求我们必须认真思考：基督教与儒教在根本精神和核心理念方面究竟有什么样的不同？这个问题之所以如此紧要，一个很大的原因在于，在现代以来以西释中的诠释学政治氛围中，对儒教的精神和理念的诠释越来越向西方化了的基督教思想或基督教化了的西方思想趋同，从而很难真正将儒教的精神和理念清晰地呈现出来。我要提到的另一个来自儒学界的声音就因为落入了类似的理论陷阱而在中国的宪政问题上成为嫁接论者，此即1958年的新儒家宣言⑥所提出的宪政主张，其中的一个重要因素是，他们的看法过多地被那个时代成功的政治力量的立场所左右。如果说这支力量的立场近似于墨，那么，新儒家的主张——也就是我们一般所说的自由主义的立场——则正符合孟子所谓的"逃墨必归于杨"。于是，就新儒家的立场而言，还需要一个"逃杨必归于儒"的步骤，方能归正。

  探讨儒教的精神和理念与中国的宪政建设的关系，会涉及很多方面的问题，本文仅以宪法的基本组成部分为线索，简要地讨论三个在我看来比较重要的问题。

  首先，就宪法的序言部分而言，我们需要考虑的是，从儒教的精神和理念出发，应当将何种政治信念和政治理想作为宪政建设的终极依据？前文已经提到，《礼记·礼运》中的大同说是儒教政治理想的典型表达。这就要求我们将大同说

---

  ⑤ 卡尔·弗里德里希：《超验正义：宪政的宗教之维》，周勇、王丽芝译，梁治平校，三联书店1997年版，第1页。

  ⑥ 由张君劢、牟宗三、唐君毅、徐复观联合署名同时发表在《民主评论》和《再生》杂志元旦号上的《为中国文化敬告世界人士宣言》。

作为中国宪政建设所依据的终极理想。实际上,经过康有为改造后的大同说在近代以来的中国政治思想中颇受重视。以在中国现代政治史上占据主导地位的国民党和共产党为例。国民党的口号是,"三民主义吾党所宗;以建民国,以进大同。"孙中山、蒋介石都曾将国民党的政治理想与《礼记·礼运》中的大同说联系起来,而作为孙中山、蒋介石最重要的幕僚之一的戴季陶,更明言《礼记·礼运》中的大同说是"民国国宪之大本"。⑦ 而毛泽东则说,康有为虽然写了《大同书》,但他"没有也不可能找到一条到达大同的路"。⑧ 经过康有为改造后的大同说与《礼记·礼运》中的大同说的最大差异在于,前者以"毁灭家族"为"最要关键"(梁启超语),后者则是强调"男有分,女有归"。因此,要考虑儒教、宪政与中国的问题,必须回到《礼记·礼运》对大同说的经典表述,充分重视家庭和人伦的政治价值。

其次,就宪法的权利法案部分而言,我们需要考虑的是:从儒教的精神和理念出发,应当将何种权利写入宪法?换言之,必须依据儒教的精神和理念考虑基本权利的厘定问题。从西方宪政的理论主张和历史经验来看,我们明显地看到,无论是公民权利,还是社会权利,都与基督教的文化背景有密切关系——笼统地说,前者更多地与新教的精神有关,后者则更多地与天主教的精神有关。比如说在黑格尔的解释中,政治自由是为了保障精神自由,而精神自由则可以被合理地归于信徒与上帝的直接沟通,换言之,财产权、良知自由等这些最基本的权利实际上就是因信称义的政治表达。而对社会权利的理解也可能与基督教的教会理论——其主导性的理念是圣爱(agape)——关联起来。那么,在我们考虑一种将儒教的根本精神和核心理念贯彻进去的中国式宪法时是否要将西方宪政实践中所罗列出来的那些看起来都很不错的权利都照单全收呢?回答这个问题当然需要参照作为中国式宪政之终极依据的大同说。从中我们可以很明显地看到,西方宪政实践中的基本权利清单存在一个重要的问题,即不是以人伦的价值为基础去理解和刻画人的基本权利,换言之,缺乏一个儒教宪政所要求的伦理法权的概念,具体来说,不是从比如丈夫的法权、妻子的法权、父母的法权、子女的法权、兄弟姐妹的法权乃至公民的法权、国家的法权等角度立论。实际上只有通过伦理法权的概念,才能够真正将儒教特有的伦理理念以法律化的形式确立下来,从而真正完成儒教宪政的理论建构。由此引发的另一个问题是,在对国家概念

---

⑦ 戴季陶:《〈礼运·大同篇〉书后》,作于1944年,见《戴季陶先生文存》,陈天锡编,中央文物供应社1959年版,第四册,第1429页。

⑧ 毛泽东:《论人民民主专政》,载《毛泽东选集》第四卷,人民出版社1991年版。

的理解上,儒教的立场将与西方主流的看法大不相同。此外,伦理法权的重要性也明确地显示出,儒教宪政的理论建构任务实际上在很大程度上就是对三纲——这个古代中国的根本大法——做重新诠释或必要修正,重新以法律化的方式确立下来而为立宪之基。

最后,就宪法的组织机构和权力分配部分而言,立足中国实际的历史、文化和地缘特点,一个至关重要的问题是中央与地方的关系问题。以毛泽东为代表的共产党人的建国思想是以马克思主义的阶级理论为其内核的,在这一理论的基础之上形成一个大一统的、中央集权的国家理念,并随着1949年共产党取得天下而付诸实践,一直延续至今,为中国的稳定和发展做出了巨大的贡献。但是,随着中国经济的不断发展和中国社会的不断变化,由中央集权而导致的问题也越来越突显、越来越严重。这就需要我们在宪政的层面上重新思考中央与地方的关系问题。放在一个长远的视野中看,既然民主、自治等政治理念是大势所趋,而与民主、自治具有天然亲缘关系的是联邦制,那么,我们就应当考虑在联邦制的框架内构想未来的中国。

联邦制的问题可以看成是古代中国的封建与郡县之争在现代中国的翻版。对以联邦制构想未来中国的有力质疑是,正如历代儒者所力图阐明的那样,郡县制最适合中国的实际——正因为如此,顾炎武虽然看重封建制的优点,但也是主张要在郡县制的框架之内将封建的因素纳入进来,即"寓封建之意于郡县之中";而且,从中国现代政治史上来看,辛亥革命最大的问题正在于没有建立一个强有力的中央集权政府,从而一直难以解决地方割据的问题,而1949年的建国革命才真正解决了这个问题。换言之,按照这种或远或近的历史经验,以联邦制构想未来的中国只能通向分裂之路、亡国之路。不过,既然封建与郡县之设主要在于"势",而不在于"理",那么,我们首先需要考虑的,是现在的"势"与过去的"势"是否有所不同。就此而言,一方面,如我们已经提到的,民主、自治等政治理念是现代社会的大势所趋;另一方面,在宪政建设中,可以通过法律化的形式恰当地安排中央与地方的权力分配问题,从而有效地解决中央集权和地方自治的权力平衡问题。⑨ 此外,诚如卡尔·施密特所指出的,现代以来,军事以及各个领域中的技术的发展使得全能主义国家真正成为可能。总之,综合这些因素,我们有理由断言,通过适当的制度安排和必要的技术支持,在联邦制的框架之内可以找到避免联邦制之弊端的切实可行

---

⑨ 这方面的有益思考如张千帆:《联邦国家的中央与地方立法分权模式研究》,载《江苏行政学院学报》2010年第1期。

之法。因此,仍使用传统的概念,我们有理由在中国的宪政建设中提倡"寓郡县之意于封建之中",如此方可在中国宪政建设中的一些重要的理论问题上做到名正而言顺,并顺此找到一条既能适应现代民主的新形势又能避免民主可能带来的严重的政治问题(如分裂)的宪政实践之路。

可行性与可取性问题

# 新邦旧命

## ——评蒋庆的政治儒学

白彤东①

## 一、激进与保守：心性儒学与政治儒学

近代以来，在西方的炮舰与思想的冲击下，很多中国学人与政客先在器物、继而在制度上对中国传统失去信心，认定西方的科学与民主是普适价值。其中的激进派更认为，以儒家为代表的传统文化与民主背后的文化价值相冲突，因此要将前者彻底抛弃。与此相对，文化保守主义者试图保守中国文化。但是，与激进派一样，这些最终以所谓"新儒家"为代表的文化保守主义者也在器物与制度层面上向西方投降，以普适价值全盘接受了民主、科学。他们与激进派的不同是他们还想在心性、伦理层面上保守中国文化。这是他们"保守主义"的一面，是他们保守中国文化的防线。

但是，这种文化保守主义者的立场的问题在于，一方面，他们要保守得太多，另一方面，他们又保守得太少。他们要保的伦理道德是每个人得以安身立命的、普适的终极关怀，这与当代世界的不可避免的价值多元性根本冲突。同时，文化保守主义者又保的太少。他们过快地拥抱了西方式的科学与民主，而缺乏对它们的批判性的反思。在后一点上，蒋庆与笔者观点一致（蒋庆 2010,15；又见328）。蒋庆进而指出，与自由主义者一样，新儒家已完全认可了自由民主作为主导价值的地位，其儒学——即所谓心性儒学——是一种"去政治化的儒学"（蒋庆 2010,320）。与此相对，蒋庆提出了政治儒学，试图建立不同于自由民主的、具有

---

① 复旦大学哲学院教授。

中国文化特质的"王道政治"。这在广义的中国文化界（即包括传统之爱好者、推动者、实践者以及对这些人持反感态度的自由派人士）引起了很大反响。我下面先简单介绍一下。

## 二、蒋庆之王道政治

以福山的《历史的终结》为代表，很多人共享的一个信念是西方式的自由民主是所有国家最终要走的道路。针对于此种信念，蒋庆提出"中国政治"，即"儒教宪政"。这种中国政治不是与西方对抗，也不是罔顾西方文明的正面价值，而是凭"以德服人"的中国之"王道政治"进入世界文明体系。在国际政治上，王道政治可以改变以力服人的霸道政治，而在国内问题上可以改变民意合法性独大这一毛病。由蒋庆看来，民意独大是诸多政治问题的深层原因。民意之获得不分贤愚，这会导致政治的庸俗化；当今所谓民意实际上是人民私欲的总汇，这会导致私欲膨胀；民意又只是现有选民的意见，这使得民意会忽视对将来（尚没有投票权的）人民利益攸关的问题，比如环境问题；民意的独大又会导致对内压制、对外侵略的极端民族主义（蒋庆2010，35—38）。在笔者的新著《旧邦新命》一书中，笔者还提到了其他一些问题，比如财政赤字、对外援助以及稳定的外交政策的制定和保持（白彤东2009，65—68）。

蒋庆之中国政治乃儒教宪政，而非儒家宪政，其背后动机似乎是保守中国文化，并使之成为与基督教对应的一种安身立命"超越神圣的信仰与价值"。为了论述儒教宪政这种超验价值，蒋庆驳斥了"当今中国学者（包括很多儒家学者）"的解释（蒋庆2010，123—124）。根据这种解释，从《尚书》"天听自我民听，天视自我民视"，我们可以得出，儒家认为民意就是天意。蒋庆认为"这是对儒家天人观的严重误解"，是"受西方民主思想影响"的结果。而儒家认识到现实生活中的人违背、对抗天意，故而"儒教宪政"之基础是"主权在天"（蒋庆2010，123）。

就蒋庆看来，在儒教政治最高理想的大同之世中，人皆君子，均可自律自治，无需王道政治。此世中的民意与天意合，因此在天的主权直接由民意表达。"王道政治"只是儒教政治在现实、历史中的理想形态，是小康之世的"治法"（蒋庆2010，57）。它首先体现为"圣王政治"，即直接通过圣王来感召、统治的政治形态（蒋庆2010，58）。三代乃至素王孔子之后，圣王不再（同上），能通过人格体现王道、上达天道的大儒是极少数，可遇而不可求，在现实政治中不具有普遍意义（蒋庆2010，60）。"现实的小康政治目标则是要实现儒教政治精英的'儒士统治'"（蒋庆2010，144）。换句话说，在小康之世里，"天"首先将主权第一次委托给圣王,而三代以后,在圣的主权又被第二次委托给"士"群体(蒋庆 2010,127)。

为了理解儒士统治的架构,我们首先要理解蒋庆发明的"《王道图说》"。《王道图说》用以说明天、地、人三才的关系(蒋庆 2010,50－52)。依蒋庆看来,在神权政治或极权政治中,这种关系被描述成天对地和人的绝对支配。蒋庆称之为有理一而无分殊。在当代的平等与多元社会里,三者分离,有分殊而无理一。而《王道图说》认为三者既有理一、又有分殊。由高(天)到低(人),这一分殊是有差等的。宋儒也讲理一分殊,但是蒋庆认为,受佛道影响,它缺乏差等(同上)。天地人三者之间存在着制衡关系。但是,这种制衡与我们通常理解的(西方的?)绝对的排它的对抗式的制衡不同。后者"会导致整体的崩溃",而"'制衡'意味着在相互含摄中相互牵制约束"(蒋庆 2010,53)。

由《王道图说》,现代政权之合法性应表现天、地、人的三重合法性(蒋庆 2010,9 和 46)。这一合法性在议会制度中表现为三院制,其中"通儒院"代表超越、神圣之合法性(天),"国体院"代表历史文化的合法性(地),"庶民院"代表人心民意的合法性(人)(蒋庆 2010,29)。通儒院成员是经类似中国古代察举、荐举、科举产生的精通儒家经典之人士,国体院由本国历史重要人物之后、当今高级退休官员、国史教授、社会贤达、宗教界人士组成,而庶民院则按西方议会民主方式选举产生(蒋庆 2010,29－30;又见 80－81)。这三院决定法案颁行与国家最高行政、司法长官的任命,三院意见的权重也根据天地人之间的差等予以分别,即通儒院重于国体院,国体院又重于庶民院(蒋庆 2010,30－31)。

在三院制之外,蒋庆又阐发了康有为提出过的"虚君共和"的设计以保证国家的持续性、历史性,而后者不能有定期选举的(暂时且可变的)国家领导来代表(蒋庆 2010,97,163 和 166)。这一凝聚国民的、具有高贵与久远血统的人格化的虚君应该由孔子的后裔担任(蒋庆 2010,97 和 169－175)。

依照蒋庆所理解的"主权在圣"而生的"主权在学"(这里的"学"乃圣人的"道统之学")的观念和"学治主义"传统(蒋庆 2010,84),他又提出了"太学监国制"。其中,太学祭酒由全国儒林所推举的委员选出,太学成员"必须是学行兼优的儒家学者,可由国家征辟、民间察举、儒林荐举、现代科举以及'太学'祭酒选拔任命等方式产生"(蒋庆 2010,143)。"太学"在宪政框架内,拥有国家最高的"监国"、"养士考试"、"礼仪祭祀"、"罢免"、"仲裁"、"维持风教"等六权(蒋庆 2010,133)。太学的日常事务是研习、讨论、讲授儒家经典,并组织考试,"为国家培养、选拔、储备儒教学术人才与国家统治人才"(蒋庆 2010,144)。

蒋庆所设计的制度表面似乎多有重叠,对此他也有澄清(参见蒋庆 2010,84、137－138,212－213)。一般地讲,据蒋庆的理解,儒教有"五统",从高到低,

"太学监国制"代表道统,"虚君共和制"代表国统,"儒教司法制"代表法统,"议会三院制"代表政统,"士人政府制"代表治统。(蒋庆 2010,223)

这里,笔者认为,有一点蒋庆并没有明说的是,在"太学"、"虚君"、"议会三院"之间的关系上,似乎是又一层的由高到低的天地人的三重差等关系。

有意思的是,蒋庆自称曾经是"一个很激进的自由主义者,也是很激进的西化论者,对西方文化非常推崇"(蒋庆 2010,228)。他近年的工作,可谓一种激烈的转变。但从另一个方面来讲,我们可以说,蒋庆一直没有变:他一直是个激进主义者。这是因为,即使是同情以上制度设计的人,很有可能也会觉得它太过不现实。对此,蒋庆以为他这里讲的是"理",而对其现实性的担心是关于"势"的。他所做的,是"明理待势"和"以理转势"(蒋庆 2010,11)。诚然,政治哲学家之所以是政治哲学家而不是政客,就在于他所思考的政体有其理想性或"乌托邦性"。但是,如果这一理想政体没有现实基础或实现的可能性,哲学家就成了空想家。用罗尔斯的话说,哲学家构想的政体必须是"现实的乌托邦"(realistic utopia)(Rawls 1999)。用蒋庆的术语来说,理所待的、理要转的那个势总是要有现实上的可能性。他承认,当今中国缺乏他的制度设计所要求的文化土壤,但是,他寄希望于"'儒化'当今中国的政治秩序"的"上行路线",并辅之以"民间社会重建儒教"的"非政治的'下行路线'"(蒋庆 2010,254),从而使他所待的势有朝一日会成为现实。

## 三、新邦旧命[②]

### (一) 旧邦新命还是新邦旧命?

笔者近年来专注于阐发古典(先秦)儒家哲学的政治维度,其中对当代民主国家民意独大的担心以及期望依儒家政治哲学资源以修正之,这与蒋庆的工作有呼应的地方。我们不应该不加反思地接受民主,以为它是神圣不可侵犯的东西。儒家政治哲学的生命力的一个可能来源,也恰恰在于提出与西方自由民主理论不同的想法。而笔者的近著,《旧邦新命——古今中西参照下的古典儒家政治哲学》的第一部分提出了与主流民主人权不同的理念与制度设计。

并且,在现当代中国(以及西方),对中国传统怀有简单地仇恨、鄙视、曲解的人比比皆是。在这一背景下,笔者对敢于捍卫儒家思想的人总是有些偏向。近

---

② 这里提到的一些观点,笔者的《旧邦新命》一书中有更为详细的论述。

年来,儒学有复兴的倾向。但是,这一复兴部分来源于政治之利用。这一利用的危险,在于"以势(政治之形势与需要)转理(儒家之政治理想)",而不是蒋庆和很多心爱儒学的人所期待的以理转势。在这一点上,蒋庆一直保持了儒家的清高与清醒。比如,他指出,甘阳的"儒家社会主义"中的社会主义是指毛泽东的大平等思想。它既是对儒家"士人政治"的等级传统的彻底颠覆,又造成了一种新的(更坏的?)等级制(蒋庆2010,103)。另外,蒋庆的具体政治设计中也有一些有创造性的想法。

但是,笔者对儒家政治思想的现代意义,与蒋庆的政治儒学(或政治儒教)有很多的不同。这些不同的核心,在于如何理解作为政治哲学的儒家。既然称其为政治哲学,依笔者看来,就意味着它有亘古长存的价值,其原因在于它所处理的是人类政治生活的永恒问题。但是,这些永恒问题有可能在特定的时间、地点以特定的方式表现出来。对这些问题的回应,也因此可能有其情境性。当我们面对这些情境化的回应,作为政治哲学家,我们应该做的,是剥离其情境化的特殊表达,将其思想一般化,或者说回到这一思想传统的精神("旧邦"),然后再具体到我们要处理的特殊问题中来,从而达到阐旧邦以赋新命之效果。

与此相对,蒋庆所做的,似乎是将儒家思想的一个情境化表达(汉代公羊学)当成普遍的儒教之原教旨,将其固化、神圣化,而一味坚持之,并强加到当今世界。这种做法,是将"旧命"(一种对儒家思想的特殊的、历史上的解释)加到"新邦"(新的政治现实)上。蒋庆常常以儒教原教旨主义者自居。但是,如果我们将儒家思想理解成一种政治哲学,蒋庆实际上是违反儒家旨意的人,而对儒家采取阐旧邦以赋新命的人才是真正的原教旨主义者。

**(二) 儒家还是儒教?**

当然,蒋庆所要复兴的,乃是儒教宪政,而非儒家宪政。儒教指的是一套超验、神圣的宗教与形而上学体系。所以,蒋庆虽然反对新儒家或心性儒学对西方自由民主的全盘接受和对儒家之政治层面的忽视,但是,二者都将儒家理解成一套先验体系,而蒋庆也支持心性儒学之复兴(蒋庆2010,101;又见232-233)。但是,这样一种体系,在多元社会无法避免的情况下,已不再能成为一套为所有人都能接受的体系。儒教宪政,就连中国特有的宪政都无法做到,而只能成为一批信徒所拥护的宪政体系。与此相对,如果我们能发展出来一套独立于先验体系的儒家政治哲学和儒家的制度安排,它反而可能成为一套普适体系。这是因为,多元社会的含义就是先验体系(或安身立命体系)的多元,但是,信奉不同先验体系的人却可能有着共享的政治问题和政治需要。笔者以为,笔者自己在《旧邦新命》一书的第一部分发展出来的,恰恰是这样一个普适体系。

蒋庆构造先验体系的背后的一个可能动机是与基督教抗衡。近代以来,多有中国人以为,中国旧有制度与文化的一个缺陷就是缺乏基督教所拥有的神圣性、超越性。早年的刘小枫似乎就是站在基督教立场上对中国传统横加批判(笔者认为,这种批判是建立在对中国传统乃至基督教的肤浅理解之上的)。曾与刘小枫一同译介基督教的蒋庆,也许是站在同情中国传统的立场上,觉得必须构建中国传统的神圣性以抗衡基督教。并且,有些人进一步认为这一神圣性是西方自由民主的基础。蒋庆也似乎将民主与基督教文化联系在一起(2010,18 和 224)。他就因而认为,既然基督教是西方的东西,而中国(应该)是儒教国家,那么中国人就不应该接受基于基督教的民主,而是应该接受基于儒教的王道政治。

蒋庆之构建似乎还出于另外一个担心,即政治需要一个先验基础,否则政治就会堕入相对主义、虚无主义的泥沼。他似乎认为,现代社会的多元主义,就必然意味着对真理的否定,就必然意味着虚无主义。这与近年来在中国流行的施特劳斯主义中的一个核心观点不谋而合(蒋庆 2010,330－331)。

但是,如果是因为有人说中国传统没有像基督教那样的神圣性,并由此对中国文化妄自菲薄,所以我们就要说中国文化也有神圣性,那么这样的中国文化是缺乏自在、自为之自我,而还是取了自认弱势、缺乏底气之还击的架势。这就像上面提到的新儒家一样,骨子里向西方民主投了降,表面上却要论证西方民主与科学可以从儒家导出。而笔者以为,儒家的一个独特之处,恰恰在于在世俗与神圣之间,求得一条中道,即所谓"百姓以为神,君子以为文"中的"文道"(《荀子・天论第十七》)。

从绝对与神圣和相对与世俗的对立的观点出发,不用暴力压制下多元之不可避免的事实似乎就意味着现代社会中的人们就注定了只有在相对、虚无主义的笼罩下,过着庸俗的生活。也就是说,由于我们要求了太强的神圣性,我们反而只能注定过着最世俗的生活。"水至清则无鱼"。但是,在罗尔斯晚期哲学里,他一方面放弃了绝对神圣性的要求,但又在另一方面试图维护一种"弱"的(政治的)确定性,从而试图跳出绝对神圣和群魔乱舞的两极震荡。他在承认多元之不可避免且可欲的同时,又试图给出一套普适的政治安排。罗尔斯将自由民主与其历史背景(如基督教)和理论支持(比如康德哲学)独立出来,使它成为持不同合理信念系统的人可共同认可的政治概念。这样,我们就不应该认为自由民主与基督教不可分,也就不应该因拒斥基督教而拒斥自由民主。并且,罗尔斯的多元主义不是建立在否定真理存在的"强的"虚无主义或相对主义上的。他一再强调,每个人有一套安身立命的真理系统是必要的且可欲的。他只是认识到了被允许自由思想的睿智之人之间似乎永远不会在这些本质问题上达到一致意见，而希望能找到让他们共存并继续他们的争论的一个制度安排。笔者认为，这种在绝对真理与虚无主义之间的中道，恰恰与儒家在神圣与世俗之间的中道相呼应，与先秦儒家（尤其是孔子）表现出来的直面政治问题本身的态度有共鸣。

当然，笔者也分享蒋庆对基督教对中国文化、政治之侵蚀的担心（蒋庆 2010，262）。但是，笔者的担心在于，经过工业化的洗礼，基督教保存、发展了一套组织体系，使其易于在民众间传播。但是，儒家在日常生活方面的影响（家族组织和与其相关的礼仪文化等等）因政治动荡被严重削弱。这个事实使得很多用"东亚特色"或"儒家文化圈"来理解、规范东亚国家的政治理论冒着刻舟求剑、似是而非的风险。并且，特别是在中国大陆，儒家还未能发展出一套适应高度流动的现代社会的新的组织体系。比如，在农民大批走入城市，沉重地打击了以前家族礼仪、乡规民约之规范作用。这里，一个热爱中国文化的人不得不有一种深刻的危机感。这不是说我们要拒斥基督教传入中国并发生影响。毕竟，佛教引入中国，非但没有摧毁中国文化，反而使其更加丰富。佛教（或中国佛教）也成了中国文化的一个有机部分。我们这里担心的，乃是基督教文化在挟西方各方面（文化、政治、金钱）实力之支持，又加以其已经现代化的优势，有可能进一步摧残、乃至摧毁中国传统文化。历史上，我们看到了相对宽容、精美、复杂的罗马上层文化，在罗马下层民众被基督教征服后，[通过专制君主的手]终于也被摧毁。在前途还可能有动荡的中国，一个热爱这个国家和这个国家文化传统的人，不得不要小心。这里，我们要做的是发展出一套现代化了的儒家礼仪制度和伦理规范，而不是很多新儒家和蒋庆所关注的一套先验体系。

**（三）作为政治哲学的儒学之"旧邦"：中庸之道**

出于上述的将儒家神圣化的目的，蒋庆指出了儒家义理的根本，在于主权在天。这个说法主要来自于汉代公羊学（这可能是儒家的最宗教化的版本），尤其是董仲舒的说法，并以之为儒家正统。但是，我们不禁要问，如果想回到儒家正统，我们为什么不追究到先秦儒家呢？比如，"天听自我民听"云云这段话的最早的政治哲学解释是孟子给出的。诚然，有些儒家学者就以此来论证儒家支持民主，这确实是对孟子的极大误解。一方面，孟子确实认为天意即民意，但另一方面，他又主张民意不是完全由人民来决定，而精英要对之有所裁断。急于论述儒家与民主没有分别的学者忽视了后一个方面，但是蒋庆却忽视了前一个方面。孟子的政治理念乃"主权在民，治权在贤"。应用于当代，他的思想可以被用来支持民意和精英之代表的混合政体。蒋庆的制度设计中也有混合政体的因素，但是,基于"主权在天"的设想,他在三院中加入了代表天的一院,而又在三院之上加了代表天地的太学与虚君。但是,如果"主权在天"的思想乃是对孟子的误解,我们可以说他的这些设计至少在孟子那里是得不到支持的。

并且,一个几乎是学界的共识是,先秦儒家的特征之一,恰恰在于天的去神化和"人化"与"文化"。他们对天采取神圣与世俗之间的中道,既去除了它作为神权政治基础之神圣性,又通过"文"的态度和礼仪制度对它保持了尊敬。在政治制度上,先秦儒家的一大发明乃是士权的伸张。如钱穆先生所指出的,这一发明使得中国古代社会从不是什么纯然的君主专制的社会,而有强烈的士人政治的成分(2005)。这是我所认为的儒家的"原教旨"。诚然,一些汉儒将"天"再次超验化、神圣化,而觉得只有将儒家宗教化才能与基督教等文明抗衡、共存的蒋庆自然就对它有所偏爱。但是,笔者认为,儒士这么做,其可能的目的之一,是通过儒士对天的意旨之解释的垄断,来达到在皇权的既成事实下,为士权和士人政府争地位。这是与自先秦儒家以降的士人政治这一儒家核心思想一脉相承,而天之神圣化只不过是一个适应当时情境的特殊手段而已。

在现实层面,由于蒋庆之天道独立于并且高于人道,这使得与人民福祉无关的所谓天道成为可能,从而可能导致西方意义上的"极权主义"。与此相对,即使中国古代的残暴政府也得打着为人民服务的旗号,而其政权合法性也可以因此受到挑战(即它是否真的服务于人民)乃至颠覆(如汤武革命)。这一有着中国传统文化特色的民本思想在蒋庆的解读下被消解了,他也因此不得不淡化儒家的革命色彩(蒋庆 2010,289)。

由这种神化的天道应对现实问题,会显得极端和僵化,与西方现存的一些(有问题的)处理并无太大分别,从而也减弱了儒家复兴对世界之意义。比如,蒋庆将生态价值提升为维护天道的层次上(蒋庆 2010,27),并多次论证他的政治安排中的代表天道的成分会因此更好解决生态问题(蒋庆 2010,22—23;27—28;31;67;73;91;等等)。但是,这种论证实际上是基于生态、环境的独立于甚至高于人的神圣性。这种态度与很多西方激进的环境主义者是很像的。这种激进使得很多人都难以接受他们的主张。因为很多人,尤其是落后国家的民众,往往面临的是一个两难选择:为活命就不得不破坏环境,或是保护了环境就很难活命;而上述这种态度却告诉这些民众,"饿死事小、环境事大"。笔者以为,儒家不同于这种过度理想态度的地方,恰恰在于是"以人为本"的生态主义。我们不能破坏环境,不是因为环境是神圣的天,而是因为它是人类赖以生存延续的基础。这种态度可能更能赢得民众对生态问题的支持,它也会更加认真地同情、关注民众的生存问题,尽力在保护环境(即维持人类长久之生计)和维持(人民当下之)

生计这两难中找到妥协之道。

又比如,蒋庆认为中国以德服人的王道政治可以改变西方的以力服人的霸道政治。但是,首先,他这里对西方政治的理解过于片面。比如,西方哲学家康德、西方政治家美国总统威尔逊(Woodrow Wilson)以及以他名字命名的国际政治中的"威尔逊主义"(Wilsonianism)都有着一种反对霸权、支持以德服人的"王道政治"之思想。蒋庆之理想主义的"王道政治"的说法恐怕与西方这些流派很相像。但是,这种理想主义的一大弊病,就是对现实的罔顾。近年来曾在美国占主流的新保守主义者(neo-conservatives),在国际政治上常常持有的,恰恰是一种(进攻性的)威尔逊主义的态度。他们带着这种近乎宗教的理想主义支持攻打伊拉克,并以为会给世界带来更多的民主与幸福。但是,他们带来的,是伊拉克人民不必要的苦难,以及整个世界对这种基于理想的干预主义的玩世不恭的怀疑。这鼓励了道德相对主义和对他人之痛苦的冷漠。这个结果与他们的理想可谓背道而驰。历史上这种好人办了坏事的例子数不胜数。与此相对,《论语》中孔子对现实主义政治家管仲与春秋五霸之首的齐桓公的态度是既有保留,又赞扬他们对保护人类(华夏)文明的重要贡献(3.22、14.9、14.15—14.17),从而给出了理想主义与现实主义之间的国际政治之中道。这也许为当今国际政治的两极摇摆找到一条更有希望的解决道路。这一中道的另外一个表现,是在爱有差等基础上的民胞物与之理想。这一理想既不将人之关爱自私地局限于朋友和国民,也不冀望于过度理想的基于平等之爱的大同思想。这又是在(比如施密特所强调的、在民族国家中表现出来的)区分敌我的现实政治和基督教式的平等之泛爱思想之间找到了一条中道。

**(四)直面政治现实之新命**

一个更一般的问题是,如另一位推动儒家宪政民主学说的学者贝淡宁(Daniel Bell)所指出的(蒋庆2010,104),蒋庆的儒教宪政架构,几乎是纯然的依赖于他所理解之儒教教义,而不是基于对现实政治问题的考量。当然,政治思考总会有被现实激发的一面。并且,蒋庆也试图展示他的儒教宪政设计在应对现实问题上的优越。但是,他思考的核心是如何依照他所理解的儒教之神圣教条来展开一套政治系统。由于这种重心的偏颇,他对西方政治问题的思考常常流于表面,对他自己的政治设计的合理性与正当性缺乏全面深入的论证。

就他看来,儒教宪政是小康之世圣王不再后的选择。但是,为什么大同之世不可能?为什么圣王不再?对此蒋庆只有断言,没有论证。并且,如果这一切仅仅是偶然,那么我们是否在圣王(耶稣?)重降人间的时候就应该放弃儒教宪政了呢？我们如何断定圣王重降人间的征兆呢？像《圣经·启示录》里描绘的天崩地裂之类的景象吗？

就蒋庆的儒教宪政本身的架构而言，他的儒教宪政与笔者所设想的儒家宪政的一个共同点，是在民主制度上加入了精英主义成分。这一成分表现在于代表众意的立法机构之上再加入代表精英的分支。之所以这么做，就蒋庆看来，似乎是因为在大同时代尚未到来，而小康时代之圣王时代已过的情况下，天将主权委托给士人。但是，我们凭什么相信蒋庆或几个汉儒所说的，这些士人代表天意？如果他们之间有不同意见我们听谁的？蒋庆所理解的天意，若成为哪怕是一小撮士人的共同理解，恐怕不用暴力，也是无法实现的。另一方面，蒋庆认为，民意因选民素质低下，其眼界局限于物质利益而不可依赖。但是，儒家不恰恰是要教化民众吗？孟子、荀子不都相信人人都可以成圣吗？这就又回到了我们上面提到的为何大同时代不再的问题。具体地讲，蒋庆没有回答为什么我们不能期望于提高民智与民德，从而使民意代表天意。实际上，当代很多西方的民主理论者，恰恰是希望从当今民主制度内部进行改良，来改变现行民主制度下民意不可靠的状态。与蒋庆不同，在《旧邦新命》的第二、三章里，笔者给出了对上述问题的回答（白彤东2009，21—77）。

在一些具体观点上，比如，蒋庆随意地断言君主制是古代生态没有被破坏的政治原因（蒋庆2010，78）。他又声称人民主权是西方直线思维的产物；西方思维方式是二元的、非此即彼的（蒋庆2010，18和38）。但是，这种西方人与中国人如何如何的说法不也是一种非此即彼的、直线的、偏执的思维方式的结果吗？

就一些具体制度设计而言，比如，他在议会中民选的庶民院之上加了国体院与通儒院，而在这三院之上又加了虚君和太学。这些分支都带有精英色彩，但是如此重叠的设计，是否有过度精英的问题？这种重叠是否会导致政治运行不畅？如果这些非民选设计的机构之成员没有达到蒋庆一厢情愿让他们达到的功能，我们又有什么办法？

在蒋庆的太学监国制中，有一点笔者非常欣赏，即现代史官实录制度和现代谥法制度（蒋庆2010，134—135）。但是，这些制度的基础何在？蒋庆对此有基于其儒教的"神学"论证。但是，他也给出了笔者、恐怕也是很多人都能接受的政治哲学论证。这些制度可以起到监督执政者的功能。并且，当执政者不得不想着他们的政策在历史中的后果时，他们的考量就有可能跳出短期的物质利益。有意思的是，经济学家盛洪也给出了类似论证，并支持了史官和谥号制度（盛洪2010）。这也显示了政治哲学论证的普适性。并且，蒋庆还指出，这种理想的史官制度在历史上的问题在于它不独立于皇权，并因而受到干涉。所以，他要求史官要独立乃至高于其他所有国家权力机构。笔者认同他对史官独立的论述,但是对论述其高于其他机构的部分有保留。

关于虚君共和,笔者也认为国家的连续性和神圣性是个重要问题。一个国家需要一种统合的力量来维系。但是,当代中国一些学者从西方民族国家理论出发,认为只有采取民族国家的概念中国才能现代化。但是,"中国人"和与其相关的概念(比如与"夷狄"对别的"华夏")至少自周代以降就是个文化概念,而不是种族或西方意义上的民族概念。这比起民族国家的概念有很多优越的地方。比如,它不基于一种从狭隘民族意义出发的敌我划分,而更具有包容性。③ 因此,笔者认同蒋庆试图用一个文化象征来统合中国的想法。但是,在西方的虚君共和制度中,很多君主或者成了彻底的摆设,或者因其个人德行的卑下伤害了国家形象。因此,笔者认为蒋庆的安排不是最好的。如果只是维护国家的连续性与神圣性,我们为什么不可以诉诸爱国主义教育呢?这样,我们可以让具体的山川、历史之后那个抽象的国家精神作为我们国家的"虚君",维护一个国家的神圣与连续。这不但回避了以某个人为虚君的可能危害,还将人民对国家的热爱引导到对吾土吾民的具体情感之中。

在蒋庆构想的制度框架中,通儒院、虚君、太学都是根据儒家之经义而设的。但是,在中国这个多民族、多宗教、多文化的社会里,这种基于儒家之经义[的一种特殊解释]之机构的普遍合法性和包容性就成了问题,更不用提这种设计的全球普遍性。当然,在蒋庆构想的议会三院中,国体院考虑了种族与宗教多元。但是,第一,这种对多元之包容的理据何在?第二,这个国体院的多元,可谓是"去势"的多元。这是因为,在政治制度上,儒教是被独尊的,这并没有给其他宗教、文化以参与的余地。当然,西方自由主义下的多元主义,也是去势的多元主义。具有侵略性的不宽容的教义也不被包容。这里面的问题是去势的程度。第三,当代西方在制度和教育中也有不少多元的安排。国体院是不是就比西方的这些安排更好呢?

国体院的一个功能,是维持国家的历史文化延续(蒋庆 2010,74—78)。但是其成员真的能做到维系文化传统吗?这一院的成员之一类,是前帝王之后,比如,蒋庆提到了刘备的后人,并指出这个人为保护祖庙不被淹没,就不会支持修建三峡大坝(蒋庆 2010,91—92)。蒋庆这里已经认定,修建三峡大坝是件坏事情。但是,如果它是好事情,那么它就因为这个后人的反对无法成功。一般地讲,这是让国家利益受制于某个人或宗族的私利。并且,又有谁能保证刘备的这

---

③ 在白彤东 2010 中有较详细的论述。

个后代没有其他利益上的考量,比如可以升官发财,从而会支持修筑三峡大坝呢？当然,蒋庆还指出,保护刘备这一汉室正统之宗庙反映了一般的文化合法性。但是,我们凭什么认可刘备是汉室正统呢？那[在中国政治、文化上可能比刘备贡献更大的]曹操的后人怎么办呢？更一般地讲,我们如何处理中国历史上朝代更替时(尤其是外族政权、分裂时的小国)的正统问题呢？并且,如果建三峡大坝违背了中国人之长远利益或文化连续而应该被反对,刘备的后人进不进国体院实际上对反对建三峡大坝没什么关系。我们只要要求议会的这一分支之成员不要受制于短视的物质利益的考虑就可以了。如果是这样,我们其实用不着有一个国体院,而只要有由达到上述要求的成员组成的议会的一个分支就可以了。笔者认为,蒋庆的国体院和通儒院所想要达到的功能,完全可以由笔者设计的贤士元老院来承担。

从《政治儒学》到《政治儒学·续编》,蒋庆为儒学的复兴,尤其是号召人们对其政治哲学层面的关注,都做出了贡献。蒋庆在对儒家原则的认真坚持上,有很多既维系传统,又独具创意的观点。但是,像上面提到,笔者以为,儒家要还能辨护其在当代的正当性与相关性,就必须首先回到儒家之精神本身,而不是一个局限于特定时代的教条系统。然后我们又必须回到当今的政治现实,展示我们如何可能以儒家精神回应现实问题。这种阐旧邦以赋新命,不但是要解决中国的问题,还是面对全世界、全人类的问题。这样,儒学的复兴,不但是为了中国人之福祉,还是为了全球政治之改善。

## 参考文献

白彤东(2009),《旧邦新命:古今中西参照下的古典儒家政治哲学》。北京:北京大学出版社。
——(2010),"民族(国家)认同的哲学反思",文稿。(此文稿是基于英文稿修改而成。这个英文稿,"Philosophical Reflections on National Identity",将收录于 *Teaching the Silk Road: Reflections and Pedagogical Essays for College Teachers*,139—155,The SUNY Press, forthcoming。)
蒋庆(2010),《政治儒学·续编——王道政治与儒教宪政:未来中国政治发展的儒学思考》,文稿(2011年,华东师范大学出版社以此文稿为基础,推出了《再论政治儒学》)。
钱穆(2005),《中国历代政治得失》。北京:三联书店。
Rawls, John (1999), *The Law of Peoples with "The Idea of Public Reason Revisited"*, Cambridge, MA: Harvard University Press.
盛洪(2010),"积善之家,必有余庆——论儒家宪政原则的历史维度",文稿。

# 三才之道与王道政治

韩　星①

最近,许多人都在谈论马丁·雅克在《当中国统治世界》一书中提出的观点,随着中国的崛起,中国将取代西方国家在各个领域的主导地位——西方将丧失文明操纵权,世界将按照中国概念重新塑造。雅克深信,以儒家思想为基础的中国在崛起过程中必然要挑战西方原则。这虽然是西方人站在他们的立场上对中国崛起的回应,但无疑也含有无可奈何的忧虑西方衰落、抑制中国崛起的忧患意识。对此我们没有必要沾沾自喜,还应该有同样的忧患意识,直面现实,顺势利导,以数千的古圣先贤的经典及其价值观念、道德理想作为我们今天社会和政治变革的智慧源泉和思想资源,为中国的前途命运、世界的未来发展提供一些积极的思考。

## 一、三才之道及其思想演变

中国传统蒙学文化的经典《三字经》说:"三才者,天地人。"三才指天、地、人,古人常以三者相提并论探索宇宙的构成规律。《说文》释三曰:"三,天地人之道也。于文,一耦二为。三,成数也。"段玉裁注:"三画而三才之道在焉,故谓之成数。"天能生物,地能载物,天地万物群生,唯人有智慧,唯人能裁剪天地及其万物。天地定位后,人居中而立,与天地浑然,融为一体,这一世界构成意味着宇宙万物的"齐全、骇备"。在古人看来,天地人的关系是一个由宏观而微观的层次结

---

① 陕西师范大学儒学—儒教研究所所长,历史文化学院教授。

构,其间存在着相互制约和统一性。应该看到,古人在天、地、人对应论中,既有规律和必然性,又有模拟和比附,还有人为的构想,也不乏神秘性。三才之统一和合,就是时间对空间的统摄,人对自然的利用和应合,同时也是先民对世界整体的看法,后来成为研讨一切事物所共通的理论出发点和框架、模型。因此,"三才"作为一种宇宙观,贯穿于中国古代政治、经济、道德、伦理之中。

"三才"的最早文字记载是《易传》,然追根溯源至少要到原始社会晚期。下面我将从考古文物所潜存的文化现象做一分析探讨。

从考古文物所蕴含的文化意识,也可以证明"三才"观念至少在原始社会晚期就萌芽了。20世纪80年代末,在河南濮阳西水坡出土了一组原始社会晚期的墓葬,其中一组蚌壳图最引人注目。此墓是许多墓葬群中最大的,里面结构大致如图:

**河南濮阳西水坡仰韶文化第一组蚌壳龙虎图**(《文物》1988年第3期　图一一八)

墓室上方(南)呈弧形,下方(北)呈方形。左边是蚌龙,右边是蚌虎,墓主安卧在墓室居中偏南。从整个构图上看,冯时先生解释说,墓主头顶方形窟窿状,模拟天空;左右两侧各作弧形向外凸起,表示东方天与西方天的弧面;墓脚下呈方形,大地。整个墓室平面是模拟"天圆地方"的"盖天说"宇宙论布置的,墓主人居中,头顶苍天,脚踩大地,说明墓主身份曾是原始部落的酋长或早期部族国家的国王。②

另外,一些神话传说当中也有三才观念的形象化表述。盘古开天辟地的神话,三国时期的徐整在《三五历纪》和《五运历年纪》中有较为详细地记录:

> 天地浑沌如鸡子,盘古生其中。万八千岁,天地开辟,阳清为天,阴浊为地。盘古在其中,一日九变,神于天,圣于地。天日高一丈,地日厚一丈,盘古日长一丈,如此万八千岁。天数极高,地数极深,盘古极长。后乃有三皇。

---

② 冯时:《河南濮阳西水坡45号墓的天文学研究》,《文物》1990年第3期。

数起于一,立于三,成于五,盛于七,处于九,故天去地九万里。

　　天气蒙鸿,萌芽兹始,遂分天地,肇立乾坤,启阴感阳,分布元气,乃孕中和,是为人也。首生盘古,垂死化身;气成风云,声为雷霆,左眼为日,右眼为月,四肢五体为四极五岳,血液为江河,筋脉为地里,肌肉为田土,发髭为星辰,皮毛为草木,齿骨为金石,精髓为珠玉,汗流为雨泽,身之诸虫,因风所感,化为黎氓。

至于三皇(天皇、地皇、人皇)的传说,到目前为止,还没有确切的说法。遍览史书,"三皇"之说大致有三个版本:一说称"三皇"为天皇、地皇、泰皇,如《史记·始皇本纪》中的李斯奏议说:"古有天皇,有地皇,有泰皇,泰皇最贵。";二说把"三皇"演变为天皇、地皇、人皇,这是汉朝时的说法,如《春秋纬·命历序》以为三皇是天皇,地皇和人皇,用人皇代替了泰皇之位。三说则认为"三皇"是伏羲氏、神农氏、轩辕氏(轩辕氏也有说是燧人、祝融、女娲等不同说法)。其实,以上三个版本的"三皇"之说,学者普遍赞同是"天皇、地皇、人皇"之说。另据史学家研究认为,"三皇"是古代人们杜撰的神话,现实中无其人也。本人也赞同这一说法,唐司马贞补《史记·补三皇本纪》说:"天地初立,有天皇氏,十二头。澹泊无所施为,而俗自化。木德王,岁起摄提。兄弟十二人,立各一万八千岁。地皇十一头,火德王,姓十一人,兴于熊耳、龙门等山,亦各万八千岁。人皇九头,乘云车,驾六羽,出谷口。兄弟九人,分长九州,各立城邑,凡一百五十世,合四万五千六百年。"这些神话传说虽然出现比较晚,也可以作为上古三才观念萌芽的佐证。

殷周时期,天神、地祇、人鬼都是人们崇拜的对象,这从宗教角度也可见得一种"三才"的观念。殷人重视占卜,以牛骨、龟甲这些地上的圣物作为占卜工具,以从中探知天界神灵的意志,并作为地上王国一切大事的决策性意见。殷代神灵分自然神,如日月星辰、风云雷雨、山川草木、花鸟虫鱼等,都被赋予神格,其他就是天地间的万物。这是一种典型的泛神论。还有是人王,包括殷人的始祖、远祖、近祖构成的庞大群体。殷代天界和地界被分成严格的两大区域,帝是天界统治者,同时也是下国的统治者。上帝能呼风唤雨,祸福人间,指挥自然神统治人界。在人当中能接近上帝的唯有人王,所以人王成了天界与人界沟通的中介。至迟到了西周,周人虽然还保留了至上神的地位,但随着阴阳观念的产生,泛神论的(先王、现王)原始宗教走向了理性化、世俗化,其中发生显著变化的有二:一是神性的重要性有所减弱,德性(人界)的重要性有所强化,人的整体地位有所提高。二是被神格化的天地自然逐渐被揭开了神秘的面纱,人们对天地的认识逐渐模式化了，形成了"天—地—人"统一的思维框架，这可以从《周易》的形成看出。

《周易》是周人筮占材料的总结，其中积淀了十分丰富的原始文化观念，也可以说是原始人在总结自己思想观念的基础上逐渐形成的一种系统的以筮卜为基础的哲学体系。关于《周易》的起源，《易传·系辞》说："古者包牺氏之王天下也，仰则观象于天，俯则观法于地，近取诸身，远取诸物，于是始作八卦，以通神明之德，以类万物之情。"这既说明了《易》的基础八卦始见于史前的包（伏）牺氏时期，也说明这时期已经有了三才观念的萌芽。八卦以其独特的象征形式，将天地人三者概括起来，八卦也便成为三才观念的简洁表达。传说文王被拘囚期间，有"演易"之举，形成了由卦爻符号的筮辞组成的占卜体系。《庄子·天下》说："《易》以道阴阳。"《周易》主要由阴阳两个符号组成8经卦，又两两重组成64卦，再用64卦及其包含的384爻的变化来象征性地解释天地万物以及人的关系及规律，昭示吉凶祸福。这样，就产生了天地作为阴阳两者最基本的自然象征，在卦中具体的就是乾坤二卦为基本模式而展开的。所以，"三才"概念的提出虽然在后来的《易传》之中，而基本观念在《易经》中就有了。

三才之说到了春秋战国，经历了"道术为天下裂"的史无前例的思想分化，浅近地看诸子百家，各驰竞说，似乎是对以礼乐文明为核心的西周文化一次全面的否定和冲击，显示了思想文化多元化的辉煌；然而深入地看，这个时期的思想发展仍然在"天—地—人"三才的大框架中演进，只不过各家各派都是一种"片面的掘进"——从不同的方向、角度具体化、深刻化了某些方面，某些内涵，使三才观念有了进一步的深入发展，其特点是从自然及于社会，从哲学及于伦理，逐渐发展为三才之道，不同的思想学派著述中都有不同程度的反映。天地人和谐统一成为春秋以降的普遍思想，各家各派（尤以儒家）都不反对此说。

子产说："夫礼，天之经，地之义也，民之行也。天地之经，而民实则之。"（《左传·昭公》二十五年）强调礼的"天经地义"的本原意义，为民之遵循礼仪规范张目。"天道远，人道迩，非所及也，何以知之？"（《左传·昭公》十八年）说明天道与人道之分。

《老子》第25章云："道大，天大，地大，人亦大。域中有四大，而人居其一焉。"老子是道含三才。《老子》第7章云：

> 天长地久，天地所以能长且久者，以其不自生，故能长生。是以圣人后其身而身先，外其身而身存；以其无私，故能成其私。

天能长,地能久;人既已与天地相鼎立,自也应该长且久。怎么长久? 自然是修道立德,与道合一。所以他又提出:"人法地,地法天,天法道,道法自然。"(第25章)此即说明三才一贯之义是人要效法天道自然。天地万物都不能违背自然之理,人也不能。

《庄子》以"道"为最高和唯一的哲学范畴,把天或天地作为根本的自然实体,也在三才模式之中,但有更多的"二分"倾向,即由天、地、人"三分"转向天地与人或天与人"二分"。如"天其运乎? 地其处乎? 日月其争于所乎? 孰主张是? 孰维纲是? ……"(《天运》)"天地虽大,其化均也","故通于天地者德也,行于万物者道也。"(《天地》)"何谓道? 有天道,有人道。无为而尊者,天道也;有为而累者,人道也。"(《在宥》)

《管子·五辅篇》:"上度之天祥,下度之地宜,中度之人顺,此所谓三度。"《管子·宙合》:"天不一时,地不一利,人不一事。"《管子·君臣上》:"天有常象,地有常刑(形),人有常礼,一设而不更,此谓'三常'。"天、地、人三者是宇宙的基本构架,都在运动变化,但其中寓有"常"、"则"(规律)。

孟子很有名的一句话:"天时不如地利,地利不如人和"(《孟子·公孙丑下》)已经为人所熟悉,其中强调了"人和"的特别重要性,对中国文化的主体意识、能动意识影响深巨。不过,从孟子开始大量出现了天地合言而与人对举或单言天(包含并代替地)而与人对举的倾向,如孟子:"是故诚者,天之道也;思诚者,人之道也。"(《孟子·离娄上》)说明"诚"是沟通天、地、人的"实理"而非虚言。

荀子论三才之道云:"天有其时,地有其财,人有其治,夫是之谓能参。舍其所以参,而愿其所参,则惑矣!"(《荀子·天论》)荀子的基本观点是"天人相分",所以他说天、地、人各有所长,"天有其时,地有其财,人有其治",既有了"所以参"之资,又有了"能参"之能,方可完成"所参"之愿。荀子的兴趣,在人(君子)之所以参和所参,故有所谓"天地生君子,君子理天地"之说③。所以,他实际上是十分注重人(君子)作为三才之一的主动性和主体性的,这也使他的"天人相分"没有发生西方文化中的天人分裂,他的天人相分还是在天、地、人的大框架之中的更细致的分疏。

《大戴礼记·礼三本》说:"故礼,上事天,下事地,宗事先祖,而宠君师,是礼之三本也。……"这样,就以礼统摄了"三才",或者说是三才成为礼的本质特征。

《易传》对三才之道议论精当完备。《易·系辞下》说:"……《易》之为书也,广大悉备:有无道焉,有人道焉,有地道焉,兼之而两立,故云。六者,非它也,三

---

③ 庞朴:《对立与三分》,《中国社会科学》,1993年第2期。

才之道也。"这就是说，《易》这部书的内容之所以广大而完备，博大而精深，就因为它专门系统地研究了天、地、人三才之道。六画卦之所以成其为六画卦，就是由于它兼备了天、地、人三才之道而两两相重而成的。所以说，六画卦，并非是别的什么东西，而就是天、地、人三才之道。《易纬干凿度》说："孔子曰：《易》有六位三才，天、地、人道之分际也。三才之道，天、地、人也。"孔颖达疏："此节明三才之义，六爻相杂之理也。'六者，非他，三才之道也'者，言六爻所效法者，非更别有他义，唯三才之道也。"④意思是说易卦所以规定六画而是基于对三才之道的观察，一卦之中一（初）二爻为地，三四爻属人，五六（上）爻属天，一卦之中包括了天道地道。使天地人三材之道各占两爻而包容于卦画之中，这就叫做"兼三材而为之"。因此，可以说《易》这部书广大悉备的，包含了整个世界的知识和道理。

《系辞传》虽提出了"三才"，却没有说明"三才之道"是什么，《说卦传》回答了这个问题。《说卦传》说："昔者圣人之作易也，将以顺性命之理，是以立天之道曰阴与阳，立地之道曰柔与刚，立人之道曰仁与义，兼三材而两之，故易六画而成卦。"这是对天、地、人三才之道的内涵的界定。所谓天道为"阴与阳"，是就天之气而言的，是指阴阳之气。所谓地道为"柔与刚"，是就地之质而言的。所谓人道为"仁与义"，是就人之德而言的，是指仁义之德。而人道之所以为"仁与义"，乃是由于人禀受了天地阴阳刚柔之性而形成的。"性"即万物的本性，"命"即事物发生、消亡的规定，"理"即天地万物的规律，"顺性命之理"就是指《易》的卦爻系统及其规则都是为了顺应人及万物的本性与规律。这就是说，《周易》通过六画成卦，还表达了阴阳、刚柔、仁义之理。依《易经》之说，易的符号体系是根据天地人三才的关系建立起来的，其结构就生动地体现在卦象中。易每卦六爻，分天、地、人三位。其中初爻、二爻为地位，三爻四爻为人位，五爻上爻为天位。也就是说，易六卦，上面二爻为天，下面二爻为地，中间二爻为人，这样，就象征了人立天地之间，能够沟通天地，参而和之。至此，我们就可以联系上面的疏释，以"豫"卦为例，做出如下图示：

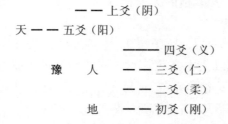

④ 阮元：《十三经注疏》（上册），北京：中华书局，1979，第70页。

因此,概括地说,所谓"天道"是指日月星辰运行及天象变化的法则、规律;所谓"地道"指地形、地势、地貌及万物生长变化的规则、规律;所谓"人道"指人类社会的生成过程和活动法则,包括人的自然本性和道德伦理规范,以及群体的典章制度、组织原则等等。

这种天道、地道、人道合一的思想在帛书《易之义》与《二三子问》《要》中也有明显的表现,不过是把易道与三才之道合言的。在《易之义》中,是易义与天义,地义、人义(文臣之义、武将之义)、物义合一。义犹道也。而在帛书《要》中尤为集中。《要》云:"'易'又(有)天道焉,而不可以日月生(星)辰尽称也,故为之以阴阳;又(有)地道焉,不可以水、火、金、土、木尽称也,故律之以柔刚;又(有)人道焉,不可以父子君臣夫妇先后尽称也,故要之以上下;又(有)四时之变焉,不可以万勿(物)尽称也,故为之以八卦。故《易》之为书也,一类不足以亟之,变以备其请(情)者也,故谓之易;又(有)君道焉,五官六府不足尽称之,五正之事不足以至之……不问于古法,不可顺以辞令,不可以志善。能者由一求之,所谓得一君(群)毕者,此之谓也。"天地人的阴阳、柔刚、上下、变化都用《易》的符号语言刻画描绘出来了,这比《易传》的阐释似乎更为详尽,贯穿了易道与天道、地道、人道合一的思维模式。

《黄老帛书》也屡次论及"天、地、人",如"王天者之道,有天焉,有人焉,又(有)地焉。参(三)者参而用之。□□而有天下矣"。"故王者不以幸治国,治国固有前道,上知天时,下知地利,中知人事。"(《十大经·前道》)为什么?因为天、地、人虽为一体,但又有各自不同的规律和职能。

三才之道在《吕氏春秋》中得到比较成熟和圆满的完成。其大框架是天、地、人的统一,而且更注意了其中的具体内容的充实和相互关系的圆融。在这样的总体思想指导下,全书分十二纪、八览、六论,共160篇。其中十二纪把各种自然事物和人事活动按五行法则、依照四时运行的次序进行了分类、配属和说明,天、地、人万物是一体化的有机整体思想就集中而具体地反映在十二纪之中。《有始》说:"天地万物,一人之身也。此之谓大同。"把"大同"定义为天、地、人、万物犹一人之身一样是有机和谐的整体。在这个在整体中的事物之间都存在着广泛的联系,相互制约,相互影响:"天行不信,不能成岁。地行不信,草木不大。春之德风,风不信,其花不盛。花不盛,则果实不生。夏之德暑,暑不信,其土不肥。土不肥,则长遂不精。秋之德雨,雨不信,其谷不坚。谷不坚,则五种不成。冬之德寒,寒不信,其地不刚。地不刚,则冻闭不开。"(《贵信》)

董仲舒虽然也继承了三才模式来构架其理论体系,却把重心放在了"天"上,并且把"天"更多地神学化了,而不是哲学化了。他总把重心往"天"上引,说:"天地与人,三而成德。由此观之,三而一成,天之大经也。以此为天制,是故礼三让而一节,官三人而成一选。"(《春秋繁露·官制象天》)他还说:"天者,百神之大君也。"(《春秋繁露·郊语》)"天者万物之祖,万物非天不生。"(《春秋繁露·顺命》)以天为有人格、有意志的宇宙万物的主宰者和缔造者。但天又毕竟不是西方文化的上帝,它没有自己独立的形体,它就寄予大自然之中,它的目的、意志和主宰功能,必须通过大自然的各种现象来体现,在这个意义上说,董仲舒的"天"就又有自然之天的涵义。同时,他又给这个"天"赋予了许多道德观念,因此他的"天"又具有道德之天的涵义。他说:"天常以爱利为意,以养长为事;春、秋、冬、夏,皆其用也。"(《春秋繁露·王道通三》)这样就使天的仁爱之心和自然界的运动变化(四季的生长收藏)联为一体。

《黄帝内经》强调人为天地合气而生:"人生于地,悬命于天;天地合气,命之曰人。人以天地之气生,四时之法成。"

王充在其《论衡·祭意篇》中说道:"王者父事天,母事地,推人事父母之事,故亦有祭天地之祀。"说明作为人的首领的王者是在代表人表达对天地和合生养人类的感恩之情、崇敬之意。

魏晋时刘勰认为有天文、地文、人文,三者息息相关,失一不可。他说:"日月者,天之文也;山川者,地之文也;言语者,人之文也。天文失,则有谪蚀之变;地文失,则有崩竭之灾;人文失,则有伤身之患。"(《刘子》卷六)

宋明理学家仍然谈三才,也多言"天人合一"。张载解释《易·说卦》的三才:"易一物而三才备:阴阳,气也,而谓之天;刚柔,质也,而谓之地;仁义,德也,而谓之人。"《西铭》说:"乾称父,坤称母。予兹藐焉,乃混然中处。故天地之塞吾其体,天地之帅吾其性。民吾同胞,物吾与也。"以天地为父母,人的形体和本性都像父母的遗传一样禀受于天地,人与天地之间的万物都自然是同胞兄弟。人就是天地之心,天地是放大了的人"体"。人之心乃是天地的统帅,离开了"人",世界就没有意义。张载更多的是谈"天人合一"。虽然此前已经有了"天人合一"的观念,但他是中国哲学史上第一个明确地提出了这一概念的学者:

> 儒者则因明致诚,因诚致明,故天人合一,致学而可以成圣,得天而未始遗人。(《正蒙·乾称》)

> 天人异用,不足以言诚;天人异知,不足以尽明。所谓诚明者,性与天道不见乎小大之别也。(《正蒙·诚明》)

程颢有与张载类似的观念,他说:"人与天地一物也,而人特自小之,何耶?"(《程氏遗书》卷十一)"天人本无二,不必言合。"(《程氏遗书》卷六)程颐对天人合一有更详尽的议论,认为道一开始就没有天、人之分:"道未始有天人之别,但在天则为天道,在地则为地道,在人则为人道。"(《程氏遗书》卷二十二)这个"道"实际上就是"性",即天、地、人各各所得之"道"而成之"性"。值得注意的是他着重强调天地人在其体性上是有区别的,即天文、地理与人伦各不相同,但在"道"的层次上是相通的,更强调天道与人道的同一性,即"道一也,岂人道自是人道,天道自是天道?"(《程氏遗书》卷十八)

陆象山说:"儒者以人生天地之间,灵于万物,贵于万物,与天地并而为三极。天有天道,地有地道,人有人道。人而不尽人道,不足与天地并。"(《象山全集》卷二《与王顺伯》)

朱熹以"天理"贯通天地与人,他说:"未有天地之先,毕竟也只是理。有此理便有天地,若无此理,便亦无天地,无人无物。"(《朱子语类》卷一)理以气为中介,构成具体事物。人作为万物中的一部分,自然是理的体现者,所以他的"天人合一"实际上是天人合于一理。

王阳明认为"心外无理","心外无物",《传习录》卷下载门人溆丸川录问他说:"你看这个天、地中间,什么是天、地的心?"对曰:"尝闻人是天地的心。"曰:"人又什么叫做心?"对曰:"只是一个灵明。"……"我的灵明,便是天、地、鬼、神的主宰。天没有我的灵明,谁去仰他高?地没有我的灵明,谁去俯他深?鬼、神没有我的灵明,谁去辩他吉、凶、灾、祥?"因此,他的"天人合一"是天地与人合于一心。

清初王夫之对天人相通有更明确的论述:

> 天降之衷,人修之道。在天有阴阳,在地有仁义;在天有五辰,在人有五官。形异质离,不可强而合焉。所谓肖子者,安能父步亦步,父趋亦趋哉?父与子异形离质,而所继者惟志。天与人异形离质,而所继者惟道也。(《尚书引义》卷一)

即从形质来说,天与人是"异形离质"的,不可强合;从道来说,天与人有"继"的关系,二者在"道"的层面是相通的。这就是反对董仲舒的"人副天数",而赞同二程的"天道"与"人道"的同一性。

戴震把天文与人文分为"天文、地义、人纪"三纲,认为三者既有联系又有区别,既有合又有分,共处于文化宇宙的大化流行之中。他说:"凡天之文、地之义、人之纪,分则得其专,合则得其和。分也者,道之条理也;合也者,道之统会也。"(《戴东原集》第八《法象论》)这就是说,天文、人文本为一文,天道、人道本为一道。古代圣贤仰观天文,俯察地理,中痛人事,达到与天地合其德,与四时合其序。

近代以来受西方文化影响,学者多把"天地"置换为"自然"(注意:不是我们古代的"自然",中国古代的自然是"自然而然"的意思),习惯把"天人合一"解释为"人与大自然和谐相处"等,对"地"的研究和探讨不够,甚至好像遗忘了给我们直接生活资料,生养我们的"大地母亲"。这也许是因为在历史上"母亲"(地)一直俯伏在"父亲"(天)的脚下,使我们儿女们自觉不自觉的吮吸着"母亲"的乳汁长大,穿着"母亲"给的衣服,吃着"母亲"给的食物,却对"母亲"没有感恩之情,尊敬之意,甚至还不断地破坏,使我们生存的最切近的生态环境(山川河流、花草树木、鸟兽虫鱼)日益恶化,导致了我们人类生存的空前危机。

## 二、三才一体,人为主体

在中国古人的观念中,天与地是不同的,是各有功能、不可替代的,最典型的就是《易传》对天地本性的阐述。《易传》中《象》《彖》《文言》《序卦》《说卦》都以乾为天,以坤为地。《象》强调乾坤两卦代表天地,提出"天行健,君子以自强不息",以乾为天之运动的刚健性质,要求君子取法于天行的健动不止,在个人的修养方面自强不息。《象》又提出"地势坤,君子以厚德载物",以坤代表地的厚重顺承的性质,要求君子像大地一样,以博厚的德行待人待物。

《彖》云:"大哉乾元!万物资始,乃统天。云行雨施,品物流形,大明终始。六位时成,时乘六龙以御天。乾道变化,各正性命。保合大和,乃利贞。"乾者,天之功能也。孔颖达说:"此乾卦本以象天","而谓之乾者,天者定体之名,乾者体用之称,故《说卦》云:'乾,健也。'言天之体以健为用。圣人作《易》本以教人,欲使人法天之用,不法天之体,故名乾不名天也。"这就是说,天道是一切的根源,万事万物,流变凝聚,成为万有品类的形质,都是它的功能。它是宇宙光明自始自终的能源。它的生长、发展、变化的过程,包含了六个位的程序,形成宇宙的作用,犹如六龙驾御天体运行一样。由于乾道变化,万有物类各得性命,保持了与原初状态的和谐一致性,这才更有利于贞洁的生命体。乾是天的功用,天是体,乾是用。

《彖》云:"至哉坤元,万物资生,乃顺承天。坤厚载物,德合无疆。含弘光大,品物咸亨。"乾道既立,坤道自然不爽。古往今来万物赖地生长,坤体柔顺地承受了天道法则而资生万物,其德性正大而以至达到无边疆域,并含有弘博光明远大的功能,使万类都因此而亨通成长。另外,坤道还有直、方、大的三德。

《序卦》云:"有天地然后万物生焉。……有天地然后有万物,有万物然后有男女,有男女然后有夫妇,有夫妇然后有父子,有父子然后有君臣,有君臣然后有上下,有上下然后礼仪有所错。"这就是说,天地间阴阳二气交合才能化生万物,有万物才能产生男女、夫妇、父子、君臣、上下、礼仪,万物离开天地就无法生存。《系辞下》云:"天地絪缊,万物化醇,男女构精,万物化生。"天地间阴阳二气交融,万物才能变化而完美;阴阳雌雄两性交合,万物才能产生变化。这就从男女两性交合衍生后代直观地得出天之阳气与地之阴气相交产生万物的思想,说明古人是把天和地看成性质不同而又可以和合的两个东西。

至于人,在天地之间处于一个居中的地位,沟通天地,又具有天地之性,人在天地之间的特殊性决定了只有人才能使天地人三者合为一体。天地人一体的观念在上面对于三才观念的历史梳理中已经得到充分展示,这里还需要补充的是宋儒"天地万物一体之仁"之说。二程说:"医书以手足痿痹为不仁,此言最善名状。仁者以天地万物为一体,莫非己也。认得为己,何所不至;若不属己,自与己不相干。如手足之不仁,气已不贯,皆不属己。"(《河南程氏遗书》卷二)医学上通常说人的手足麻木不仁,意思就是指手足与己无干。人得了痿痹病,就表现为手足麻木不仁,觉得手足与自己没有关系。反之,仁爱则是指手足与己相干而为一体。具有仁爱之德的人与天地万物的关系与此非常相似,凡有"仁"德天性的人都能与天地万物密切相干而为一体,能够体现仁爱的人能够与天地万物感通,把天地万物看成是与自己息息相关的有生命力的整体,把天地万物看成是自己的生命的一部分,故能爱人爱物,如同爱己。

王阳明认为:"大人者,能以天地万物为一体者也。其视天下犹一家,中国犹一人焉。若夫间形骸而分尔我者,小人矣。大人之能以天地万物为一体也,非意之也,其心之仁本若是,其与天地万物而为一也。岂惟大人,虽小人之心,亦莫不然,彼顾自小之耳。是故见孺子之入井,而必有怵惕恻隐之心焉,是其仁之与孺子而为一体也。孺子犹同类者也,见鸟兽之哀鸣觳觫而必有不忍之心焉,是其仁之与鸟兽而为一体也。鸟兽犹有知觉者也,见草木之摧折而必有悯恤之心焉,是其仁之与草木而为一体也。草木犹有生意者也,见瓦石之毁坏而必有顾惜之心焉,是其仁之与瓦石而为一体也。是其一体之仁也,虽小人之心亦必有之。"(《阳明全书》卷二十六《大学问》)在阳明看来,大人之所以能"以天地万物为一体",乃是出于"其心之仁"的显现,全然无私利计较之意。而这个仁心,人人固有,只是小人因躯壳的自我限定,蔽于私欲,不能时时呈现仁心的感通作用,所以有物我之分,而无一体之感。虽然如此,当仁心一旦真实呈现时,感通之情油然而生。故见孺子入井,恻隐之心自然流露,思以救之,不救则心不安。由此而言,恻隐之心已与孺子相感通,成为一体,孺子之伤痛即我之伤痛。同样,人见鸟兽、草木与瓦石不得其生、不得其所,也会有不忍、悯恤、顾惜之心。也就是说,人通过这些感应活动就与鸟兽、草木、瓦石成为一体。

古人认为天地人一体,但人在天地之间又有特殊的价值和地位,居中而立,为天地之中介,把二元对待的天地有机地联系成一个整体,并且参赞、调谐天地万物之化育。换句话说,就是在人与天地的三才关系中强调人既是天地的产物,也是参赞、调谐天地万物之化育的主体。天地人一体观重视人类生命活动的实践意义和社会意义,从而实现了人的主体性,表现出主体思想的特征。所谓主体思想,就是重视主体即人在天地之间的地位和作用,强调人作为主体在实现天地人一体方面能起到决定性作用。

《尚书·泰誓上》强调"惟天地万物之母,惟人为万物之灵",《孝经》中则借孔子的名义说:"天地之性,人为贵。"(《孝经·圣治》)这句话中的"性"字,是"生"的意思。宋人邢昺解释说:"性,生也。言天地之所生,惟人最贵也。""夫称贵者,是殊异可重之名。"(《孝经注疏》卷五)荀子说:"水火有气而无生,草木有生而无知,禽兽有知而无义,人有气有生有知亦且有义,故最为天下贵也。"(《荀子·王制》)荀子用比较的方法,从现象上说明了为什么天地万物中人最为贵的道理。《礼记·礼运》认为:"人者,其天地之德,阴阳之交,鬼神之会,⑤五行之秀气也。"在天地万物之中,人有突出的价值,人是一个具有感性、能够创造、能够进行自我发展的万物之灵。董仲舒说:"天德施,地德化,人德义。天气上,地气下,人气在其间。……故莫精于气,莫富于地,莫神于天。天地之精所以生物者,莫贵于人。"(《春秋繁露·人副天数》)"人受命于天,固超然异于群生。……是其得天之灵,贵于物也。"(《汉书·董仲舒传》)人和万物都禀气而生,由于人禀精秀之气故而人为贵。周敦颐《太极图说》云:"二气交感,化生万物,万物生生,而变化无穷,惟人也得其秀而最灵。"邵雍《皇极经世书·观物内篇》云:"人之所以能灵于万物者,谓其目能收万物之色,耳能收万物之色,鼻能收万物之气,口能收万物之味。"《皇极经世书·观物外篇》又云:"惟人兼乎万物,而为万物之灵。如禽兽之声,以类而各能其一,无所不能者人也。推之他事亦莫不然。惟人得天地日月交之用,

---

⑤ "鬼神之会"是指形体与精神的会合。如唐孔颖达解释说:"鬼谓形体,神谓精灵。《祭义》云:'气也者,神之盛也;魄也者,鬼之盛也',必形体精灵相会,然后物生,故云'鬼神之会'。"(孔颖达《礼记正义》卷二十二)

他类则不能也。人之生,真可谓之贵矣。"人能够兼收万物之能,得天地日月之用,故可云为万物之灵,贵于万物。这是对人在天地万物之间尊贵地位的肯定。朱熹发挥荀子"水火有气而无生,草木有生而无知,禽兽有知而无义,人有气有生有知亦且有义,故最为天下贵也"一段云:"天之生物,有有血气知觉者,人兽是也;有无血气知觉而但有生气者,草木是也;有生气已绝而但有形质臭味者,枯槁是也。是虽其分之殊,而其理则未尝不同;但以其分之殊,则其理之在是者不能不异。故人最为灵,而备有五常之性,禽兽而昏而不能备,草木枯槁则又并与其知觉者而亡焉。"(《答余方叔》)这就进一步探讨了人之所以尊贵的原因,即人具有禽兽草木所没有的知觉和道德。

  人的主动性和能动性主要表现在"参赞天地之化育"。《礼记·中庸》云:"唯天下至诚,为能尽其性。能尽其性,则能尽人之性。能尽人之性,则能尽物之性。能尽物之性,则可以赞天地之化育。可以赞天地之化育,则可以与天地参矣。"朱熹《中庸章句》说:"赞,犹助也。与天地参,谓与天地并立为三也。""参"者,"叁"也,说明人与天地的地位和价值是平等的。"赞"者,"助"也,说明人不是凌驾于天地之上的主宰者,而是参赞、调谐天地万物之化育。这句是讲,至诚的圣人,能够极尽天赋的本性,继而通过他的影响与教化,启发众人也发挥自己的本性,并进一步让天地万物都能够尽量发挥自己的本性,各安其位,各遂其性,这也就可以赞助天地生成万物了。《荀子·天论》云:"天有其时,地有其财,人有其治,夫是之谓能参。"人以其能治天时地财而用之,因而可以与天地并列为三。董仲舒继承荀子思想,也在许多地方论证人与天地并为万物之根本。如说:"人下长万物,上参天地。"(《春秋繁露·天地阴阳》)"唯人独能偶天地。"(《春秋繁露·人副天数》)"唯人道为可以参天。"(《春秋繁露·王道通三》)庞朴先生曾经发挥说:"天的作用在'化',地的作用在'育',人的作用在'赞'(帮助),三者相互为用,是为'参'……所谓人与天地参,是指人在帮助天地(赞)化育万物,而帮助天地化育万物也就是'参'加了天地的工作,作为第三者加入到天地共长久的圈子里去……"⑥

  基于对人在天地万物中这种能动、主动的主体地位的确认,中国传统文化把人的道德人格的自我提升与超越放在首位,注重通过道德修养来实现。儒家认为,人在天地间的主体性主要体现为道德的主体性。道德主体性是人的实践主体性的一个特殊方面,指人在道德活动上的主动性、自律性和道德的人格特征。关于人的道德主体性的塑造,传统儒家有许多真知灼见。

  在儒家创始人孔子那里,就十分注重道德主体意识的发挥。《中庸》、《孟

---

⑥ 庞朴:《一分为三——中国传统思想考释》,深圳:海天出版社,1995,第96页。

子·尽心下》《孔子家语·哀公问政》都引用据说是孔子说的:"仁者,人也",朱熹在《孟子集注》卷14解释道:"仁者,人之所以为人之理也",人之为人就在于道德。孔子的仁道原则确认人有行仁的能力,人不仅仅是目的,被尊重的对象,而且是施人以爱的道德主体。人作为道德主体,其为仁的意愿及行为就是主体自身力量的体现。出于此,孔子《论语·颜渊》说"为仁由己,而由乎人哉?"《论语·述而》:"我欲仁,斯仁至矣。"在为仁(道德行为)这点来说,人是具有充分的意志自由的(由己)。为仁是道德选择,人在这一点上完全应当作自己的主宰。践仁行礼,在孔子看来是"愿不愿"的问题,不存在"能不能"做的问题,所以他说:"有能一日用其力于仁矣乎?我未见力不足者。"(《论语·里仁》)他还说过"君子求诸己"、"君子慎其独",曾子也说过"吾日三省吾身",强调内省的作用。慎独、内省反映的就是道德养成中主体的自觉性与主动性,是主体的一种清醒与自觉的意识状态。孔子学说的目标就在于建构一个伟大的主体。其一生所历的六个阶段,即"吾十有五而志于学,三十而立,四十而不惑,五十而知天命,六十而耳顺,七十而从心所欲,不踰矩"(《论语·为政》),可视之为一个伟大主体的建构过程。这一主体的主要内涵是"仁"以及"智",二者之结合即达其极境即"圣",是孟子所谓"仁且智,夫子既圣矣"(《孟子·公孙丑上》)。但是在孔子本人看来,这是一个没有尽头、永远向前、不进则退,因而不敢懈怠的建构活动,孔子并且自谦地说:"若圣与仁,则吾岂敢?"(《论语·述而》)其所做的只是"为之不厌,诲人不倦"(《论语·述而》)。这就是说,一个人只有在持续不断的追求中才能逐渐趋近于"圣"的境地。这里如果说一个西方人所笃信的基督教的道德完善是其进入天国的通行证,仅具有工具论的意义,他不是神也永远不可能成为神,那么孔子所指示的践仁成圣则标志着一条主体自我完善的道路。

  儒家认为人与天地之间的万物是有根本区别的,从这种区别中体现人的主体性,这就是所谓的"人禽之辨"。"人禽之辨"是在人与动物的比较中进行人性与兽性之辨,也是文明与野蛮、道德与非道德之辨,进而凸现出人的主体性。孟子在"人禽之辨"的讨论中,将"仁"内化为一种心理感受,进而升华为道德的自觉意识。孟子认为人之所以为人,人高于动物的地方在于道德规范背后的心理差别,"无恻隐之心,非人也;无羞恶之心,非人也;无辞让之心,非人也;无是非之心,非人也。"(《孟子·公孙丑上》)但是单纯的心理差异,还不足以将人与动物区别开来。"人之所以异于禽兽者几希,庶民去之,君子存之。舜明于庶物,察于人伦,由仁义行,非行仁义也。"(《孟子·离娄下》)这样,能否将此"四心"常存于内,并努力地去实行,是"人所以异于禽兽"的根源。也就是说,人与动物不同的地方,就是在肉体的四肢五官之外,另有一种本然的善心。在这个基础上,孟子主张积极主动地发挥人的力量。他说:"存其心,养其性,所以事天也。夭寿不贰,修身以俟之,所以立命也。"(《孟子·尽心上》)人的心性是所受于天,存心养性就是在事天。对天命不存疑虑,因为天命为人难以抗拒的力量,只能通过修身以应之——这就是"立命"。立命就是肯定自己的命运。尽管人往往不能摆脱"天命",但在如何接受"天命"上却依于人自身,"莫非命也,顺受其正。是故知命者,不立乎岩墙之下。尽其道而死者,正命也。桎梏死者,非正命也。"(《孟子·尽心上》)人的生死是由天命所决定的,而命又有正命、非正命之分。完成了人道而自然而然的死去的是正命,因犯罪桎梏而死则是非正命。这就可以说命是掌握在自我手中的。

荀子讲人之所以为人者:"人之所以为人者,何已也?曰:以其有辨也。饥而欲食,寒而欲暖,劳而欲息,好利而恶害,是人之所生而有也,是无待而然者也,是禹、桀之所同也。然则人之所以为人者,非特以二足而无毛也,以其有辨也。……夫禽兽有父子而无父子之亲,有牝牡而无男女之别。故人道莫不有辨,辨莫大于分,分莫大于礼,礼莫大于圣王。"(《荀子·非相》)无道德,人便与禽兽无异。所以,人类社会有礼义制度是区分人与动物的根本,也可以说是确立人的道德主体性的基础。后来,宋明儒者有"莫悬虚勘三教异同,且当下辨人禽两路"的说法,强调"人禽之辨"底线意义。

《易传》强调人的道德主体性集中地通过与天地万物以及鬼神相沟通的圣人体现出来。《易传·文言》上说:"夫大人者,与天地合其德,与日月合其明,与四时合其序,与鬼神合其吉凶。先天而天弗违,后天而奉天时,天且弗违,而况于人乎!况于鬼神乎!"这里的"大人"就是"圣人",这在孟子中时或见之,《史记·索隐》引向秀《易·乾卦》注云:"圣人在位,谓之大人。"就是说,圣人与天地相融合并沟通天地,并参与天地之中,仿效天地,建立了一套类通天地的人间秩序;同时圣人又融汇进阴阳的相摩相荡之中,融入到天地的变化之中,成了宇宙整体的一部分。这样,圣人就与天地变化的精神(德)感而通之。《易传·系辞上》还指出:"圣人以神道设教","观乎天文,以察时变;观乎人文,以化成天下。"只有这样,才能达到"圣人感人心,而天下和平"的境地。

在这些基础上,儒家还强调人是能够"为天地立心"的主体。所谓"天地之心",源于《周易·复卦·象传》,"复,其见天地之心乎"之语。《剥》、《复》是反对卦。《剥》穷于上,是君子道消。《复》反于下,是君子道长。这里的"天地之心"还没有与"人"直接联系起来。《礼记》第一次提出"人"为"天地之心"的观念,认为:"人者,天地之心也,五行之端也,食味、别声、被色而生者也。"心为人体当中能知能觉者,天地人一体也是一个有机的整体,犹如人体一样。而人在天地间是能知能觉者,故可谓天地之心。这一命题是对"人为万物之灵"观念的发展,是对人在宇宙间的地位的进一步肯定,标志着儒家对人的主体性的一种高度的自觉。为了架起一座沟通天人的理论桥梁,张载经过"终日危坐"、"终夜不寐"的"志道精思",苦心力索,以高超的理性思维提出"为天地立心"的命题。所谓"为天地立心",就是在感通天地万物的前提下为天地万物包括人类社会确立基本的价值标准和原则,建立一套以"仁"、"孝"等道德伦理为核心的精神价值系统。宋人叶采认为:"天地以生生为心,圣人参赞化育,使万物各正其性命,此为天地立心也。"(《近思录·卷三》)这个理解比较接近张载的原意。

## 三、王道通三,天下归往

如前所述冯先生对河南濮阳西水坡原始社会晚期墓葬的分析颇有道理,王在远古时代之所以为"天下所归往",是因为他有通天达地的能力,被认为是通晓神意,沟通天地、人神的"中介",具有宇宙轴心的性格,《说文》释王字:"王,天下所归往也。董仲舒曰:古之造文者,三画而连其中,谓之王;三者天、地、人也,而叁通之者王也。孔子曰:一贯三为王。"《礼记·孔子闲居》曰:"子夏曰,三王之德,参于天地。"董仲舒《春秋繁露》解释王云:

> 古之造文者,三画而连其中,谓之"王"。三画者,天、地与人也;而连其中者,通其道也。取天地与人之中,以为贯而通之,非王者,孰能当是。

这就是说,"王"字的三横是天地人的象征,贯穿其中心的一竖则表示出王沟通天地人三域的职能。这一解释不仅仅是在从文字学角度诠释王的原意,还是对王的职能的一种隐喻,贯穿了三才观念。概括起来,王字的意思主要有二:一是天下归往之义(音训),就是说王者必须以德服人,为民谋利,必须表达生民的愿望和要求,必须爱民如子,与民同乐,必须建立起人民所乐求的治世功业。二是参通天地人之义(形训),就是说王还要在内在生命上参天地之化育,打通天地人的隔阂,作为人类的代表,既要上达高明的天道,又要下通博厚的地德,使自己的生命成为天地人的贯通者。总的来说,王者不仅在社会政治上负有使天下归往的外王使命,并且要在个体生命上负有代表人类与天地参的内圣责任。[⑦]这应该是符合儒家对王的理解,有其积极的意义。

---

⑦ 蒋庆:《公羊学引论》,沈阳:辽宁教育出版社,1995,第116—117页。

今天,也有学者注意到了王的政治意义和消极蕴涵。吴其昌说:"王之本义,斧也。"⑧近来考古发掘和研究成果证实了"王"字源于斧钺的象形,而从仰韶文化的鹳鱼石爷图到虢季子白盘铭的"锡用钺用征蛮方",更说明斧钺用为军权象征的源远流长。⑨ 刘泽华考证说,钺的前身是斧,斧与父又有密切关系。甲骨文中"父"作手执斧的象形。由斧而钺,透露了由父权到君权,由军权到政权的历史演化过程。⑩ 林沄还解释道:"这有利于说明中国古代世袭而握有行政权力的王,也是以军事首长为其前身的。"⑪这都在说明三代之王最初曾是部落联合体的军事首长,后来确立了世袭王权,却在其身上仍留有氏族首领的烙印。

王道,亦称王政、王术,即以德礼仁义治国理民之道。《尚书·洪范》首先论王道:"无偏无党,王道荡荡;无党无偏,王道平平;无反无侧,王道正直。"首次揭示王道的基本特征有三:"王道荡荡"是说执政者必须优容宽大;"王道平平"是说执政者必须无党、无私、无偏、无陂,人人平等;"王道正直"是说执政者必须坚持公平原则、维护正义、以身作则。由于对《洪范》创作的时代有争议,一般多认为可作为殷周之际的史料。即使为春秋战国及其以后人所作,也一定是后人对三代王道特征的一种概括和理想化。《尚书·大禹谟》也揭示了王道的精义:"人心惟危,道心惟微,惟精惟一,允执厥中。"⑫这一点对宋儒影响甚巨,相继信奉并阐发之。

王道政治理想是由古代圣王在历史实践中体现出来的。孔子作为儒家创始人,他很少从理论上解释"圣王",更多地是通过推崇、赞叹尧舜禹来表达他心目中的圣王观。孔子理想的圣人就是古代圣王,孔子在《论语》中推崇的尧、舜、禹、汤、文、武、周公都是既有德又有业的古代"圣王",是真正有"盛德大业"的人物,是实行内圣外王之道的人物。例如:

> 子曰:"大哉,尧之为君也。巍巍乎,唯天为大,唯尧则之。荡荡乎,民无能名焉。巍巍乎,其有成功也。焕乎,其有文章。"(《论语·泰伯》)

---

⑧ 吴其昌:《金文名家疏证》(一),《武大文史哲季刊》五卷三期,1936。
⑨ 李学勤主编:《中国古代文明与国家形成研究》,昆明:云南人民出版社,1997,第 242 页。
⑩ 刘泽华:《中国的王权主义》,上海:上海人民出版社,2000,第 229 页。
⑪ 林沄:《说王》,《考古》1965 年第 6 期。
⑫ 此句还见于《荀子·解蔽篇》:"故道经曰:'人心之危,道心之微。'"说明这一思想有很古老的渊源,至今难考。道经或是书名,或是大道之常经的意思。现代学者多云《大禹谟》为伪作,即是如此,这一观念也应是三代就有的,绝非后人造作。

"大哉"是孔子总赞尧帝为君之辞。巍巍乎，唯有天是如此高大。天之高大，唯尧能则之。孔注："则，法也。"尧能取法乎天，尧即如天之大。荡荡乎，尧的大德广远无际，民众莫能名其状况。民所能名者，惟在尧的各种事业典章，崇高焕明的可以看得出来。

说到大舜，子曰："无为而治者，其舜也与？夫何为哉！恭己正南面而已矣。"（《论语·卫灵公》）孔子说，能无为而治者，那就是舜吧。无为而治的意思，是说舜自己不做什么事，而能平治天下。究其原因，当如何晏解说："任官得其人。"

圣王都是大公无私的。孔子说："巍巍乎，舜禹之有天下也，而不与焉。"（《论语·泰伯》）意思是舜禹具有崇高的德性，掌握国家大权却丝毫不为自己谋私利。

至于大禹，下面这段话最能表现大禹的伟大和崇高："子曰：禹，吾无间然矣！菲饮食而致孝乎鬼神，恶衣服而致美乎黻冕，卑宫室而尽力乎沟洫。禹，吾无间然矣！"（《论语·泰伯》）

以上这些表明，孔子心目中的圣王主要包含修身、无为、法天、无私、安民等内容。

但是，到了春秋战国时期，上古圣王在现实中已经不存在了，原始儒家就在理论上探讨圣王的内涵，提出内圣外王之说。此一说后世学者将其归为儒家的核心思想，但并非儒家首创。"内圣外王"一词最早出自《庄子·天下篇》："圣有所生，王有所成，皆原于一（道）。"照《天下篇》看，"内圣外王"是天下之治道术者所追求的，"内圣"是作者的人格理想，它表现为："不离于宗，谓之天人，不离于精，谓之神人；不离于真，谓之至人。以天为宗，以德为本，以道为门，兆于变化，谓之圣人，以仁为恩，以义为理，以礼为行，以乐为和，熏然慈仁，谓之君子"；"外王"是作者的政治理想，它表现为："以法为分，以名为表，以参为验，以稽为决，其数一二三四是也，百官以此相齿；以事为常，以衣食为主，蕃息畜藏，老弱孤寡为意，皆有以养，民之理也。"由此可以看出，《天下篇》可能出现比较晚，作者概括的"内圣外王"之道是儒道法三家思想糅合的产物。

孔子认为"圣王"是内圣外王的完美统一。在"内圣"方面，孔子主张："克己复礼为仁。一日克己复礼，天下归仁焉。为仁由己，而由人乎哉？"一个人能不能成为品德高尚的仁人，关键在于自己。正所谓"我欲仁，斯仁至矣！"在"外王"方面，孔子以"修己"为起点，而以"治人"为终点。子曰："修己以敬"、"修己以安人"、"修己以安百姓"（《论语·宪问》）。可见，在孔子的思想中，内圣和外王是相互统一的，内圣是基础，外王是目的，只有内心不断修养，才能成为"仁人"、"君子"，才能达到内圣，也只有在内圣的基础之上，才能够安邦治国，达到外王的目的。同样，内圣之有达到外王的目的才有意义，外王实现了，内圣才最终完成。

孟子注重圣人的主体人格，提出圣人是"人伦之止"和"百世之师"。他说："圣人，人伦之止也。"(《孟子·离娄上》)圣人是做人的标准。不过，他这里凸现的是圣人的人伦道德倾向。他又说："圣人，百世之师也。"(《孟子·尽心下》)圣人之为人师、帝王师，百世不移。孟子的圣人观念比孔子要宽泛，他把包括孔子在内的前代诸贤们许为"圣人"，说："伯夷，圣之清者也；伊尹，圣之任者也；柳下惠，圣之和者也；孔子，圣之时者也。孔子之谓集大成。"(《孟子·万章下》)这里虽然把孔子与其他三人并列，其含义有很大差别。在孟子这里，伯夷、伊尹、柳下惠可以称得上圣人，但他们都有片面发展的倾向，只有孔子是集大成者，是"圣之时者"，其中的"时"之义大矣！

荀子注重圣人的实际作为，试图打通内圣外王，所以既认为："圣人备道全美者也，是县天下之权称也。"(《荀子·正论》)圣人是道德完备，一切完美的人，是衡量万事万物的标准。又强调："平正和民之善，亿万之众而搏若一人；如是，则可谓圣人矣。"(《荀子·儒效》)把亿万人安定下来，凝聚得像一个人那样的人才可以称之为圣人。荀子分疏了内圣外王，非常明确地把"圣"和"王"分开，奠定了以"内圣外王之道"为核心的圣人观的基本格局："圣也者，尽伦者也；王也者，尽制者也；两尽者，足以为天下极矣，故学者以圣王为师。"(《荀子·解蔽》)"圣"是人伦道德的承担者，"王"是政治制度的奠定者；只有二者合作，才能治理好天下。

按照《荀子·王制》的说法，王道政治包括"王者之人"、"王者之制"、"王者之论"和"王者之法"，王道依靠这些来推行：

> 王者之人：饰动以礼义，听断以类，明振毫末，举措应变而不穷。夫是之谓是王者之人也。

> 王者之制：道不过三代，法不二后王；道过三代谓之荡，法二后王谓之不雅。

> 王者之论：无德不贵，无能不官，无功不赏，无罪不罚，朝无幸位，民无幸生，尚贤使能而等位不遗，析愿禁捍而刑罚不过。百姓晓然皆知夫为善于家而取赏于朝也；为不善于幽而蒙刑于显也。夫是之谓定论。是王者之论也。

> 王者等赋、政事，财万物，所以养万民也。田野什一，关市几而不征，山林泽梁以时禁发而不税。相地而衰政，理道之远近而致贡，通流财物粟米，无有滞留，使相归移也。四海之内若一家。故近者不隐其能，远者不疾其

劳，无幽闲隐僻之国莫不趋使而安乐之。夫是之谓人师。是王者之法也。

荀子三论显然都是王道政治的具体操作，属于治道层面。

《大学》文字结构，可以归纳为两大部分：(1) 三纲领：明明德、亲民、止于至善，是从大纲讲大学之道。(2) 八条目：格物、致知、诚意、正心、修身、齐家、治国、平天下，是从细目讲大学之道。可以说整个《大学》虽然没有出现"内圣外王"四个字，但三纲八目都可以用"内圣外王"来概括。在三纲中，明明德是内圣，亲民是外王。八目中，格物、致知、诚意、正心是内圣，齐家、治国、平天下是外王。三纲八目之间的关系是——"明明德"与格物、致知、诚意、正心四者相对应，修养途径是止、定、静、安、虑、得七证，都是"修身"份内的事，属于内圣方面；"亲民"与齐家、治国、平天下相对应，都是"修身"份外的事，属于外王方面。"止于至善"是总体目标，"明明德于天下"是最终理想，二者也是内圣外王一体两面的统一。

《易传》在孔、孟、荀的基础上进一步肯定了"圣人"所具有的超越众生的神圣性、崇高性及独特价值，"与天地相似，故不违；知周乎万物，而道济天下，故不过；旁行而不流，乐天知命，故不忧；安土敦乎仁，故能爱；范围天地之化而不过，曲成万物而不遗。"(《系辞上》)圣人具有广博的知识和深厚的感情，能够顺应自然而控制万物，圣人甚至具有一种不可言说的神奇功能，"与天地合其德，与日月合其明，与四时合其序，与鬼神合其吉凶"(《乾·文言》)。《易传》圣人观的基本内涵是德业兼备。在《乾》《坤》《文言》及《系辞上下传》中"德"和"业"作为对举的范畴有不同的表述方式，如"盛德大业"、"崇德广业"、"进德修业"、"德久业大"，围绕"德业并进"又演化出了"仁与用"、"仁与知"、"知与礼"等几对范畴，以多层面、多角度地揭示圣人的内涵。⑬

既然圣与王在现实中已经分而为二，原始儒家就只有在理想中使之合二为一，圣应该成为王。这是因为，在他们看来，既然圣人具有高度的道德修养和深邃的智慧，就理所当然地应该成为一个国家乃至整个天下的领导人。孟子说："为政不因先王之道，可谓智乎？是以惟仁者宜在高位，不仁而在高位，是播其恶于众也。上无道揆也，下无法守也。朝不信道，工不信度，君子犯义，小人犯刑，国之所存者幸也。"(《孟子·离娄上》)荀子说："天下者，至重也，非至强莫之能任；至大也，非至辨莫之能分；至众也，非至明莫之能和。此三至者，非圣人莫之能尽。故非圣人莫之能王。圣人备道全美者也，是县天下之权称也。"(《荀子·正

---

⑬ 韩星：《易传》圣人观及其现代意义》，《安阳大学学报》2004 年第 3 期；甘肃传统文化研究会主办《国学论衡》第三辑，兰州大学出版社 2004 年 11 月。

论》)孟子与荀子作为两位儒学大师,尽管在人性论问题上各有自己的看法,但他们一致认为,圣人是一个国家、整个天下的理想统治者。

圣人在什么条件下才能真正成为圣王?《中庸》引用孔子的话说(或可理解为假借孔子说):"舜其大孝也与!德为圣人,尊为天子,富有四海之内,宗庙飨之,子孙保之。故大德必得其位,必得其禄,必得其名,……故大德者必受命。"这就是说,像舜因为有大德所以必然领受天命而为圣王,言外之意今天的圣人应该当王。作为儒家传人,孟子非常关注圣人如何成为圣王的条件问题。他的看法是:"匹夫而有天下者,德必若舜禹,而又有天子荐之者,故仲尼不有天下;继世以有天下,天之所废,必若桀纣者也,故益、伊尹、周公不有天下。"(《孟子·万章上》)即便是周公、孔子这样的圣人,也不能成为王,可见,由圣人转化为王的概率是很小的。这是因为它欠缺一种现实的、可靠的制度保证。

圣与王在现实中分而为二以后,圣难以成为王,儒家只好寻求在圣与王分而为二情况下圣怎么制约王,于是孔子开始有了明确的"道统"意识,以与君主所代表的"政统"形成两个相涉而又分立的系统。以政统言,王侯是主体;以道统言,则是师儒。后来,"德"与"位"相待而成的观念就由此而起。[14] 孔子以后,以师儒为道的承担者,理想的儒者是君相师儒,政统与道统不再合一,道统之中不再有历代帝王的地位。孔子将君臣间相互关系原则区分开来,在说"君君臣臣"的时候,强调的是君臣双方的责任和义务,所谓"君使臣以礼,臣事君以忠"(《论语·八佾》),说明君与臣是对待的、互为条件的。在孔子那里,臣对君的"忠"是以道为条件的,"所谓大臣者,以道事君,不可则止"(《论语·先进》)。这样,就把君臣关系统摄于更高的"道"上。"道"成为君臣关系存在的前提,丧失了这个前提,臣的一方完全可以终止君臣关系——臣是有主动权的。

思孟学派把"道统"与"政统"的分立具体化为"道"与"势"、"德"与"位"的分立,认为"道高于势"、"德尊于位"。郭店儒简一般认为是思孟学派的文献,《语丛一》云:"君臣,朋友其择者也。"又云:"友,君臣之道也。"即是说君臣关系是一种朋友间的相互选择关系。《中庸》说:"虽有其位,苟无其德,不敢作礼乐焉;虽有其德,苟无其位,亦不敢作礼乐焉。"认为礼乐的制定需要德位统一,也就是儒者与君主的分工合作。孟子说:"天下溺,援之以道。"(《孟子·离娄上》)从这里可以看出,儒家学者真正关心的是大的治国之道。他还说:"天下有达尊三:爵一,齿一,德一。"(《孟子·公孙丑下》)这里所说的爵是权位,齿

---

⑭ 余英时:《道统与政统之间》,辛华、任清编《内在超越之路——余英时新儒学论著辑要》,北京:中国广播电视出版社,1993,第 160 页。

指血缘辈份，德代表着儒家的政治理念。他认为爵、齿和德作为不同类型的价值标准，适用于不同的领域："朝廷莫如爵"，在政权系统里，以权力高低为标准，爵位越大越高贵；"乡里莫如齿"，在社会生活中，以辈份年纪论尊；"辅世导民莫如德"，作为理国治民的政治原则，当以德为本。在现实生活中，此三者缺一不可，"恶得有其一而慢其二哉？"（《孟子·公孙丑下》）孟子还认为，德与爵相比，德更重要。他把权势地位称作"人爵"，道德仁义称为"天爵"，说："古之人修其天爵，而爵从之。今之人修其天爵，以要人爵，既得人爵，而弃其天爵，则惑之甚者也，亦终必亡而已矣。"（《孟子·告子上》）显而易见，假如需要在道和权势财利之间作选择，只能先道而后势。所以他又说："古之贤王好善而忘势，古之贤士何独不然？乐其道而忘人之势，故王公不致竟尽礼，则不得亟见之。见且由不得亟，而况得而臣之乎？"（《孟子·尽心上》）又说："以位，则子君也，我臣也，何敢与君友也？以德，则子事我者也，奚可以与我友？"（《孟子·万章下》）他还把这种态度进一步表述为："君之视臣如手足，则臣视君如腹心；君之视臣如犬马，则臣视君如国人；君之视臣如土芥，则臣视君如寇雠。"（《孟子·离娄下》）倘若君主真有背离道的倾向，贤人君子就要设法予以阻劝。通常采用的方式是"进谏"。贤人君子具有规劝君主的资格和义务。假若通常手段不能奏效，孟子主张采用非常手段，即以"有道伐无道"，取消无道之君的君主资格。这就是："唯大人为能格君心之非。"（《孟子·离娄上》）"君有过则谏，反复之而不听，则去。""君有大过则谏，反复之而不听，则易位。"（《孟子·万章下》）"贼仁者谓之贼，贼义者谓之残，残贼之人谓之一夫。闻诛一夫纣矣，未闻弑君也。"（《孟子·梁惠王下》）这显然是对儒家经典《易传》汤武革命思想的继承和发挥。《易传》有云："汤、武革命，顺乎天而应乎人。革之时大矣哉！"认为桀、纣虽居君主之位，但却是贼仁贼义的独夫，独夫可诛，诛独夫不是诛君。表明仁义之道高于君主之位，这是儒家政治理论的一个基本观点。在七国争雄、兵火交加、交相争霸的时代，君权日益膨胀，出现这种思想，确实是难能可贵的，而且对后世封建君主专制条件下，出现某些敢于对抗暴君独夫的诤臣志士起了有益的影响。显然，孟子这些思想有一定的民主意义。

荀子提出"道高于君"、"从道不从君"的思想。他说："入孝出弟，人之小行也；上顺下笃，人之中行也；从道不从君，从义不从父，人之大行也。若夫志以礼安，言以类使，则儒道毕矣。"（《荀子·子道》）认为"从道不从君"是儒道中的大行。因为道的存亡决定国家的存亡，"道存则国存，道亡则国亡"（《荀子·君道》），所以要以道的价值理想作为士人的指导思想，而不是权势和利益。他希望儒者能够做到"君子立志如穷，虽天子三公问正（政），以是非对"（《荀子·大略》)。这体现了儒家道统思想的一个重要特征,也由此形成了中国历史上君、道二元的政治格局。

## 四、原始儒家王霸之辨

王道如前考述,"霸道"与王道相对,其内涵是以法术刑名治国,霸道的基本特征是"以力假仁"。关于"霸"字,据近人罗根泽考证,王始于周,霸始于春秋,《诗》《书》《易》《仪礼》《春秋》并霸字而无之,至《论语·宪问》始曰:"管仲相桓公,霸诸侯,一匡天下。"自后《左传》遂屡见霸字,而伯亦有训霸者矣。但这时的"霸"乃就形势言,非就政治言,言势为诸侯之长而成霸者,非言行如何之政而为霸政。霸为制度名词而非政治名词。至于王霸以政治分别,已到了战国初。王霸之分,就形势言,王者兼有天下,霸者仅为诸侯之长;就政治言,则王植基于仁,霸植基于力。王虽甚古,而必待霸之产生,始因对待而生出不同之政论。⑮ 荀子在论及霸道时说它"非本政教也,非致隆高也,非綦文理也,非服人心也",而是靠"乡方略,审劳佚,谨蓄积,修战备,齿兰然上下相信,而天下莫之敢当。"(《荀子·王霸》)就是说它以利害相制、以强力相求,近于强权政治,不同于儒家所主张的王道在于强调"得民心者得天下"。

春秋战国百家争鸣中有著名的王霸之辩。

孔子处于社会转型时期的天下失道,礼崩乐坏的混乱时代,对历史上的圣王政治进行了理论总结和道德升华,推崇王道政治。《汉书·地理志下》:"孔子闵王道将废,乃修六经,以述唐虞三代之道,弟子受业而通者七十有七人。是以其民好学,尚礼义,重廉耻。"

> 孔子曰:吾观于乡而后知王道之易易也。(《礼记·乡饮酒义篇》)

> 孔子欲行王道,东南西北,七十说而无所偶。故因卫夫人、弥子瑕而欲通其道。(《淮南子·泰族训》)

> 是以孔子明王道,干七十余君,莫能用,故因观周室,论史记旧闻,兴于鲁而次春秋,上记隐、下至哀之获麟,约其辞文,去其烦重,以制义法,王道备,人事浃。七十子之徒口受其传指,为有所刺讥褒讳挹损之文辞不可以书

---

⑮ 罗根泽:《古代政治学中的"皇"、"帝"、"王"、"霸"》,《诸子考索》,北京:人民出版社,1958。

见也。(《史记·十二诸侯年表》)

战国末叶以前之人无言及帝道者。孔子但言王道。(《管子·轻重戊篇元材注》)

正因为如此,孔子把"德"与"力"、王道与霸道对举。他说:"骥,不称其力,称其德也。"(《论语·宪问》)作为千里马的骥,本以足力见称,孔子却认为其长处在于驯良之德。表现出重德轻力之意。《论语·宪问》还载,南宫适问于孔子曰:"羿善射,奡荡舟,俱不得其死然;禹稷躬稼,而有天下。"夫子不答,南宫适出。子曰:"君子哉若人!尚德哉若人!"羿善射,奡汤舟,都以力著称,却不得好死。禹、稷则以德行著称而有天下。这里显然是将德与力对照,尚德而贬力。《论语·述而》说:"子不语怪、力、乱、神。"孔子不愿谈力的问题。

但是,应该看到,孔子并没有把王道与霸道对立起来。春秋时期,尽管王道衰微,诸侯争霸,而管仲、子产还能礼法合用,"尊王攘夷"可以说是春秋时代标示王霸共存的一个口号。在当时,这一口号凝聚了华夏共同体,也延缓了王道的衰微。桓、管以"尊王"行仁,以"攘夷"行霸,对此孔子是肯定的:

子曰:管仲相桓公,霸诸侯,一匡天下,民到于今受其赐;微管仲,吾其被发左衽矣。岂若匹夫匹妇之为谅也,自经于沟渎而莫之知也。(《论语·宪问》)

子曰:桓公九合诸侯,不以兵车,管仲之力也。如其仁!如其仁!(同上)

这颇能说明孔子对以王道为理想,同时有限认可霸道的思想倾向。另外,对称霸西戎的秦穆公,孔子也给予了很高的评价。"秦国虽小,其志大;处虽辟,行中正。身举五羖,爵之大夫,起累绁之中,与语三日,授之以政。以此取之,虽王可也,其霸小矣。"(《史记·孔子世家》)《史记·孔子世家》还载:

定公十四年,孔子年五十六,由大司寇行摄相事,有喜色。门人曰:"闻君子祸至不惧,福至不喜。"孔子曰:"有是言也。不曰'乐其以贵下人'乎?"于是诛鲁大夫乱政者少正卯。与闻国政三月,粥羔豚者弗饰贾;男女行者别于途;途不拾遗;四方之客至乎邑者不求有司,皆予之以归。齐人闻而惧曰:"孔子为政必霸,霸则吾地近焉,我之为先并矣。"

孔子在鲁国推行"礼制"三个月,使鲁国社会秩序井然,道不拾遗,被齐人认为有称霸之势。

随着形势的发展,兼并战争愈演愈烈,"尊王攘夷"已成为历史,七雄并峙而立,周天子名存实亡,正如刘向所说:"道德大废,上下失序,至秦孝公捐礼让而贵战争,弃礼义而用诈谲,苟以取强而已矣。"(《战国策序》)霸道的政治惯性却越来越变得残酷无情,法家之兴起更为霸道注入了理论激素,在战国舞台上大显身手。

到了战国中期,王道、霸道的分立已成定局。孟子毅然站出来作"王霸之辩",在"王道"与"霸道"、在"德治"与"力治"的关系上,两极的对立性被他十分鲜明地摆出来了。他说:

> 以力假仁者霸,霸必有大国;以德行仁者王,王不待大。汤以七十里,文王以百里。以力服人者,非心服也,力不赡也;以德服人者,中心悦而诚服也,如七十子之服孔子也。(《孟子·公孙丑上》)

> 霸者之民,欢虞如也;王者之民,皞皞如也。杀之而不怨,利之而不庸,民日迁善而不知为之者。夫君子所过者化,所存者神,上下与天地同流,岂曰小补之哉?"(《孟子·尽心上》)

这样,孟子将霸、王作为两条对比鲜明的政治方略和统一天下的途径提了出来。这是他的理论创见。在此,选择"力",还是选择"德",就会导致两种截然不同的政治目标——"霸"与"王"。特别是,"用武力征服",还是"用道德感化",在庶民那里,还会产生两种根本不同的态度。对孟子来说,理想的选择当然是"王"和"德"。由上文可以看出,孟子分辨王道、霸道有其特定内涵,这就是"德"与"力"。因此,王霸之辩实质上又是德力之辩。

在强调王霸对立的前提下,孟子鲜明地表达了"尊王贱霸"的立场。当齐宣王问齐桓、晋文称霸的事迹时,孟子很不客气地回答说:

> 仲尼之徒无道桓、文之事者,是以后世无传焉。臣未之闻也。无以,则王乎?(《孟子·梁惠王上》)

在孟子的意识里,从"三王"到"五霸",到他所目睹的诸侯和大夫,这既是"力"和"霸"无限膨胀的过程,也是历史严重退化的象征,《孟子·告子》载:"五霸者,三王之罪人也;今之诸侯,五霸之罪人也;今之大夫,今之诸侯之罪人也。"历史完全是一个从德到力的退化过程。对王霸观念的历史演变,嵇文甫曾作过这样的说明:"王与霸本来不是两种治法,两种主义,而只是地位上的区别。王即天子,霸即伯,指诸侯之长说。春秋时代,只讲霸诸侯,不讲王天下。孔子对于霸者并没有菲薄的意思,他也并没有标榜出与霸道对立的王道。到孟子就不然了。他一方面为当时大一统的趋势所刺激,而主张定于'一';故只讲王天下,不讲霸诸侯;只教人帝制自为,不教人当什么诸侯之长,这和孔子的思想已显有差异。另一方面他把王霸二字赋予一种新意义,不从地位上区别,而从性质上区别,王道霸道,判然两途,于是在中国政治思想史上占中心地位的王霸论遂出现了。"⑯这表明儒家对"王道"、"霸道"的理解,从孔子到孟子发生了很大的变化。

孟子之后,到了战国末期的荀子时代,形势发生了很大变化,一些奉行霸道的诸侯,虽然未能转变成为推行王道的圣君,但他们"威强乎汤武,广大乎舜禹",其实力"威动海内,强殆中国"(《荀子·强国》),成为举足轻重而不可忽视的力量。在种情况下,离开霸道与武力去谈统一问题,无异于空谈。荀子认为,如果那些实力强大的诸侯能够推行王道,这当然是他所希望的;如果他们不能实行王道,而按照他所提出的原则实行霸道,也可以促进国家的统一事业。这样,在他为那里,"王霸"、"德力"等相对性观念,就不像在孟子那里,表现出比较尖锐的对立和冲突。荀子像孔子一样,对于霸道并没有一概地否定。他说:"齐桓,王伯之盛者也,前事则杀兄而争国,内行则姑姐妹之不嫁者七人。闺门之内,般乐,奢汰,以齐之分奉之而不足。外事则诈邾袭莒,并国三十五。其行事也若是其险污汰也,彼固曷足称乎大君子之门哉!若是而不亡,乃霸,何也?曰:于乎!夫齐桓公有天下之大节焉,夫孰能亡之!然见管仲之能足以托国也,是天下之大知也!安忘其怒,出忘其仇,遂立以为仲父,是天下之大决也!立以为仲父,而贵戚莫之敢妒也;与之高、国之位,而本朝之臣莫之敢恶也;与之书社三百,而富人莫之敢距也。贵贱长少,秩秩焉,莫不从桓公而贵敬之,是天下之大节也!诸侯有一节如是,则莫之能亡也,桓公兼此数节者而尽有之,夫又何可亡也!其霸也,宜哉!非幸也,数也!"(《荀子·仲尼》)荀子像孔子一样都给齐桓公、管仲以极高评价,以"岂若匹夫匹妇之为谅"和"有天下之大节"的超常标准特加盛赞,其主要原因是齐桓公和管仲对于当时社会有着极大的贡献。齐桓、管仲尊王攘夷,救邢存卫,北伐山戎,南伐荆楚,保护了华夏文化,民数世受其利,虽然没有"小节",却有"大节",有大仁大德。

---

⑯ 《嵇文甫文集》上,郑州:河南人民出版社,1985,第182页。

荀子也不像孟子那样,对"霸道"不屑一顾。对他来说,能成为"霸",具有"强大的力量",也值得肯定。他认为,若想称霸诸侯,必须要注重内外两方面的工作:

其一,对内"辟田野,实仓廪,便备用,案谨募选阅材伎之士,然后渐庆赏以先之,严刑罚以纠之"(《荀子·王制》)。就是要实行耕战,加强法治。而这与商鞅所提出的"三王以义亲天下,五霸以法正诸侯"(《商君书·修权》)的思想及其在秦国所推行的"内务耕稼,外劝战死之赏罚"(《史记·秦本纪》)的路线基本上是一致的。荀子特别强调"隆礼尊贤而王,重法爱民而霸"(《荀子·强国》)。

其二,对外"存亡继绝,卫弱禁暴,而无兼并之心,则诸侯亲之矣。修友敌之道,以敬接诸侯,则诸侯说之矣。所以亲之者,以不并也;并之见,则诸侯疏矣。所以说之者,以友敌也;臣之见,则诸侯离矣。故明其不并之行,信其友敌之道,天下无王霸主,则常胜矣。是知霸道者也"(《荀子·王制》)。这就是说,欲称霸于诸侯,必须实行一条与诸侯友好的路线。他之所以坚持这个主张,是由他的儒家的立场决定的。例如"存亡继绝"就是孔子"兴灭国,继绝世"的思想翻版。

荀子晚年游秦,当秦昭王时。秦国经历了孝、文、武、昭四代,正是战国霸道的先驱。荀子观察当时的秦国,曾经给了秦国一些正面的评价。范雎问荀子"入秦何见"时,荀子首先指出秦国的"其固塞险,形势便,山林川谷美,天材之利多"等有利的自然条件。然后对秦国的政治情况表达了赞美,说秦国的百姓纯朴,"其声乐不流污,其服不佻",对官吏敬畏和顺从,是"古之民也";大小官吏都庄重严肃,恭俭忠信,是"古之吏也";士大夫不结党营私,都通达奉公,是"古之士大夫也";朝廷在退朝时,各种政事从无遗留,恬然如如无治者,是"古之朝也"。所以,自秦孝公以来经历了四代国君,不断取得胜利,"非幸也,数也"。他甚至说:"佚而治,约而详,不烦而功,治之至也,秦类之矣。"确实给予秦国以很高的评价。但到最后,他又话锋一转,明确指出:"虽然,则有其諰矣。兼是数具者而尽有之,然而县之以王者之功名,则倜倜然其不及远矣!是何也?则其殆无儒邪!"如果说荀子当着范雎的面对秦国的批评还比较委婉的话,那他在别的地方对秦国的批评就毫不客气了。这些批评归结到一点就是秦国不实行礼义,而专靠暴力。他说:"力术止,义术行。曷谓也?秦之谓也。"(《荀子·强国》)认为秦单靠武力的方法其胜利是有止境的,而通过实行礼义提高威望则是更为重要的。所以,秦单有"霸"和"力",还不够理想。理想是什么?最终仍是"王道"。

有鉴于秦国的霸政,荀子又进一步提出了他兼王霸的王制,主张兼用王霸而取二者之长。他描述兼王霸之治说:"其耕者乐田,其战士安难,其百吏好法,其朝廷隆礼。"(《荀子·富国》)用王道,则"仁眇天下,义眇天下,威眇天下。仁眇天下,故天下莫不亲也。义眇天下,故天下莫不贵也。威眇天下,故天下莫敢敌也。故不战而胜,不攻而得,甲兵不劳而天下服"(《荀子·王制》);用霸道,则"辟田野,实仓廪,便备用,案谨募选阅材伎之士,然后渐庆赏以先之,严刑罚以纠之,存亡继绝,卫弱禁暴,而无兼并之心,则诸侯亲之矣。修友敌之道以敬接诸侯,则诸侯说之矣。故明其不并之行,信其友敌之道,天下无王霸主,则常胜矣"(《荀子·王制》)。可见,所谓"兼王霸"即认为单纯的王和单纯的霸各有长处,又各有不足。单纯的王可以存国安民,而不可应变创业。单纯的霸足以兼并而不足以坚凝。兼王霸就是主张兼取王、霸的长处,而弥补其各自的不足,要在保持王道的基础上采用霸道,以创业应变。[17]

在兼王霸的同时他也分疏了王霸:"粹而王,驳而霸,无一焉而亡。"(《荀子·强国》)。"以德兼人者王,以力兼人者霸。"(《荀子·议兵》)通过比较两种不同的强国之道,荀子对以德兼人与以力兼人,对王道与霸道的内涵加以分疏。他说:"彼贵我名声,美我德行,欲为我民,故辟门除涂,以迎吾入。因其民,袭其处,而百姓皆安。立法施令,莫不顺比。是故得地而权弥重,兼人而兵俞强:是以德兼人者也。非贵我名声也,非美我德行也,彼畏我威,劫我埶,故民虽有离心,不敢有畔虑,若是则戎甲俞众,奉养必费。是故得地而权弥轻,兼人而兵俞弱:是以力兼人者也。"(《荀子·议兵》)"以德兼人",国家有向心力,君主有号召力,百姓甘赴国难,得到土地能够控制得住,得到人口可以强兵,这样就能真正地增强实力;反之,"以力兼人",不是由于名声和德行的吸引力,而是慑于统治者的武力,暂时依附,其心并不服,国家没有凝聚力,得到土地也不一定控制得住,得到人口却需要更多的监控力量。这说明荀子尽管给霸道以适当的肯定,但他并没有把霸道与王道并列起来,王道为上,霸道为下,二者的主次关系是清楚的。可以说,荀子是主张以王道为理想,王霸并用,德力兼行。因此,有论者说:"荀子认为王霸只是治法上的不同,是初级阶段与高级阶段的区别。"[18]还有人说荀子是肯定霸道,甚至称许霸道,把它当作王道的次生形态、过渡形态、补充形态。[19] 这些论说颇得荀子思想的精义。

总之,从思想发展的逻辑上讲,王霸之辩从孔子到孟子再到荀子经历了一个否定之否定的过程。

---

[17] 张京华:《儒家思想的转变:荀子和韩非》,孔子 2000 网站。
[18] 钟肇鹏:《孔子研究》(增订版),北京:中国社会科学出版社,1990,第 316 页。
[19] 俞荣根:《儒家法思想通论》,南宁:广西人民出版社,1992,第 363—364 页。

## 结　语

大家知道"软实力（Soft power）"与"硬实力（Hard power）"的概念是约瑟夫·奈提出来的，对此他自己有过一个简略的描述：军事实力和经济实力都是典型的"硬"权力，可用于要求他者改变其地位。硬权力可依赖劝诱（胡萝卜）和威胁（大棒）。还有一种间接的方式来达到需要的结果，可称之为"权力的第二张面孔"。一个国家达到其在世界政治中期望的结果，可能因为其他国家希望追随它，羡慕其价值观，以其为榜样，渴望达到其繁荣和开放的水平等。从这个意义上讲，作为现实世界政治目标的方式，确定议程，吸引其他国家与通过威胁、运用军事或经济武器迫使它们改变同样重要。软权力（使得他者期望你所期望的目标）吸引民众，而不是迫使他们改变。确立预期的能力往往与无形的权力资源相关，如有吸引力的文化、政治价值观和政治制度、被视为合法的或有道义威信的政策等。软实力并不具有强制力，却是一种能够带来"同化"的权力（Co-optive power）。在信息时代，软实力越来越重要。很多人把软实力与儒家的王道联系起来，做了有趣的比较：认为二者相似之处是约瑟夫·奈与儒家首先都看到了硬力量的局限，其次把道德看成是重要的软力量。但毕竟软力量不是解决一切问题的灵丹妙药，"软力量的存在，既不能保证道德的胜利，也不能保证武力的失败"。[20] 不同之是"王道是一个道德的观念，软力量是一个权力的观念"。蒋庆先生修正说："王道不是一个纯粹的道德概念，也不是一个纯粹的权利概念，王道是一个'道德权力'概念。"对此我表示赞同。其实董仲舒曾经有一个很好的阐释："深察王号之大意，其中有五科：皇科、方科、匡科、黄科、往科。合此五科，以一言谓之王。王者皇也，王者方也，王者匡也，王者黄也，王者往也。是故王意不普大而皇，则道不能正直而方；道不能正直而方，则德不能匡运周遍；德不能匡运周遍，则美不能黄；美不能黄，则四方不能往；四方不能往，则不全于王。"[21]这里一方面突出了王的至高无上的地位，另一方面也强调了道德与王权结合的特性。

奥巴马就任美国总统以后，国务卿希拉里·克林顿在参议院外交关系委员会关于她资格的听证会上提出了带有鲜明的约瑟夫·奈色彩的"灵巧实力"（Smart power）这一概念，它应当是指综合软硬实力于一身的力量，其含义包括

---

[20]　杨国荣：《论儒家王道仁政的软力量》，范瑞平主编：《儒家社会与道统复兴》，上海：华东师范大学出版社，2008，第145—146页。

[21]　同上，第146页。

利用外交、军事、经济、司法、政治和文化等各种影响力以实现目标。这意味着，未来民主党政府的对外政策将与过去几年过分强调通过武力来解决问题的单边主义路线分道扬镳。这对我们应该有重要启示，我们不能简单地把以美国为代表的西方说成是霸道，也不能简单地把我们的王道说成是软力量，王道本身就是道德与权力的结合，外交方面也许更合适的策略是王霸并用，德力兼行。当然，前提是王道为主，霸道为辅，王道为体，霸道为用，用今天的话说，就是道德优先，实力后盾。

# 论儒家式多中心治理秩序

姚中秋①

当代大陆儒者所面临的基本问题,乃是基于儒家的理念、价值参与中国的现代国家之构建(nation-state building),让儒家的灵魂寄身于现代国家的种种制度中而延续其生命力,或者用陈寅恪先生在《王观堂先生挽词并序》中的话说,构建一套社会经济制度,让中国文化之 idea 获得其现代的依托。② 如此则儒者首先需要思考:传统儒者之治国范型究竟为何?

这就是本文将要讨论的问题。通过阅读历史及儒家圣贤的著述,尤其重要的是,超越其学理论述,研究圣贤在现实中所从事的事业,笔者认为,正统儒家的治国范型乃是"多中心治理"。本文将从理论和历史两个角度,研究此一治国范型的基本内容,并认为,这一认知有助于儒者思考儒家于当代新生转进,进而参与优良社会秩序塑造的进路。

## 一、预备性讨论:"多中心"理论

"多中心性"(polycentricity)是出生于匈牙利的英国思想家迈克尔·波兰尼(Michael Polanyi,1891—1976)提出的一个概念。③ 与这一思想共生的则是"自生秩序"概念(spontaneous order)——哈耶克晚年的社会理论重点在发展和

---

① 作者姚中秋,独立学者,现居北京。
② 参考《寒柳堂集》,上海:上海古籍出版社,1980,寅恪先生诗存,第六—七页。
③ Michael Polanyi, The Logic of Liberty; Indianapolis: Liberty Fund, 1998, p. 208.

运用这一概念。也因此，波拉尼的思想与哈耶克的思想之间存在诸多交叉、相通之处。

哈耶克在社会中区分了组织共同生活的两种不同形态："组织"与"自生秩序"，④与此类似，波兰尼区分了两种把人组织起来的不同形态。在波拉尼那里，"多中心性"首先是一个基本的社会事实，社会管理者所面对的问题是，这些人将如何组织起来，从事某种可以带来人们普遍认为较好的事业。波拉尼讨论的例子主要是市场：相当数量的企业将通过何种方式构成一个有效率的经济体系，较好地满足同样是数量极大的消费者的多样的需求？

波拉尼说，可以有两种方式：一种是"集中指令"的方式，即

> 运用某种形态的具体指令，在一个持续的时期内，协调某一群人在全部规定时间内的活动，指挥他们执行一项复杂而多变的任务，并需要随时重新安排每个人所扮演的角色。如此这般的具体指令必然意味着把这些人置于单一上级的权威之下，他的责任是不断调整的协同性行动。这些人必须被组织进一个集体中，置于一位主管的权力之下。⑤

由此建立起来的就是一个"集体秩序（corporate order）"，⑥或者说一种"刻意的秩序（deliberate order）"，⑦或者说，就是一元的单中心秩序。波拉尼指出，这种方式存在一个致命缺陷：它受到可管理的限度的制约："直接置于某个上级的命令之下的下属的人数，不得超出他的控制的范围。"⑧

第二种方式是，在某种抽象规则的规制下，各个中心"自我协调（self-coordination）。它同时存在着许多相互独立的行为单位，这些单位或者组成部分能够计算受风险和不确定因素影响的潜在的成本和收益，促进自身利益的扩大；另一方面，体系的各组成部分之间受着一般性规则的制约，又可相互适调，使利益相关的决策者、各独立单位之间相互作用、相互影响，保证整个秩序的稳定和运行，从而使这一体系成为富有活力的系统。由此可以形成一种高效率的秩序，这种秩序就是自生秩序或者"多中心秩序"。波拉尼运用自己精通的数学证明了：

---

④ 参见［英］弗里德里希·冯·哈耶克著，法律、立法与自由，邓正来等译，第一卷，北京：中国大百科全书出版社，2000，第二章。

⑤ The Logic of Liberty, pp. 137—38.

⑥ 同上，pp. 137。

⑦ 同上，pp. 141。

⑧ 同上，p. 138。

一个相互调整的系统内控制的范围(即可调适的关系的数量)自我所解决的问题的范围,远比一个集体性实体内得控制范围大很多,管理工业生产过程的任务需要对相当数量的关系进行不断调整,这个数量远远超出了集体的控制的范围。因此,(1)集体甚至远不能应付这样一项任务,(2)这样的任务只能在一个相互调整的制度下完成,惟有在此制度下,该任务才能被理性地管理。⑨

　　一家企业确实可以借助集中指令的方式来集中管理、计划,毕竟,这里要管理的人数的规模是有限的。但大量"公共"问题的管理,比如,市场、法治、科学研究等大量社会领域的事务之治理,却都远远超出了集中指令可管理的限度,而属于"多中心任务"。⑩ 这些事务要被有效管理,惟有靠系统内的因素自我相互协调才行:"一项多中心的任务惟有通过相互调整的制度,才可从社会的层面上管理。"⑪由此所形成的系统的状态,也就是"自生秩序"。

　　在波拉尼的论述中,多中心秩序有两大构成性因素:第一,多个中心的自发调整;第二,抽象规则体系的存在。⑫ 这两者缺一不可——当然这也是哈耶克的自生秩序理论所反复强调的。只不过,波拉尼强调了"多中心性"这一事实,哈耶克则似乎更多强调了规则问题。他们都强调,管理"大社会"(great society)的合意的、合宜的方式,就是各个中心——个体及个体组成的团体——在抽象规则之下自我协调。这里所说的"中心"是多样的,比如在市场中,中心可以是个人,个体消费者,也可以是个人按照某种程度的集中指令组织起来的企业;同样,在文化、社会事务中,中心可以是个体,自然地形成的家庭,也可以是个人以契约方式组织起来的团体。⑬

　　文森特·奥斯特洛姆等人则对波拉尼的"多中心"思想予以发展,使之成为思考社会治理问题的一种思维方式和理论框架,他们提出"多中心治理"概念,将其发展成为公共物品生产与公共事务治理的一种模式。

　　在波拉尼那里,多中心秩序中的各个中心似乎是给定的,奥斯特罗姆的理论贡献在于,突出了各个中心的"自我组织"特征对于多中心秩序的重要性:

---

　　⑨　The Logic of Liberty, p. 142.
　　⑩　同上, p. 210。
　　⑪　同上, p. 226。
　　⑫　关于这一点,参见 The Logic of Liberty, p. 226 及以后。
　　⑬　这一点的更清楚论述见文森特·奥斯特罗姆,《多中心》,收入(美)迈克尔·麦金尼斯主编,《多中心体制与地方公共经济》,毛寿龙译,上海:三联书店,2000。

多中心体制设计的关键因素是自发性（spontaneity）。波兰尼认为"自发的"与"多中心的"同义，这表明自发性的属性可以看作是多中心的额外的定义性特质。自发意味着多中心体制内的组织模式在个人有动机创造或者建立适当的有序关系模式的意义上将自我产生或自我组织起来（self-generating or self-organizing）。多中心体制在发展有序关系模式方面是"自发的"，自我组织的倾向在若干不同的行为层次上就必然发生。⑭

这一点，对于奥斯特罗姆本人所讨论的问题、对于本文讨论的问题来说尤其重要，因为

我们不能指望个人能够单独行动生产一定量的公益物品和服务。只有在个体能够组织适当结构的公共企业且潜在的受益者能够被强制支付服务的成本时，他们才会取得成功。在这种情况下，只有个人被导向去完成公共企业家精神（public entrepreneurship）的任务，创造适当结构的公共企业来提供公益物品和服务，自发性原则才能得到满足。⑮

如果一种政治体制能够容许人们自发地组织这类公共企业以及非政府、非盈利性社会组织，则将如埃莉诺·奥斯特罗姆藉以获得诺贝尔奖的研究所说的那样，面对公共问题，一群相互依存的人们通常会自我组织起来自主治理（self-governance）⑯。这样，至少就会形成政府、市场、自主治理等三种提供公共物品和服务、解决公共问题的形态，它们构成一种复杂的结构，不同的治理主体之间既相互合作，又可能相互竞争。此即"多中心治理"。

"多中心治理"作为一种治理范型，首先意味着在公共物品生产、公共服务提供和公共事务处理等方面，存在着多个供给主体。人类的很多事务可以通过市场的方式解决，斯密早就论述过，很多公共品可由私人企业通过商业方式提供。不过，还有很多事务是市场无法解决的，而需要由各种非盈利的"会社"（society）以某种方式来解决。更进一步说，市场和社会的能力也各有其限度，这个时候就需要政府。但政府同样可以有多个层级。由此，就形成一种跨越政府与社会的多中心治理秩序。

---

⑭ 多中心体制与地方公共经济，第78页。
⑮ 同上，第79页。
⑯ 参看公共事务的治理之道。

我还愿意给这一理论引入奥地利学派经济学的企业家理论。企业家理论与奥地利学派的市场过程（market process）理论联系在一起，也是后一理论的核心所在。奥地利学派强调，身处于经济过程中的人面临着无知，因而它可不能像新古典经济学所设想的那样，面向给定的目标，配置给定的资源。相反，目标和资源都在一定程度上是未知的，经济活动主体总是面向不确定的未来，基于自己对这些东西的主观认知——经常是猜测——进行决策。因此，他的这种决策是有风险的，其中也就包含着创新。敢于进行这类活动人，奥地利学派就称之为"企业家"。如米塞斯所说：

> 它所指涉的是人性的特征，在一切市场交易中表现出来。各个人对于一个情况变动所起的反应不是同样快，也不是以同样的方式，这个事实就是人性的特征。人之不相等，由于先天的质量差异，也由于后天的生活环境之不同，在这方面也显现出来。在市场里面，有一些走在前面的带步人，也有一些只会仿效别人敏捷行动的跟随者。领袖现象在市场里面和在其他的人类活动部门是一样地真实。市场的推动力，也即促起不停的革新和改进的因素，是产生于促进者自强不息的精神以及尽可能追求最大利润的那股劲。⑰

米塞斯所描述的就是"企业家精神（entrepreneurship）"。这一企业家精神当然不仅局限于市场过程中，在文化、社会、政治过程中，同样可以发现这种企业家精神。事实上，这种企业家精神就是一定范围内的人们自我组织、自主治理的发动者。如果没有这样的人物，自我组织、自主治理就是不可能的。

奥地利学派的企业家理论、奥斯特罗姆夫妇的自主治理理论与波拉尼的多中心理论和自生秩序理论，共同构成了一个微观、宏观机制俱全的多中心治理模型。相互依存的个体为着解决他们所面临的公共问题，通常会自我组织起来自主治理。社会中总有一些人乐于、也有能力从事这种组织活动，他们可被称为"绅士"。他们具有创新精神，也具有担当意识，具有公共精神。以他们为核心组织起来的自主治理组织，同样由企业家组织起来的市场，与政府一起制定规则、提供公共品，从而塑造出共同体的多中心治理秩序。

在多中心治理秩序中，政府的角色发生巨大变化。在福利经济学模型中，政府扮演着公共物品唯一的供应者，它感知民众的需要，建立公共品生产企业，组

---

⑰ 人的行为：经济学研究，夏道平译，台北：台湾银行，1976，上册，第270—71页。

织生产,进行分配。在所有这些过程中,政府是唯一的参与者和垄断性主体。多中心治理模型则容许其他主体、机制的参与,政府不再是唯一的供应者。因而在多中心治理秩序中,政府的角色发生了转换:政府要与其他主体竞争,政府主要承担监管者的角色。这样一来,整个社会的治理图景也就发生了巨大变化,政府的统治转化成为社会的治理,治理的中心从高高在上的单一中心 government,下降多成为多中心的 governance。

## 二、"群龙无首"、《大学》之道与多中心治理

回头来考察儒家的伦理、社会与政治论述,我们立刻可以发现一个多中心治理的理论规划。进一步的考察甚至可以证明,儒家对多中心治理的论述,比现代西方贤哲的论述更为完整。

讨论儒家多中心治理问题,我们立刻会注意到《易·乾卦》之

> 用九:见群龙无首,吉。
> 《象》曰:大哉乾元,万物资始,乃统天。云行雨施,品物流形。大明终始,六位时成。时乘六龙以御天。乾道变化,各正性命。保合大和,乃利贞。首出庶物,万国咸宁。

关于群龙无首与各正性命的含义,经学家们聚讼纷纭。熊十力先生解释"群龙无首"为一大同世界图景,此大同世界乃为一个无政府主义世界,不惟取消种界、国界,并取消家庭与私有财产制度。[18] 这种说法不仅取消政府,进一步取消了社会,根本无任何治理可言。与康有为的《大同书》一样,熊十力先生的这一解释是近世儒者在西方无政府主义思想影响下扭曲儒家治理理想的一个典型,有悖于儒家的中道主义。

关于"群龙无首"和"各正性命",程伊川的解说平实而可信:

> 用九者,处乾刚之道,以阳居乾体,纯乎刚者也。刚柔相济为中,而乃以纯刚,是过乎刚也。见群龙,谓观诸阳之义,无为首则吉也。以刚为天下先,凶之道也。

---

[18] 《读经示要》,收入《熊十力全集》,武汉:湖北教育出版社,2001,第 618—21 页。

......乾元统言天之道也。天道始万物,物资始于天也。云行雨施,品物流行,言亨也。天道运行,生育万物也。大明天道之终始,则见卦之六位,各以时成。卦之初终,乃天道终始。乘此六爻之时,乃天运也。以御天,谓之当天运。乾道变化,生育万物,洪纤高下,各正性命也。天所赋为命,物所受为性……天为万物之祖,王为万邦之宗。乾道首出庶物而万汇亨,君道尊临天位而四海从。王者体天之道,则万国咸宁也。[19]

乾者,健也,乾之性德为健,如牟宗三先生所说,"乾健所代表的原则是'创生原则',创生原则也就是创造性原则"。[20] 天道运行,生育万物。万物皆生于天,万物各受天命,而具有自己之性,此《中庸》所谓"天命之谓性"。因而,万物最理想的状态,就是"各正性命",此为实现天所命之性的内在逻辑使然。万物各正性命,则保合太和,乃利贞。

就人道而言,天命之谓性,因此,人人皆可以为尧舜,皆具有称谓尧舜之潜在能力,并具有趋向于成为尧舜的内在倾向。如《中庸》第十二章云:"君子之道费而隐。夫妇之愚,可以与知焉,及其至也,虽圣人亦有所不知焉;夫妇之不肖,可以能行焉,及其至也,虽圣人亦有所不能焉。"天命之于人的这种性(nature),就是多中心治理的形而上基础。

当然,即便是这样的人也同样需要治理。就像孟子所论证的:

> 恻隐之心,人皆有之;羞恶之心,人皆有之;恭敬之心,人皆有之;是非之心,人皆有之。恻隐之心,仁也;羞恶之心,义也;恭敬之心,礼也;是非之心,智也。仁义礼智,非由外铄我也,我固有之也,弗思耳矣。故曰,"求则得之,舍则失之。"或相倍蓰而无算者,不能尽其才者也。[21]

人虽皆有四端,但"思"的意愿和能力却大相径庭,由此在现实社会中,而有君子、小人之分。甚至可以说,这个世界也许根本不存在完美的君子。因此,人人都需要礼仪、法则之外在的约束。更为重要的是,即便是恻隐之心,似乎也需要在相互激励约束的共同体环境中,方可扩而充之。

既然完美的君子不可能存在,那么,可以设想的唯一合理的治理模式就是

---

[19] 《周易程氏传》卷第一,[宋]程颢、程颐著,二程集,北京:中华书局,2004,第二版,下,第697—98页。

[20] 牟宗三:《周易哲学演讲录》,上海:华东师范大学出版社,第12页。

[21] 《孟子·告子》上。

"群龙无首",惟有群龙无首,方为大吉。如程子解群龙无首,实际上否认了"纯阳"的可能性,或者说否定了其正当性。纯阳则必过于刚,是为大凶之道。因此,治理是必要的,但这种治理必须呈现为一种"群龙"共治的图景。这种群龙共治,可以有两个含义:古代儒者通常将其理解为在臣位之圣贤辅佐在君位之圣王,圣王"垂衣裳而治"。但这种群龙共治,也可以被理解为

> 此"群龙"全体之为用,即展示出社会之为一实体之概念。龙是阳刚象征,刚猛勇健,却能不相互争强逞斗,而合为全体,此必是其能和谐地平等共存,和衷共济。我所以认为"群龙无首"为群龙齐腾飞之象,理据亦在此。群龙齐腾飞的示象意义,落在人生层次上说,正在表示各生命个体谐和地平等共存,和衷共济,形成一社会。而关键词"无首"之意涵则正是对"群龙"示象的社会实体的确认、肯定与尊重,即使"群龙"为用意涵之社会性透出。此对社会真实存在的确认、肯定和尊重,亦为构建和谐社会所必须遵循的原则。此原则,消极地说,就是对社会不妄加干预,不凌驾,不宰制,而是让社会自其为社会地存在、发展,让社会真实地还原为社会。㉒

所谓"群龙"可理解为多元的社会自我治理主体,他们分别在不同领域、以不同方式发挥着治理功能,从而令社会的不同部分、不同片断"各正性命"。

当然,这并不否认某个特殊的治理主体之必要性,所谓"首出庶物,万国咸宁"。程伊川解释说:"君道尊临天位而四海从。王者体天之道,则万国咸宁也。"请注意,伊川先生使用了"君道"一词,而没有说"君王"。群龙无首的格局仍然需要某种秩序维系机制,此即"君道"。这种君道是程伊川整部易传讨论的核心。这种君道之呈现需王者"体天之道",而天道就是"生生"之德,就是生育万物。具体而言,社会治理的君道就是《中庸》第十三章所说的"以其人之道,还治其人之身":

> 子曰:"道不远人。人之为道而远人,不可以为道。诗云:'伐柯伐柯,其则不远。'执柯以伐柯,睨而视之,犹以为远。故君子以人治人,改而止。"

朱子《四书章句集注》注云:"若以人治人,则所以为人之道,各在当人之身,初无彼此之别。故君子之治人也,即以其人之道,还治其人之身。其人能改,即

---

㉒ 罗义俊,《"群能无首"与"各正性命"——再论儒家构建和楷社会的个体性原则》。

止不治。"这个君道,这个"以其人之道,还治其人之身",具体言之,恐怕就是《乾·文言》所说的"乾始能以美利利天下,不言所利,大矣哉!"转化为王者之治理的原则,则为《大学》所说:"国不以利为利,以义为利",所谓义者,按照朱子的注解,就是万物"各得其宜"。而这正是罗马法关于正义的定义:"正义是给予每个人他应得的部分的这种坚定而恒久的愿望。"[23]

当然,《大学》更为明晰地提出了一个多中心治理的范式:

> 古之欲明明德于天下者,先治其国;欲治其国者,先齐其家;欲齐其家者,先修其身;欲修其身者,先正其心;欲正其心者,先诚其意;欲诚其意者,先致其知;致知在格物,物格而后知至,知至而后意诚,意诚而后心正,心正而后身修,身修而后家齐,家齐而后国治,国治而后天下平。自天子以至于庶人,壹是皆以修身为本。其本乱,而末治者否矣。

《大学》列出了达于"至善"的途径。向来儒者似乎多强调递进的关系,"欲……先……"的句式也确实给人留下这样的印象。这样的论说当然是完全成立的。简单地说,道德伦理秩序是社会秩序的基础,这两者又共同构成政治秩序的基础。因此,从正心诚意一直到治国平天下之间,确实存在着前者为后者之基础的递进关系。

不过,《大学》所说的内圣与外王以及外王的几个条目之间,也存在着一种并列关系。从某种意义上说,儒家并不认为,修身、齐家、治国、平天下之间存在着高下之分。"自天子以至于庶人,壹是皆以修身为本"的说法意味着,即便是处于治国者、平天下的位置上的君王、天子,与庶民一样要修身,那么,他们的治理权就不是绝对的。于是,最合理的治理方式,就是各个层级的共同体共同治理。朱子《大学章句序》关于上古三代遍设小学、大学的良好效果的描述,隐含了这样的意思:

> 夫以学校之设,其广如此,教之之术,其次第节目之详又如此,而其所以为教,则又皆本之人君躬行心得之余,不待求之民生日用彝伦之外,是以当世之人无不学。其学焉者,无不有以知其性分之所固有,职分之所当为,而各俛焉以尽其力。此古昔盛时所以治隆于上,俗美于下,而非后世之所能及也!

---

[23] [罗马]查士丁尼:《法学总论》,北京:商务印书馆,1997,第5页。

最优良的治理乃是"治隆于上，俗美于下"。荀子就曾经说过，惟有每个人都参与治理，结成各种各样的群体自我治理，才有可能俗美于下。按照儒家设想，圣王则"以义为利"，通过最低限度的权力维持正义的社会秩序。此即波拉尼、哈耶克所强调的对于多中心的自生秩序之形成和维系至关重要的"规则框架"。因此，多中心治理不是无政府主义，而是一种基于抽象规则、多层次的多元治理主体共同体参与治理的秩序。

## 三、孔子对社会的证成

或许可以说，多中心治理是儒家关于治理的最高层面之构想。它至少可以区分出三个面相：社会的自主治理，社会与政府的分立，政府内部的多中心结构。本文主要简单梳理前两项的历史。

从某种程度上说，中国的"社会"始于孔子。孔子等儒者形成儒家自觉之时，正当中国的"社会"开始形成之际，孔子则通过他的努力，创造出了构成这个社会的第一个"会社"。

在经典封建制下，并不存在社会，因为不存在政府与社会之分。封建关系乃是一种契约性人身依附关系，它构成了一种涵盖一个人生活之全部的整全关系，政府与社会、公法与私法是融合一体的。不过，封建制也确实为未来社会之出现、为政府与社会的分立提供了"质料"：这个体制下存在着种种分散的治理组织。在封建制崩溃过程中，这些分散的组织开始分化，政府与社会分别浮现出来。王权逐渐扩大其统治的幅度和深度，为此而构建了官僚组织，王室法律变成国家法律，由此逐渐凝聚而出现了现代"政府"。与之相对的领域就清晰化为"民间"，诸多封建的分散的治理组织转型为政府之外的"会社"（societies），无数会社共同构成了现代意义上的"社会"。中国历史上的春秋后期，正处于这样的时期。时当春秋、战国，孔子正是"民间社会"进入形成阶段的标志。

人们反复强调，孔子之前是"学在官府"，孔子则开创了自由聚徒讲学的"私学"。实际上，在孔子之前的经典封建制下，本无所谓王官学、私学之分，那个时代没有政府与社会之分。贵族子弟接受教育，又自动地成为治人者。另外的人则永远是治于人者。孔子改变了这一图景。

孔子兴办教育的自由，固然是受封建主义原则保护的。可资对比的是，秦以后大儒的讲学、办学活动，均无法享有孔子所曾享有的那么大的自由度，这正是拜封建主义之赐。从这个角度看，封建的原则为"社会"的形成提供了保障。不过,孔子的工作却又突破了封建制。他奉行"有教无类"的教育原则,子弟的出路也各不相同:有些人进入古老的封建组织或新兴的王权机构成为治人者,有些人却不能,寄身于政府之外,创造和维系一个民间的社会。这样,即便在孔子的弟子群中,政府与社会也分离了。孔子本人创造了中国的第一个民间社会,此后这个民间社会也不断发育、扩展。

也正是这一事实,促使孔子对民间社会的正当性、自足性、优位性提供了论证。此可见之于孔子对道与势的关系、对"君子"理想人格之论述中。

《论语·泰伯第八》:子曰:"笃信好学,守死善道……天下有道则见,无道则隐。邦有道,贫且贱焉,耻也;邦无道,富且贵焉,耻也。"关于君臣关系,孔子提出:"所谓大臣者:以道事君,不可则止。"(《论语·先进第十一》)。在孔子看来,权力及其治理活动并非社会治理的全部。相反,在权力之上存在着一个客观的标准,那就是"道"。而君子当"志于道"。这个道赋予君子以人生选择的自由和现实批判的资格。

当然,这些"志于道"的君子现在已经不再是指"贵族",因而他们的个人境遇不同于贵族。他们并不能自动地获得封建性职位。相反,现在,他们从一开始是处于封建结构之外的,是处于正在形成中的"政府"之外的。他们并没有统治的位置和权力。这样的君子可能进入权力体系,也可能不能进入,或者因为权力不合乎道,而自愿地选择不进入,继续在政府之外活动。社会就形成了,在孔子看来,这个社会与政府相比,居于一种更为优越的地位。《论语·微子第十八》的记载表明,孔子对隐于民间社会、不求进入政府的贤人,大体上持一种称许态度。同样,孔子对弟子中不求利禄者的评价,似乎要高于那些积极进取者。

事实上,孔子本人也组成了中国历史上第一个民间会社。孔子按照封建的原则,与他的学生组织成了一个自治的学术—教学共同体。用欧洲封建时代的词汇,或许可以称之为"行会(college)"。孔子与其弟子之间存在着某种准封建性的领主—封臣关系,我们可以看一下子路加入孔门的经过:

> 仲由字子路,卞人也。少孔子九岁。子路性鄙,好勇力,志伉直,冠雄鸡,佩豭豚,陵暴孔子。孔子设礼稍诱子路,子路后儒服委质(索隐按:服虔注:左氏云:"古者始仕,必先书其名于策,委死之质于君,然后为臣,示必死节于其君也"),因门人请为弟子。[24]

---

[24] 《史记》卷六十七,仲尼弟子列传第七。

所谓"委质"就是封建时代领主、封臣间建立附庸关系的"策名委质"程序、仪式,子路会表示服从孔子并在所有问题上"援助"孔子,孔子则会承诺在所有问题上保护子路。子路死后,孔子说:"自吾得由,恶言不闻于耳。"㉕自从子路加入孔门,他再也没有听到别人对他恶言相向。因为子路脾气暴躁而有勇力,侮慢之人再也不敢对孔子恶言相向。也就是说,子路对待孔子,确实就像封建的臣服礼所要求的那样,用自己的全部身心援助领主。

孔子去世后,他的弟子们曾经试图维持这个共同体的生命,他们推举了有若为继任首领,但有若的表现让人失望,他不具备担任行会领袖的能力,孔子的弟子们也就不愿臣服于他。孔子兴建的封建性团体不得不宣告解散。㉖ 不过,孔子的弟子们复制了孔子当初建立这个封建性学术团体的模式,在各地组成了自己的小团体。㉗ 这些团体就构成中国最早的"社会",它们也成为春秋晚期到战国时代思想学术繁荣的制度基础。

孔子构想了儒者从事社会自主治理的主要途径:

> 或谓孔子曰:"子奚不为政?"子曰:"《书》云:'孝乎惟孝,友于兄弟,施于有政。'是亦为政,奚其为为政?"㉘

"是亦为政"可以说是现代"治理(governance)"理念的先声。在孔子看来,一个具有道德自觉和公共精神的君子,完全可以在政府之外从"政",也即从事至关重要的治理活动:孝悌父兄,敬爱子女,此即所谓齐家。当然,孔子从事治理的途径有聚众讲学,与弟子们砥砺德性,此即"修身"。同时,孔子频繁发表议论时政的言论。凡此种种活动,就构成了权力之外、由君子主导的自发的社会生活,它们本身就构成了一种治理性活动。孔子为后世儒者的社会自主治理提供了典范。如《荀子·儒效》篇所说:

> 儒者法先王,隆礼义,谨乎臣子而致贵其上者也。人主用之,则埶在本朝而宜;不用,则退编百姓而悫……埶在人上,则王公之材也;在人下,则社稷之臣,国君之宝也;虽隐于穷阎漏屋,人莫不贵之,道诚存也……居于阙

---

㉕ 《史记》卷六十七,仲尼弟子列传第七。
㉖ 事见《史记》卷六十七,仲尼弟子列传第七。
㉗ 比如,孔子在世时,澹台灭明"南游至江,从弟子三百人,设取予去就,名施乎诸侯"。"孔子既没,子夏居西河,教授,为魏文侯师。"(《史记》卷六十七,仲尼弟子列传第七)
㉘ 《论语·为政第二》。

党,阙党之子弟罔不分,有亲者取多,孝弟以化之也。儒者在本朝则美政,在下位则美俗。儒之为人下如是矣。

《论语·颜渊篇第十二》说:

> 子曰:"听讼,吾犹人也,必也使无讼乎。"

这句话中隐含着一个关于治理的基本命题:社会的自主治理在逻辑上是先于政府的,在道德上优于政府的。政府有效治理得以实现的前提是社会进行广泛而有效的自主治理,由此社会将具备一种基础性秩序。在此基础上,政府的治理才能够收到预期的效果。如果缺乏社会自主治理的基础,则政府制定再多法令,最为严酷地执行这些法令,也不足以获得优良秩序。如此,政府的治理本身就必须面向社会自主治理,应当创造出最便利的条件,让社会得以自主治理。政府这样做既符合经济性原则,也合乎道德原则。从这个角度我们可以更为准确地理解孔子下面的一段话:

> 子曰:"道之以政,齐之以刑,民免而无耻。道之以德,齐之以礼,有耻且格。"㉙

孔子并不否认政刑的必要性、重要性。上面一段中所描述的两种治理路径,依靠权力的政刑之道,与基于个人的自愿的德礼之治,就是互补的,但以后者为基础。孔子区别了治理中的道德权威和强制性权力,前者可让民众自愿服从,后者则诉诸强制。这两者也就分别构成了社会和政府。孔子认为,前者是优先的。以德性熏陶为主要内容的社会层面的治理,对于优良治理来说是基础性的。

既然如此,则君子哪怕是在政府之内从事统治、管理活动,也依然应当注意追求一种面向德性的治理进路:

> 《论语·颜渊篇第十二》:季康子问政于孔子。孔子对曰:"政者,正也。子帅以正,孰敢不正?"

---

㉙ 论语·为政篇第二。

又

> 季康子问政于孔子曰:"如杀无道,以就有道,何如?"孔子对曰:"子为政,焉用杀?子欲善而民善矣。君子之德风,小人之德草,草上之风,必偃。"

这里,孔子的论证转向了君子。君子通过道德表率作用,整个社会的风气转化,民趋向于善,由此自然出现"无讼"的优良结果。

总之,孔子的教育、学术实践就是中国历史上第一个社会自主治理的实践。孔子通过道高于君的论述,对社会相对于政府的优先性给予了论证。孔子也相当具体地论述了基于社会自主治理的优良治理之道。多中心治理就成为儒家的基本治理范型。

## 四、家族作为儒家的构造物

后世儒家基本上沿着孔子的典范,走上了社会化发展之道。他们首先着力于在社会中耕耘,拓展社会的自主治理空间。他们进入权力、掌握和改造权力的努力,也是以社会为基地展开的。

传统中国儒家从事社会自主治理的主要制度是家族。至关重要的一点是,考察历史或许可以发现,家族制度并不是一种自然现象,而是儒者为从事社会自主治理而自觉地构造出来的。

在中国历史上,"家"经历过复杂的演变。简单地概括,有三个阶段:封建的契约性家,秦汉皇权高压下的小家庭无伦理的家,汉以来儒者逐渐建立起来的家族。

封建时代的"家"是封建等级秩序中一个层级,卿大夫的治理范围即为"家",它是封建制下最基础的治理单位。它不完全是血缘性团体,本质上是由封建契约凝结在一起的等级性团体。它确实包括宗亲,但也包括通过契约加入的家臣,还有效忠于家主的庶民,如"国人"或"野人"。在封建的家中,血缘性甚至是从属于契约性的。

孔子之后,政府与社会的分化加速,[30]封建的"家"同样在分化。在东方各国,战国时期,那些最为强大的大夫以自己的家室为本,形成"王权制"政府。与

---

[30] 关于这个过程的详尽描述,可以参考许倬云:《中国古代社会史论——春秋战国时期的社会流动》,南宁:广西师范大学出版社,2006,及杜正胜:《编户齐民:传统政治社会结构之形成》,台北:联经出版社,1990。

此同时,也出现另外两个社会发育趋势:

第一,非血缘的"社会"同步地发育、扩展,主要包括士人群体和商人群体这两类人群的社团——以及其他一些"会社"——共同构成了一个活跃而繁荣的社会。

第二,单纯依靠血缘的"家族"开始出现。从形态上看,家的范围缩小,契约性日益淡化,家内成员单纯依赖血缘关系凝聚在一起。正是在这样的背景下,"姓"才开始普及,这才出现后世所看到的单纯血缘型"家族",如《白虎通·宗族篇》所说:

> 圣者所以必有宗何也? 所以长和睦也。大宗能率小宗;小宗能率群弟,通于有无,所以纪理族人者也。

> 族者何也? 族者,凑也,聚也,谓恩爱相流凑也。上凑高祖,下至玄孙,一家有吉,百家聚之,合而相亲,生相亲爱,死相哀痛,有会聚之道,故谓之族。

徐复观先生精辟地指出,前者所说乃是封建时代的宗法,后者才是汉代以后的家族制度,[31]他评论说:

> 自春秋末期开始,而始出现平民的"族姓",至西汉而发展完成……于是,概略地说,从西汉起,中国开始以平民的宗族,形成社会的骨干。这是历史演进中的大关键,也是研究我国社会史的大关键。[32]

家族与政府同时出现,有其内在逻辑。在封建时代,家主与其成员之间的权利—义务是双向的,统一由礼制(实际上就是习惯法)节制,并且长期生活在一起,而构成一个富有情感色彩的熟人社会。因此,"家"这个契约性共同体内的成员相互之间的关系确有"温情脉脉"的一面。代之而起的新兴的王权、官僚却是外来者,他们对其统治的对象未必有情感。另一方面,王权、官僚的强制性权力,远远超出以前的领主。这样,社会成员所感受到的统治压力,似乎要更为强大,

---

[31] 徐复观:《中国姓氏的演变与社会形式的形成》,收入徐复观:《两汉思想史》第一卷,上海:华东师范大学出版社,第195页;关于姓氏之出现,也可参见杜正胜:《编户齐民》,第188—196页。

[32] 徐复观:《两汉思想史》第一卷,第192页。

其生命、自由和财产遭受王权、官僚侵害的可能性很大。个体必须寻求自我保障。比较紧密的家庭、家族制度为此而形成。没有社会组织，政府对臣民的直接全面统治如秦制，就必然是暴政。因此，个体必须组织起来，家就是最基本的社会组织形态。家族构成了相对于官府的社会性保障和治理之最基本制度依托，尤其是对普通人民来说。

不论是非血缘性社会和血缘性社会的自然发展，都曾经遭遇重大挫折，此即秦的统治。法家为了建立君王全面统治臣民的单一中心秩序，主张消灭各种社会。商鞅明确地从理论上把"政"与"民"——在很大程度上就是政府与社会——对立起来："民胜其政，国弱；政胜其民，兵强。"㉝这其中包括禁止民众组织大家庭。法家基于其专制主义的直觉，敏锐地意识到，"孝"与"忠"是直接对立的两种美德。孔子提出"父为子隐、子为父隐，直在其中"，韩非则针锋相对地断言："父之孝子，君之背臣也。"㉞商鞅、韩非的基本理念都是，臣民只能效忠君王，所谓"以吏为师"，就是以吏为唯一的治理权威。社会的存在，不论是血缘性社会还是非血缘性社会，都是对这单一治理秩序的威胁。

据此，秦国自商鞅变法时起，不断地采取立法和政策措施消灭春秋、战国时代兴起的社会自主治理制度，其中包括消灭大家庭制度。商鞅的改革法令包括："民有二男以上不分异者，倍其赋。"㉟商鞅执政之后，再度强化这一法令："而令民父子兄弟同室内息者为禁。"㊱不仅兄弟必须分家，成年儿子也必须与父母分家。这样的制度得到汉初贾谊的证实："秦人有子，家富子壮则出分，家贫子壮则出赘。"㊲汉朝继承了秦代防止家庭规模扩大的律令。似乎一直到了曹魏，才终于"除异子之科，使父子无异财"。㊳

可以说，秦以来的正式的法律制度和社会政策是不利于家族的生存、扩展的，㊴由此，中国很早就形成了以父母和未成年子女构成的核心家庭制度，有学者将其称为"汉型家庭"㊵——其实更合适的名称明明是"秦型家庭"。

---

㉝ 《商君书·说民第五》。
㉞ 《韩非子·五蠹》。
㉟ 《史记》第六十八卷，"商君列传第八"。
㊱ 同上。
㊲ 《新书》卷三，"时变"。贾谊接着描述秦国民间风俗："假父耰锄杖彗耳，虑有德色矣；母取瓢碗箕帚，虑立谇语。抱哺其子，与公并踞。妇姑不相说，则反唇而睨。其慈子耆利，而轻简父母也，念罪非有伦理也，其不同禽兽勤焉耳。然犹卬心而赴时者，曰功成而败义耳。"
㊳ 《晋书》卷三十，志第二十，刑法。
㊴ 关于这一点，可参见瞿同祖:《汉代社会结构》，上海：上海人民出版社，2007，第10—15页。
㊵ 杜正胜:《古代社会与国家》，台北：允晨文化，1992，第786页。

儒家却则自始即强调家对于个人、对于社会治理的重要性。儒家相信，比如，贾谊总结秦国迅速覆亡的原因是"仁心不施，而攻守之势异也"。㊶ 仁心不施的一个具体表现就是拆散家族。贾谊认为，由于秦国法律强令父子、兄弟分居，导致民风败坏，而这正是秦国迅速覆亡的根源："蹶六国，兼天下，求得矣，然不知反廉耻之节，仁义之厚，信并兼之法，遂进取之业，凡十三岁而社稷为墟，不知守成之数，得之之术也。"㊷贾谊相信："牧之以道，务在安之而已矣"。这里的安，就意味着，皇帝知道自己权力的界限，容许社会自主治理。否则，"下虽有逆行之臣，必无响应之助"。㊸

"安之"之道，则是恢复三王德教。关于这一点，董仲舒在《天人三策》第一策中表达得最为清楚：

> 王者承天意以从事，故任德教而不任刑。刑者不可任以治世，犹阴之不可任以成岁也。为政而任刑，不顺于天，故先王莫之肯为也。今废先王德教之官，而独任执法之吏治民，毋乃任刑之意与！

而任德教的制度依托首先是社会自主治理组织，其次才是政府本身把德教原则贯穿于立法和行政过程中。这一次序是由德教本身的性质决定。

儒家为这个新兴的"家族"制度的发育及其行使社会自主治理权威，提供了论证。董仲舒在其《天人三策》第一策中也提出：

> 众人受命于天，固超然异于群生，入有父子兄弟之亲，出有君臣上下之谊，会聚相遇，则有耆老长幼之施，粲然有文以相接，欢然有恩以相爱，此人之所以贵也。

在这里，董仲舒首先强调，众人同受命于天，就此而言，众人与天子的自然和道德权利是平等的。众人首先生活于父子兄弟之亲的血亲性关系网络中，进而又在小区中"会聚相遇"，形成种种社会性关系，最后才在陌生人社会中有君臣上下之谊。家庭、小区已经形成了基础性治理秩序，在其外、其上的政治的君臣秩序反而是辅助性的（subsidiarity㊹）。

---

㊶ 《新书》卷一，"过秦论上"。
㊷ 《新书》卷三，"时变"。
㊸ 《新书》卷一，"过秦论下"。
㊹ 欧洲宪法理论中有辅助性原则，意谓应当充分允许社会自我治理，政府仅发挥辅助性作用。

从这个角度，也可以较为准确地理解《孝经》的含义。今天谈论孝，特别容易强调孝这种美德对忠君这种美德的生成和支持作用，仿佛孝相对于忠只具有工具性价值，儒家提倡孝就是为了培养对君主的忠。然而，如果回到汉代的语境中，这种逻辑似乎应当颠倒过来。儒家强调家族的价值，恰恰是为了抗衡政府的统治，儒家强调孝，恰恰是为了抗衡皇权强加于民众的忠的绝对义务。简单地分析一下《孝经》其实就可以读出这种意图。如《孝经·开宗明义章第一》：

> 仲尼居，曾子侍。子曰："先王有至德要道，以训天下，民用和睦，上下无怨，汝知之乎？"曾子避席曰："参不敏，何足以知之？"子曰："夫孝，德之本也，教之所由生也。复坐，吾语汝。身体发肤，受之父母，不敢毁伤，孝之始也。立身行道，扬名于后世，以显父母，孝之终也。夫孝，始于事亲，中于事君，终于立身。大雅曰：'无念尔祖，聿修厥德'。"

在这里，孔子基本上把"孝"作为私人之德来看待。"事君"介乎"事亲"与立身——实即"行道"——之间，在价值的排序上，既低于事亲，也低于立身。事君不过是立身的一个阶段。最有意思的是，《孝经》用孝来要求天子："子曰：爱亲者不敢恶于人，敬亲者不敢慢于人。爱敬尽于事亲，而德孝加于百姓，刑于四海，盖天子之孝也。甫刑云：'一人有庆，兆民赖。'"在这里，天子首先必须做一个孝子。他的孝又被孔子做了转换，转换成为一种治理的公德：不敢恶于人，也不敢慢于仁，必须以德、孝加于百姓。

换言之，《孝经》在很大程度上是儒家试图约束天子的一种努力。从这里，丝毫看不出把孝转化为忠的倾向。㊺ 相反，孔子强调了"民用和睦，上下无怨"，也即人们各自约束，形成良好的社会合作秩序。因此，在汉代语境中，"孝"乃是对强制之忠的反抗，儒家旨在以此论证社会自主治理之可能性。

基于这种信念，两汉的"循吏"均秉持儒家信念，引导人民孝悌有行，㊻如东汉何敞为汝南太守时，"显孝悌有行者……百姓化其恩礼。其出居者，皆归养其

---

㊺ 萧公权先生曾经发明此意。宋明诸儒不知儒法二家同道尊君而起旨根本有别。大唱"三纲"之教，自命承统于洙泗。实则暗张慎韩，"认贼作父"（《中国政治思想史》，第153页）。

㊻ 关于这一点，可参见《汉代循吏与文化传播》，收入余英时：《士与中国文化》，上海：上海人民出版社，1987。余英时先生也指出："儒教在汉代的效用主要表现在人伦日用的方面，属于今天所谓文化、社会的范畴。这是一个长期的潜移默化的过程，所以无形重于有形，民间过于朝廷，风俗多于制度。"（第141页）

父母,追行丧服,推财相让者二百许人"。㊼ 这些官员确实是政府自上而下委派的官员,但却以"师儒"的身份,也即以儒家价值观念的阐释者、传播者的身份从事此类活动。最值得注意的是,如余英时先生的研究揭示的,他们的工作实际上经常遭到朝廷的阻挠。㊽ 但这些信奉儒家信念的官员坚持不懈,促使家族制度在基层社会逐渐建立。

当然,儒生自己更是身体力行,致力于构建一种特殊的家族制度。如余英时先生指出的,在武帝之后,出现了一个明显的"士族化"。在此之前,强宗大族与士人是两个不同的群体,强宗大族多为功臣、宗室、富商、甚至豪强,士则大多是游士。在此之后,两者从两个方面同时展开融合:"一方面是强宗大族的士族化,另一方面是士人在政治上得势后,再转而扩张家族的财势。"㊾这样,儒士就成为家族构造的核心,出现了很多以儒术致显的大家族。这样的家族也确实发挥了广泛的社会治理功能。㊿

汉代以来发生的家族化过程,意味着社会逐渐组织起来,相对于政府的强大权力依然顽强地走向自主治理。如史家所说,"终东汉之世,全国平均家口数比西汉晚期略高,似乎是儒家伦理普及后,矫正生分之俗的结果",从这个时代开始,中国人的"家庭架构逐渐从'核心家庭',转为'主干家庭'",即父母与成婚儿子共居,从而形成了所谓"唐型家庭"。㈤ 这样的家庭是基本社会经济单位。与此同时,家庭之间也建立起密切关系,汉、唐时代,社会上出现了"聚族而居"的现象,尤其是在战乱时代;到了和平时代,也有很多士人以"累世同居"而自豪。这意味着,一种按照血缘远近亲属组成的家族制度形成,社会自主治理从家庭扩展到跨越家庭的社区层面。

由此,一种新的治理模式逐渐建立起来:士大夫取代秦的吏、汉初的功臣而成为整个社会治理的核心,他们成长于社会学术之中,依托家族制度,进入政府系统。这个士大夫群体同时掌握着政府的正式权力和社会的非正式的权威。前一项权力可以说是皇帝授予的,并在很大程度上受制于依附皇帝的掌权者,比如外戚、宦官,但后一种权威,却是自足的、独享的。他们首先在社会领域中自主治理,并凭借着在这里所积聚的声望和治理技艺,进入政府系统。这样的治理模式已经完全不同于秦制。秦的治理是消灭社会,完全由权力来统治。进入汉代,社

---

㊼ 《后汉书》,卷四十,何敞传。
㊽ 参看余英时:《士与中国文化》,第166—182页。
㊾ 同上,第222页。
㊿ 参看瞿同祖:《汉代社会结构》,第27—39页。
㈤ 杜正胜:《古代社会与国家》,第799—800页。

会逐渐重建,政府的权力部分收缩,社会自主治理成长、扩展。

同样值得注意的是,宋代儒家复兴,同样十分关心家族制度的重建、扩展,"它虽盛于明清,却发端于北宋。新式宗族是由许多核心家庭、主干家庭或共祖家庭组成,共祖单位很少超出同祖父的成员,单通声气、济有无的范围却可以远过于五服。它的基础至少有四:族谱、义田、祠堂和族长"。㊾ 这里所举的集中制度,均形成与宋代,范仲淹等儒者在这些制度的形成中发挥了重要作用。

由此可以看出,儒家对孝悌的强调,具有重要的社会治理价值。儒家自始至终相信,有效地、健全的、可取的治理,必须从个人开始,从家庭、家族内部的关系开始。㊿ 只有在此基础上,政府的治理才可能发挥效力,并且才可能不至于变成暴政。因此,历代儒家重建秩序,基本上都从重建社会开始,首先是聚徒讲学,其次是重建家族制度和小区治理制度。儒家关于礼俗与刑政关系的讨论、关于风俗与制度关系的讨论、黄宗羲关于"亡国"与"亡天下"的分辨,在在都体现了儒家对社会自主治理的自觉,这种自觉乃是儒家式多中心治理范型的重要组成部分。

## 五、结　语

经由上面的讨论我们可以发现,自孔子始,儒家即形成了其多中心治理的基本范型:政府与社会的分立。儒家主流传统始终认为,政府与社会两者是分立的,而社会的"自主治理"乃是一个社会优良治理的基础所在。从逻辑上说,社会的自主治理先于政府自上而下的管理。

在历史上,儒者也总是担当社会自主治理的发起者、组织者和领导者的角色,他们构成已获得广泛研究的"中国绅士"。儒家也创造出了一些自主治理制度,它们构成多中心治理秩序中最为重要的中心。从事自主治理的组织有儒家师徒相聚讲学的制度,也有家族制度等等。

回顾历史可以发现,儒家式多中心治理范型乃是中国在过去维持一定程度的合理治理的关键所在。尽管自秦以来,漫长两千多年中政体框架是皇权专制,但多中心治理软化了皇权专制的僵化,阻遏了掠夺性权力之伸展,在广泛的社会、文化、经济、司法等领域通过自我组织实现相当程度的自主治理,从而保持了社会的生机。

---

㊾　杜正胜:《古代社会与国家》,第849页。
㊿　《易·序卦》:"有天地然后有万物,有万物然后有男女,有男女然后有夫妇,有夫妇然后有父子,有父子然后有君臣,有君臣然后有上下,有上下然后礼义有所错。"在这里,家庭、社会关系同样是先于君臣这样的政治关系的。

如果说现代国家成熟的治理模式就是多中心治理，那么，儒家式多中心治理范型对于中国的现代国家之构建及其正常运转，就具有十分重要的理论和实践价值。发掘、重建、创新儒家式多中心治理，是当代儒者所面临的重要知识使命。

同时，多中心主义与治理的视野将有助于儒者以一个开放的心态、多元地思考和参与社会治理。在这样的视野下，上行路线和下行路线可以兼容，并且完全可以构成一种相互支持的关系。多中心进路将为儒者提供足够灵活而多样的策略选择，儒家的复兴和新生则可以在多个领域、层面上展开，首先是在社会自主层面上展开，参与广泛的道德、文化、社会建设，这将建立起儒家的治理基础，以此可以进而影响更大范围的制度构建。

为此，当代儒者需要在现代社会环境中，发展出更为有效的自主治理组织。在传统社会，儒家师徒讲学、家族制度似乎是儒家自主治理的两个主要制度依托。这两者在现代社会仍然至关重要，而现代社会又为新型社会自主治理组织的成长创造了条件。比如，儒者可以在陌生人之间创造出诸多制度，包括贯穿儒家价值的慈善公益组织。

当然，儒家式多中心治理范型与现代多中心治理理论之间也存在一个重要区别："儒家式多中心治理"具有儒家特定的价值取向。这一取向可能会影响其理论的普遍性，不过反过来看，它也具有一个巨大的优势：价值的引入实际上有助于人们更为全面地理解治理、多中心治理的可能性问题。

具体地说，儒家价值的导入解决了治理主体积极行动的激励问题。一般多中心理论和自发秩序理论缺乏价值维度。它固然因此而足够抽象，但在很多时候无法解决美国经济学家奥尔森所说的"集体行动的困境"[54]和制度经济学所说的"搭便车"问题。而如果不能解决这两个问题，社会成员的自我组织就无法启动，多元的自主治理就无法展开，多中心秩序将无法形成。儒家式多中心理论则引入具有道德自觉的儒家"绅士"，从而解决了这样的难题。据此可以说，古老的儒家式多中心治理范型比现代的多中心治理理论更为完整。

不过，儒家式多中心治理范型的价值维度，也对当代儒家提出了治理的明智或者审慎的问题。儒家式多中心治理范型乃是一种具有一般性、普适性的社会治理安排，儒者可将此一古老的儒家治理智慧贡献给整个社会。不过，在当代社会信仰多元的环境中，致力于追求优良治理的儒者不必强求所有人接受儒家特定价值。事实上，在历史上，儒家作为占据主流的价值和准宗教体系，为应对臣民们的佛教、道教和民间信仰，已经发展出一种统治的美德，接近于现代人所说

---

[54] 参考［美］曼瑟尔·奥尔森：《集体行动的逻辑》，陈郁等译，上海：格致出版社，2008，第2页。

的"宽容"的政治德性。当儒者在多中心秩序中,致力于构造社会自主治理组织的时候,固然秉持儒家价值而行。不过当儒家居于治国者地位、从事国家制度设计的时候,则通常诉诸统治的美德。

当代儒者也只有意识到这两者间的区别,才有可能说服整个社会接受儒家式多中心治理范型,作为一种可取的社会治理秩序理想。这样的理想既是古老的,同时又是最现代的。

# 以孝治天下

## ——儒家治国思想在当代中国的可行性初探

杨汝清①

## 一

在儒家文化的视野中,以孝治天下是一条十分重要的理路。《孝经》中明确说"古之明王以孝治天下"。② 在儒家思想盛行的时代,这一理念得到社会广泛的认同和自天子以至于庶人一体的遵从。但如今在国人看来这一主张却显得如此陌生。在如今西学东渐的时代大背景下,如何消弭当代人的思想道德危机,并推进由西方民主宪政向儒家王道政治的良性转变,进而探索一条承继儒家传统精神并能融汇他国宪政思想之路,是当下以及未来中国不得不面临的一个重大问题。

儒家所追求的理想的政治制度是实现天地人三才和谐统一的王道政治。实现王道必须要以民为本,施行仁政。就像董仲舒在《春秋繁露》中所言:

> 天之生民非为王也,而天立王以为民也。故其德足以安乐民者天予之,其恶足以贼害民者天夺之。③

依照公羊学的义理,上天选择王者是为了黎民百姓,而非相反。同时,上天

---

① 儒家学者,苇杭书院山长,并执教于北京国际青年研修大学、河北佛学院。
② 《孝经·孝治章》第八
③ 董仲舒:《春秋繁露》第二十五

选择王者的标准是德行足以使百姓安居乐业,如果王者无德害民就必然失其位。

依此标准,能做到王天下者必然是臻至内圣境界之人,而天下归往所依靠的也是圣王之德的辉动,以及天下人对圣王之德的敬仰和皈依所形成的风化力量。

什么是圣王之德?《论语》中有这样一段对话:

> 子贡曰:"如有博施于民而能济众,何如?可谓仁乎?"子曰:"何事于仁!必也圣乎!尧舜其犹病诸!夫仁者,己欲立而立人,己欲达而达人。能近取譬,可谓仁之方也已。"④

在孔子看来能够做到"博施于民而能济众"即已达至圣王之境,具备了圣王之德。

在《孟子》中,如何实现王天下有这样一段生动的描述:

> 不违农时,谷不可胜食也;数罟不入洿池,鱼鳖不可胜食也;斧斤以时入山林,材木不可胜用也;谷与鱼鳖不可胜食,材木不可胜用,是使民养生丧死无憾也;养生丧死无憾,王道之始也。五亩之宅,树之以桑,五十者可以衣帛矣;鸡豚狗彘之畜,无失其时,七十者可以食肉矣;百亩之田,勿夺其时,数口之家可以无饥矣;谨庠序之教,申之以孝悌之义,颁白者不负戴于道路矣;七十者衣帛食肉,黎民不饥不寒;然而不王者,未之有也!⑤

这里我们可以看到,顺应天时,化成万物以实现百姓安居乐业,家庭长幼有序,社会教化良好,是王道政治的前提。

那么,"博施于民而能济众"、"七十者衣帛食肉"、"颁白者不负戴于道路"、"黎民不饥不寒"的济世情怀如何养成?圣王之治,天下归心如何实现?需要从孝入手去培养,去实现。

首先,孝作为为人修德之始,在儒家思想中居于"仁之本"的元德的地位。《论语》中有子说过这样一句话:

> 其为人也孝弟,而好犯上者,鲜矣;不好犯上,而好作乱者,未之有也。

---

④ 《论语·雍也》第六
⑤ 《孟子·梁惠王》上

君子务本，本立而道生。孝弟也者，其为仁之本与！⑥

孝是仁之本，爱人之心、天下情怀都从此而生。

其次，有子的这句话如果从效用上看，说明了孝也是为仁之本，是实现天下大治，万邦克谐的前提和基础。实现了孝，就会实现人人各安其分，各守其位，不会犯上作乱，也就为王道政治的实现提供了前提和保障。

就此角度而言，《孝经》的开篇，孔子也曾对曾子耳提面命：

> 仲尼居，曾子侍。子曰："先王有至德要道，以顺天下，民用和睦，上下无怨，女知之乎？"曾子避席曰："参不敏，何足以知之。"子曰："夫孝，德之本也，教之所由生也。复坐，吾语女。身体发肤，受之父母，不敢毁伤，孝之始也；立身行道，扬名于后世，以显父母，孝之终也。夫孝，始于事亲，中于事君，终于立身。《大雅》云：'无念尔祖，聿修厥德。'"⑦

孝作为"至德要道"，在治国方面可以做到天下太平，百姓和睦，上下相亲。这是其外化的功用。

这里也明确了孝为德之本，是儒家教化的基础。同时也清楚地说明了落实孝道的三个阶段。

即此，我们看到孝道不仅仅是儒家家庭伦理的重要表现形式，也是儒家政治伦理的重要表现形式。

首先，就家庭伦理层面而言，孝道所要体现的是对父母须臾而不可离的敬意："身体发肤，受之父母，不敢毁伤⑧"体现的是敬；"立身行道，扬名于后世，以显父母⑨"同样体现的是敬。

在《礼记》之中，曾子曾将孝概括为三个层面：

> 孝有三：大孝尊亲，其次弗辱，其下能养。⑩

在这里，"尊亲"意指对父母的尊重以及因为自己的行为而带来的他人对父

---

⑥ 《论语·学而》第一。
⑦ 《孝经·开宗明义章》第一。
⑧ 同上。
⑨ 同上。
⑩ 《礼记·祭义》。

母的尊重；"弗辱"意指让父母不要因为自己的所作所为而受到他人的羞辱。这二者都体现了对父母的敬。

《礼记》在开篇即谈"毋不敬"，⑪即是在对父母的敬的基础上推及他人，推及对天地万物的敬。在这里，孝依然是敬的基础，也是敬的具体表现。

其次，在政治伦理层面，孝的重要表现就是"移孝作忠"：

> 子曰："君子之事亲孝，故忠可移于君；事兄悌，故顺可移于长；居家理，故治可移于官。是以行成于内而名立于后世矣。"⑫

"移孝作忠"的思想也是儒家推及思想的表现形式之一。这是就其大者概括而言的。对天子而言，"爱敬尽于事亲，而德教加于百姓，刑于四海⑬"是一种推及；对诸侯而言，"富贵不离其身，然后能保其社稷而和其民人⑭"是一种推及；对卿大夫而言，"言满天下无口过，行满天下无怨恶⑮"是一种推及；对士而言，"故以孝事君则忠，以敬事长则顺⑯"也是一种推及。

从天子直到士，都是国家的管理者，那么孝道在他们身上就不仅仅是一种私德，而变成一种引导和风化百姓以实现王道政治的公器。这是儒家政治理想中十分重要的理路。如果人人都将孝敬父母之心推及到对待他人，对待万物，即如张载所言"民吾同胞，物吾与也⑰"，那么天下的大同，王道的实现便是一种必然。

《孝经》中这样描述这种天下大同的理想：

> 昔者，明王之以孝治天下也，不敢遗小国之臣，而况公、侯、伯、子、男乎？故得万国之欢心以事其先王。治国者不敢侮于鳏寡，而况于士民乎？故得百姓之欢心以事其先君。治家者不敢失于臣妾，而况于妻子乎？故得人之欢心以事其亲。夫然，故生则亲安之，祭则鬼享之，是以天下和平，灾害不生，祸乱不作。故明王以孝治天下也如此。《诗》云："有觉德行，四国顺之。"⑱

---

⑪ 《礼记·曲礼上》。
⑫ 《孝经·广扬名》第十四。
⑬ 《孝经·天子》第二。
⑭ 《孝经·诸侯》第三。
⑮ 《孝经·卿大夫》第四。
⑯ 《孝经·士》第五。
⑰ 张子（横渠）：《西铭》。
⑱ 《孝经·孝治》第八。

"以孝治天下",是为儒家政治理想的重要体现形式。

二

当代社会西风东渐,西方社会的文化、政治、思想、生活方式乃至宗教信仰等渐次在我们的视野中出现了。百余年来,在历经文化运动、政治运动的风雨洗礼之后,儒家思想及其价值在我们的社会生活和精神生活中已褪色甚至被涂改。

随着儒家思想的式微,中国人的信仰体系也发生了巨大的变化,传统的伦理道德已经被彻底边缘化甚至被一些人视为洪水猛兽,追求信仰者大多已然将西方的某些价值观念奉为圭臬,芸芸众生也将西方的文化、生活方式完全融入自己的生活。

其中,宪政思想便受到许多知识在国民水平线以上之人的认同与鼓吹。从1898年康有为、梁启超等人推行维新变法,上书光绪皇帝移植日本明治维新,改革官制,开设议院,试行君主立宪,到1906年五大臣出洋考察,再到1908年《钦定宪法大纲》的出台,中国开始了对宪政之路探索性的尝试。其后随着辛亥革命的风云交替,有关宪政的思考也不断变迁,一部部宪法典(含草案)在中国的政治舞台上相继登场,直到1982年中华人民共和国第四部宪法的诞生,先后共计16部宪法(及草案)[19]共同构成了风云变幻的百年宪政史,也折射出了百年来中国政治思想的变迁。

这种戏剧性的变化不仅仅是中国百年中政治变革的产物,也是对中华民族向何处去的一种悲情思考,日德、英美、苏联,你方唱罢我登场,一个世纪的宪政建设始终处在借鉴和学习的阶段,并未能找到我们的民族灵魂可以诗意地栖居之所。究其原因,首先是我们的民族灵魂是植根于儒家思想这一广袤而凝重的土地上的,离开了这片土地,民族的灵魂无法安顿。

诚然,民主与宪政在构筑西方世界当代文明中所起的作用及其在西方政治制度中拥有的地位是毋庸置疑的,其中所蕴含的智慧与情怀也是毋庸置疑的,以致许多人将其当做一种普世的价值来顶礼膜拜。然而,民主宪政是西方世界在对中世纪神权思想绝对禁锢自由,压制人性的反思中所形成的对人性的全面解放和对神圣性的彻底放逐。正如蒋庆先生所言,西方的政道由中世纪偏向神圣

---

[19] 晚清:《钦定宪法大纲》;中华民国:《中华民国临时约法》、《天坛宪草》、《袁记约法》、《八年草案》、《曹锟宪法》、《十四年草案》、《训政时期约法》、《五五宪草》、《期成宪草》、《政协宪草》、《中华民国宪法草案》;中华人民共和国:1954年9月、1975年1月、1978年3月和1982年12月先后制定、颁布了四部《中华人民共和国宪法》

合法性一重独大走向近代以来偏向民意合法性一重独大,是从一个极端走向另一个极端,这是其文化的偏至性格使然。

按照公羊学的理路,政权的合法性来源于"天地人"三才的同参同构,即是"参同天地人为王"[20],或曰"王道通三"[21],也就是追求以仁为本的"王道政治"。

《中庸》之中对"王天下"有如此的理解:

> 王天下有三重焉,其寡过矣乎!上焉者虽善,无徵。无徵,不信。不信,民弗从。下焉者虽善,不尊。不尊,不信。不信,民弗从。故君子之道,本诸身,徵诸庶民。考诸三王而不缪,建诸天地而不悖,质诸鬼神而无疑。百世以俟圣人而不惑。质鬼神而无疑,知天也。百世以俟圣人而不惑,知人也。是故君子动而世为天下道,行而世为天下法,言而世为天下则。远之,则有望;近之,则不厌。[22]

对此理解,蒋庆先生本诸公羊家的义理,认为:

> 所谓"建诸天地而不悖,质诸鬼神而无疑",是指超越神圣的合法性;所谓"考诸三王而不缪,百世以俟圣人而不惑",是指历史文化的合法性;所谓"本诸身,征诸庶民",是指人心民意的合法性。[23]

蒋先生此语从政治学的角度去理解《中庸》,与《中庸章句》中朱子的理解[24]相较,均未出离对儒家思想的把握,但别开生面,且自成一说。

与此相对,在西方政治经历了对中世纪神权思想的批判性反思,在理性主义的"除魅"之后,过分张扬了人的价值和作用,当今西方的民主宪政,无论英美、日德,还是前苏联,其中心思想均只注重于"主权在民",也就是仅只考虑到人心民意的合法性,对天道、历史、文化的理解显然并未进入现代西方政治的视域中。

于此,我们看到,"王道政治"对政治制度三重合法性的思考和建构,用当代

---

[20] 董仲舒:《春秋繁露·王道通三》第四十四:"古之造文者,三画而连其中,谓之王。三画者,天地与人也,而连其中者,通其道也。取天地与人之中以为贯而参通之,非王者庸能当是?"

[21] 董仲舒:《春秋繁露·王道通三》第四十四。

[22] 《中庸章句》第二十九章。

[23] 蒋庆:《王道政治是当今中国政治的发展方向——"儒教宪政"的义理基础与"议会三院制"》。

[24] 《中庸章句集注》释此章为"承上章'为上不骄'而言,亦人道也"。

的语汇来定义的话,不妨称之为"儒家宪政"。㉕ 儒家宪政恪守儒家中庸之道,重视天道、历史、文化、民心的有机结合,是一种多维立体的政治架构。与西方民主宪政相比,更加全面和合理,应该是最优的政治架构。

## 三

王道政治——或曰儒家宪政——在治道上的体现,就是"以孝治天下"。

具体而言,在超越神圣的层面上看,孝道体现了儒家对天地鬼神的敬畏和重视:

> 子曰:"昔者,明王事父孝,故事天明;事母孝,故事地察。长幼顺,故上下治;天地明察,神明彰矣。故虽天子,必有尊也,言有父也;必有先也,言有兄也。宗庙致敬不忘亲也,修身慎行恐辱先也。宗庙致敬,鬼神著矣。孝悌之至,通于神明,光于四海,无所不通。"㉖

儒家以父比天,以母比地,故孝亲必然会敬畏天地神明,这也是大孝尊亲的应有之意,而且力行孝道达到极致,是可以直接通达天地鬼神的。因此,孔子认为:

> 天地之性人为贵,人之行莫大于孝,孝莫大于严父,严父莫大于配天。则周公其人也。昔者,周公郊祀后稷以配天,宗祀文王于明堂以配上帝,是以四海之内各以其职来祭。㉗

周公在祭祀时以先祖后稷配天,以其父文王配上帝,此即体现了儒家所坚持的天命观——由孝而敬,直达神明。孝感动天,天人合德。儒家之重丧祭,即是这种思想的具体表现。而且,孝的早期涵义,不仅只及于父母,也包含了鬼神,即血亲先祖。在《论语》中有:

> 子曰:"禹,吾无间然矣。菲饮食,而致孝乎鬼神;恶衣服,而致美乎黻

---

㉕ 蒋庆先生将其定义为"儒教宪政",但在下以为"儒家"一词,其涵盖和统摄性较"儒教"一词更为广大,详述请见附录之《儒家儒教之判》。
㉖ 《孝经·感应》第十六。
㉗ 《孝经·圣治》第九。

冕；卑宫室，而尽力乎沟洫。禹，吾无间然矣。"㉘

这里的鬼神即是血亲先祖，禹作为儒家的圣王，虽然厉行节俭，但在宗庙祭祀上，还是尽己所能地通过丰足的祭品、精美的祭服表现心中无上的敬意。明乎孝道，即明乎天道。

在历史文化的层面上，孝道体现了对往圣先贤的追思与崇敬：

> 非先王之法服不敢服，非先王之法言不敢道，非先王之德行不敢行。㉙

大孝尊亲的表现之一就是要让自己的一言一行都符合道义，从而得到他人的称誉和效法，以此来实现"扬名于后世，以显父母"㉚的孝行。因此"非法不言，非道不行"㉛，以实现孝道。在《论语》中也有：

> 曾子曰："慎终，追远，民德归厚矣。"㉜

> 子张问："十世可知也？"子曰："殷因于夏礼，所损益，可知也；周因于殷礼，所损益，可知也。其或继周者，虽百世，可知也。"㉝

这里的"慎终追远"及"存二王后以通三王之统㉞"之举，均表现了对历史与文化的敬意与传承，同样包含上述大孝尊亲之意。

在人心民意的层面，孝道的表现尤为丰富，充分反映了儒家的推己及人、民本思想：

> 爱亲者不敢恶于人，敬亲者不敢慢于人。爱敬尽于事亲，而德教加于百姓，刑于四海，盖天子之孝也。㉟

---

㉘ 《论语·泰伯》第八。
㉙ 《孝经·卿大夫》第四。
㉚ 《孝经·开宗明义》第一。
㉛ 《孝经·卿大夫》第四。
㉜ 《论语·学而》第一。
㉝ 《论语·为政》第二。
㉞ 依公羊学义理，新王朝建立，必要封赠前二代王之后人为公，此为存二王后。二王后与己为三，称为通三王之统。
㉟ 《孝经·天子》第二。

先王见教之可以化民也,是故先之以博爱而民莫遗其亲,陈之以德义,而民兴行;先之以敬让而民不争,导之以礼乐而民和睦,示之以好恶而民知禁。㊱

　　昔者,明王之以孝治天下也,不敢遗小国之臣,而况公、侯、伯、子、男乎?故得万国之欢心以事其先王。治国者不敢侮于鳏寡,而况于士民乎?故得百姓之欢心以事其先君。治家者不敢失于臣妾,而况于妻子乎?故得人之欢心以事其亲。夫然,故生则亲安之,祭则鬼享之,是以天下和平,灾害不生,祸乱不作。故明王以孝治天下也如此。㊲

　　故不爱其亲而爱他人者,谓之悖德;不敬其亲而敬他人者,谓之悖礼。以顺则逆,民无则焉。不在于善而皆在于凶德,虽得之,君子不贵也。君子则不然,言思可道,行思可乐,德义可尊,作事可法,容止可观,进退可度,以临其民。是以其民畏而爱之,则而象之,故能成其德教而行其政令。㊳

　　教民亲爱莫善于孝,教民礼顺莫善于悌,移风易俗莫善于乐,安上治民莫善于礼。礼者,敬而已矣。故敬其父则子悦,敬其兄则弟悦,敬其君则臣悦,敬一人而千万人悦。所敬者寡而悦者众,此之谓要道也。㊴

在这里我们看到的是孝道的落实所实现的人心所向、天下归心的盛世图景。我们虽然不能明确地知道这幅图景在五千年的历史长河中是否曾经出现过,或者出现的时间短暂还是久远,但这是儒家以孝治天下的理想境界,也是每位儒者心头不变的理想和追求。而且这种目标和追求与西方民主宪政理念下的良法之治的最佳状态相比,以其对人伦的高度尊重,对道德的至高追求,以及对人心人性的美好期许,更加让人心向往之。

## 四

　　以孝治天下的理想图景在其实现的过程中,虽然曾经被统治阶级作为移孝

---

㊱《孝经·三才》第七。
㊲《孝经·孝治》第八。
㊳《孝经·圣治》第九。
㊴《孝经·广要道》第十二。

作忠的工具大肆利用而大多时候不能真正实现其价值追求。但其精神本身的内涵与魅力也造就了炎黄子孙几千年来高尚的道德水准,成就了中华民族延绵不绝的礼乐文明。在当代中国,如何绍述前贤,再现儒林气象,需要我们结合时代特色充分地阐释和运用孝道思想。

从清末改良主义者"中学为体,西学为用"、⑩"师夷长技以制夷"⑪的思想中;从新儒家尝试用"民主"、"科学"开出"新外王"⑫之举里,我们看到了当时中国有识之士面对时代问题时渴望突破的焦虑,也可以看到一代儒者对儒家思想的自信与坚守。然而这些努力在"风流总被雨打风吹去"之后,最终都化作"一江春水向东流"。

因此我们应该清醒地看到,由于不同文化的异质性,我们不能够将西方文化的精神成功嫁接到我们的文化上。同样,我们更加不能将自己的民族之全体成功地嫁接到西方文化的枝头上。

我们需要回溯源头,在我们的民族传统文化之根上返本开新。

孝道,即是我们应返之本。

> 夫孝,天之经也,地之义也,民之行也。天地之经而民是则之。则天之明,因地之利,以顺天下,是以其教不肃而成,其政不严而治。先王见教之可以化民也,是故先之以博爱而民莫遗其亲,陈之以德义,而民兴行;先之以敬让而民不争,导之以礼乐而民和睦,示之以好恶而民知禁。⑬

在儒家看来,孝不仅仅是百行之首,还是天道自然的体现,就像日月星辰运行而不悖,也好像万物因地形土质的不同而各得其宜。所以,孝是公理,是天经地义的,是毋庸置疑的。

人之行孝,就是顺应天道,顺乎自然,必然会达致内外和谐,天下太平的境界。这里包含两个层次:

第一层次,尽己所能力行孝道,不仅会实现自身道德的圆满自足,也能实现父母的喜乐安康,家庭的和谐美满,这就是儒家所追求的修身齐家的境界;

第二层次,个体生命的圆满和家庭的和谐如果为社会大众所知并有所感的

---

⑩ 张之洞:《劝学篇》。
⑪ 魏源:《海国图志》。
⑫ 牟宗三:《从儒家的当前使命说中国文化的现代意义》(收入《道德理想主义的重建——牟宗三新儒学论著辑要》)中有言:"今天这个时代所要求的新外王,即是科学与民主政治。"
⑬ 《孝经·三才》第七。

话，必然会产生良好的社会效应。当然，《孝经》中所设定的这一个体或家庭是在社会中有相当的地位和影响的天子或诸侯、卿大夫士，他们的一言一行、一举一动，都会对社会起到示范引领作用，故此，其风化的作用很大，从而能够实现"其教不肃而成，其政不严而治"的理想状态，上行而下效，力行孝道，进而达到治国平天下的理想境界。

"教之可以化民"㊹是儒家的基本观点，也是实现"以孝治天下"的重要手段。《易经》贲卦的象辞上讲：

> 刚柔交错，天文也；文明以止，人文也。观乎天文以察时变，观乎人文以化成天下。㊺

《论语》中孔子也有言：

> 子欲善而民善矣！君子之德风，小人之德草；草上之风，必偃。㊻

所谓"人文"，就是社会人伦，文化仪节，明乎此理，则可以此来教化天下人民。君子有其德有其位，一则对人民是一种"己欲立而立人，己欲达而达人"㊼式的教化和引导；一则是对社会风过草偃，春风化雨式的潜移默化的影响。

因此，才有：

> 先之以博爱而民莫遗其亲，陈之以德义，而民兴行；先之以敬让而民不争，导之以礼乐而民和睦，示之以好恶而民知禁。㊽

在上位者首先有仁民爱物的博爱之心，人民才会受其影响更好地力行孝道；在上位者处处表现出自己的光明的心体，至高的道德，人民才会慕而效之；在上位者先有敬让之举，人民才会谦让不争；在上位者注重礼乐教化，人民才会受其

---

㊹ 如《论语·为政》第二中有："举善而教不能，则劝。"《论语·子路第十三》中有："善人教民七年，亦可以即戎矣。""以不教民战，是谓弃之。"《礼记·学记第十八》中有"君子如欲化民成俗，其必由学乎！"皆为此意。
㊺ 语见《易经》第二十二卦：贲，山火贲，艮上离下。
㊻ 《论语·颜渊》第十二。
㊼ 《论语·雍也》第六。
㊽ 《孝经·三才》第七。

感化而和睦相处;在上位者表现出自己的好恶,人民立身行事时就知道自己该做和不该做的事。

这里是对孝的社会教化功能的集中表述,虽有其明显的时代特点,但其所揭示的义理价值,确是我们这个时代最为缺乏也是最为需要的。

当下的中国,由于传统的缺位,想要实现王道政治绝非一朝一夕之事,至少需要数代甚至数十代人的共同努力方能毕其功,但以孝入手,培固人性之善,重建儒家伦理之基,是当下刻不容缓之事。

这就需要当代儒者有更高的社会担当意识,不再将儒家思想当做书斋里的学问,而是积极地以自己的生命去践履儒家的义理,并以正本清源之心态去教化和影响自己的交际人群,以君子之德去风化和感召。

同时,儒家反对"尸位素餐",[49]强调"有德者居其位"、"在其位谋其政",历朝历代涌现出大量不畏权势,犯言直谏,甚至舍生取义,以死而谏之志士仁人,以及大量为民请命,鞠躬尽瘁的清官廉吏。细读历史,我们可以发现,正是在那个我们曾经深入批判的奴隶封建时期,涌现出大批德才兼备的圣贤君子、能臣良将,这也正是我们这个时代特别是各级政府官员所应深思的问题。

同样,在信息化的时代,媒体和网络的力量大到不可思议,其所起到的风化、引导、监督作用在一定程度上起到了政治制度中在上位者的执政作用和监察机关所起的监督作用,方向正确则造福无限,方向错误则流毒无穷,因此需要深思的还有媒体和网络的从业者,都应该反省自己是不是真正以道德良知在从业。

这种观念的转变同样需要一个漫长的过程,但如果我们能够在自己的周围营造一个良好的环境和氛围,就能使更多的人参与到净化社会,重塑道德的进程中来。

这是儒家所谓的自下而上的"下行路线",只要每位有担当、有情怀的儒者能够尽己所能地去践行并影响身边的人群,何患孝道不行?

当然,正如蒋庆先生所设想的一般,如果因缘际会,我们能够打通"上行路线",在宪政层面实现了对儒家治国理念的全面复归,通过公权力将孝道思想推而广之,其所引起的社会效应将会更大。如果孝治天下的思想能够改造当今的法治思想,儒家所期待的"大同"世界就为期不远了。这也是"以孝治天下"最为恰切的实现方式和最理想的状态。

---

[49] 《汉书·朱云传》:"今朝廷大臣,上不能匡主,下亡以益民,皆尸位素餐,孔子所谓'鄙夫不可与事君','苟患失之,亡所不至'者也。"颜师古注:"尸位者,不举其事,但主其位而已。素餐者,德不称官,空当食禄。"

# 儒学特质与廉政文化

杨朝明①

改革开放三十多年来,我国的经济建设与社会发展都取得了长足进步,与之同时,巩固改革开放成果,建设制度文明的呼声也越来越高。廉政文化建设是一个系统工程,它涉及到社会道德水平与法律制度建设等多方面的问题。无论是实践层面还是学术研究,人们在思索应对之策时,都很自然地将目光投向我国的传统文化,投向儒学。

周代以来,随着人文理念的升腾,在社会管理中尤其重视"人"的因素,格外强调人们的行为规范要合乎行事的标准。在新公布的"清华简"中,有一篇是周文王的遗言,其中特别强调"中"。这个"中"应该与"失"相对,指行事要合乎规范,不离正道。据《周礼》,周代的师氏专门"掌国中、失之事",周代决案断狱,也特别强调不能"刑罚不中"。鲁国"周礼尽在",其对"公务员"(所谓"县官事"者)的管理就十分值得借鉴!比如,在张家山汉简中有一篇《奏谳书》,其中记载鲁国"士师"柳下季断案的事例:有一位佐丁盗粟一斗,处罚应当很轻,可是,鲁国有特别的规定:"诸以县官事訑其上者,以白徒罪论之。"他是"县官事"的佐丁,在他的"上功牒"中"署能治礼",因此他应当以身作则,比一般平民做得更好;同时,他被捉住时又身穿"儒服"。所以,他"盗君子节,又盗君子学",因而处罚极重。鲁人十分注重防范犯罪,处罚有罪的人,特别注意社会效果,注意"诛心",从而使得吏

---

① 中国孔子研究院院长,教授。数年前,苏、鲁、豫、皖四省纪检系统有关领导干部在孔子故里曲阜举行"儒家文化与廉政建设"专题研讨会,蒙主办单位邀请,本人在会议上就该问题进行了演讲,本文就是在此次会议演讲稿基础上修订而成。

治清明。鲁国类似的例子很多。

鲁国是周代极重要的封国,鲁国文化与周文化一脉相承;鲁国又产生了儒家学说。因此,将周文化、鲁国文化、儒学与廉政建设问题结合起来思考,是一个很有意义的课题。

以孔子为代表的儒家学说是关于社会管理的学说,儒家追求社会成员的共同利益,追求整个社会的和谐发展。孔子向往圣王之治,他的政治理想是实现大同社会,希望"奸谋闭而不兴,盗窃乱贼不作,故外户而不闭"(《孔子家语·礼运》)。在孔子的心目中,所谓王道政治,是指政治上谨礼著义,型仁讲让。孔子认为,礼的特点在于"达天道,顺人情",对于端正人心、整顿社会都具有重要的价值。他曾经描绘出一个顺应天理人情,循礼而行的"大顺"境界,这样的"大顺",其实就是和谐。而要达至这样的境界,就需要社会上每个成员尤其是社会的管理人员自觉顺应天理、端正人心,有一种循礼而动的高度自觉。今天建设和谐社会,同样需要社会成员高度的道德修养,社会管理者尤其如此,这对于我们今天的廉政文化建设极具启发意义。

## 一、"文武之政"与"纠察"

作为长期中国传统社会的治国思想,儒家思想是对上古三代中国传统思想文化的继承与总结。也就是说,儒家思想的形成有一个广阔的历史文化背景,是在继承上古三代思想文化遗产基础上形成的。孔子常常谈论的"周道",向往文武周公之治,周初,当时的政治家尤其是周公整理夏、商以来的历史文化遗产,制礼作乐,建立了一整套社会管理制度,良性的社会运行机制逐渐形成,在其间,就包括较为完备的官吏管理与考课制度。

在《周礼·天官·冢宰》中,记载了"小宰"的职掌,其中说:"小宰之职,掌建邦之宫刑,以治王宫之政令,凡宫之纠禁。"郑玄注"建邦之宫刑"说:"在王宫中者之刑。建,明布告之。"所谓在王宫中者,其实就是指在王宫中办公的官吏及其有关人员。纠禁,就像后来的御史中丞负责纠察,"纠以察其隐慝,禁以止其邪辟"。所以,小宰的职责就是"纠察",就是"止邪",负责建立有关王宫中官吏的刑罚,施行王宫中的政令,纠察一切违反王宫禁令者。

作为管理官员的职掌,小宰负责的项目较多,他们要负责正群吏、举邦治、辨邦治、合邦治、经邦治等,还要负责政治的清明廉正。在《周礼》中的《太宰》八法中有所谓"官计","官计"在于"以弊邦治",即评断邦治。其实就相当于今天的政绩考核。

在小宰的具体职掌中,就有"以听官府之六计,弊群吏之治",即用公平治理官府的六项评断官吏的标准,辅佐太宰评断吏治。这六项标准是:"一曰廉善,二曰廉能,三曰廉敬,四曰廉正,五曰廉法,六曰廉辨。"就是廉洁而又能够做好工作,廉洁而又能够推行政令,廉洁而又能够勤勉努力,廉洁而又能够处事公正,廉洁而又能够执法无误,廉洁而又能够明辨是非。显然,廉政的内容十分广泛,并不仅仅是经济上的清正廉洁。

孔子常常谈到"周政",向往"郁郁乎文哉"的西周政治,所以《礼记·中庸》说孔子"宪章文、武",孔子的弟子子贡说孔子学修"文、武之道"(《论语·子张》)。孔子之时,周朝典章尚在,故孔子本人曾说:"文、武之政,布在方策。"(《礼记·中庸》)经过研究,我们认为《逸周书》中的不少篇章应该就是西周时期传流下来的重要文献,孔子等人不仅能够看到这些文献,而且十分重视这些文献。他们修习这些文献,对于儒家学说的形成起到了关键作用。

周政十分注意观察人的行为,从而为政治治理奠定基础。笔者曾经撰写了《〈逸周书·宝典〉篇与儒家思想》②一文,谈到了孔子和早期儒家思想与《逸周书·宝典》之间的关联,其中就有周武王与周公谈论相关问题的记载。

《宝典》为武王告周公以仁德为宝而作,此篇应该属于武王之政的重要典籍,对周朝政治影响很大。它通过武王与周公的对话,讲述了所谓"四位"、"九德",讲述了所谓"十干"、"十散",还讲述了所谓"三信"。这些内容涉及到王者修身、择人、敬谋、慎言的原则,重点讲信、义、仁,而其落脚点在于"仁"。

《宝典》中说:"何择非人,人有十干。"谈到了所谓"十干"。"十干"是:一,穷□(居)干静;二,酒(洒)行干理;三,辩惠干知;四,移(侈)洁干清;五,死勇干武;六,展允干信;七,比誉干让;八,阿众干名;九,专愚干果;十,愎孤干贞。显然身居于俭约者未必甘心于俭约,只是外趋于清静之名;洒行以自表现,饰外以欺世,以求方正有道之名;本来没有什么高深知识,却恃辩言小慧以求智者之名;矫为廉洁以求清誉;原本没有武略,却勇于赴敌,虽死无悔,欲侥幸以求武功;没有真正的孚民之信,而处处显示自己的信,只是为了得到信的名声;违背正道以求得声誉,却推让于人,只是为求得让的名声;阿谀逢迎众人,以得名于世;无决断之才,而专擅自用其愚,希望得到果断之名;性情孤僻而孑然独居,却以孤高自命,以求得坚贞之名。

---

② 载黄怀信、李景明主编:《儒家文献研究》,济南:齐鲁书社,2004;又载于《现代哲学》2005年第3期。

这里所说的"十干"都是不诚之行。这其中的各项所言都关于做人的问题，其中说到"四，移(侈)洁干清"，就与廉政有关，因为矫为廉洁以求清誉的人未必真正廉洁。这里所说其实与"九德"相通，德行的修养要求人们诚信，类似"十干"等等沽名钓誉的行为与"九德"格格不入，在拣选人才时，应当密切注意这种行为，否则，就很难选取到真正具有良好品质的人才。

在《宝典》所说的"十干"中，静、理、知、清、武、信、让、名、果、贞均为君子所追求，但是，求得这些美好的名誉应当依靠切实的行动。在后世儒者看来，人只有名实相符，才符合君子品格的要求。在新发现公布的上海博物馆藏战国楚竹书《从政》篇中记有孔子的话："行在己而名在人，名难争也。……是故君子强行，以待名之至也。"《论语·卫灵公》也记孔子的话说："君子疾没世而名不称焉。"但《礼记·表记》记孔子之言又说："先王……耻名之浮于行也。"《孝经》中也说："行成于内，而名立于后世矣。"孔子强调"行"，主张以行得名，反对单纯追逐虚誉。廉政建设更要如此。

在《宝典》中还说到"三信"，即："一，春生夏长无私，民乃不迷；二，秋落冬杀有常，政乃盛行；三，人治百物，物德其德，是谓信极。而其余也，信既极矣。嗜欲□在，在不知义，欲在美好，有义，是谓生宝。"信，即诚信，即诚实无欺，它也是一个道德概念。《宝典》中说道："言有三信。信以生宝，宝以贵物，物周为器。"言语诚信可以视为国家的宝物，所谓宝物乃是由于物品的可贵，而物品是可以被广泛使用的。治理国家的人，最重要的是要以"信"为"器"。为政治国的人，一定要以诚信行事，养生殖财就像春生夏长那样公正无私，百姓就不会迷惑；赏善罚恶就像秋落冬杀那样有一定之规，政教才能通行；尽人之性以尽物性，了解人与物的情性，使人与物各得其所，这样人们都能感君之德。这其中有很多值得今人思考的内容。我们应当了解人们追求利益的本能，了解人们追求利益的正当要求，认真考虑人们的这种需要，恰当地赏善罚恶。了解情性，尽人之性，让社会上所有的人各得其所，以使政教通行。

## 二、孔子谈"正法"与"论吏"

孔子与儒家的思想学说是社会管理的学说，他们十分关注整个社会管理系统的良好运行。在继承前代思想成果的基础上，孔子的政治思想得以丰富、发展和提高。孔子思考社会的治乱问题，始终把思索的重点放在社会的管理者身上，放在"为政"者的身上。

孔子十分推崇《周礼》的管理系统，据《孔子家语·执辔》的记载，孔子说："古之御天下者,以六官总治焉:冢宰之官以成道,司徒之官以成德,宗伯之官以成仁,司马之官以成圣,司寇之官以成义,司空之官以成礼。六官在手以为辔,司会均仁以为纳,故曰:御四马者执六辔,御天下者正六官。是故善御马者正身以总辔,均马力,齐马心,回旋曲折,唯其所之,故可以取长道、可赴急疾。此圣人所以御天地与人事之法则也。天子以内史为左右手,以六官为辔,已而与三公为执六官,均五教,齐五法,故亦唯其所引,无不如志,以之道则国治,以之德则国安,以之仁则国和,以之圣则国平,以之礼则国安,以之义则国义,此御政之术。"据我们的研究,孔子这里所说与《周礼》的记载完全吻合,长期以来以《周礼》成书很晚或者认为不可靠的观点是错误的。③

在这里,孔子强调的是引导官员,希望行为端正,这是治理国家的根本,所谓"正六官",就是抓官吏之治。孔子将治国与驾车作比,在他看来,擅长驾驭马车的人端正自己的身体、握住缰绳,平均马的气力,与马的心志保持一致,无论怎样走动、奔跑,都可以随心所欲,到达既定的目标,这是圣人用来统治天下和人事的法则。天子把内史作为左右手,把六官作为治理天下的缰绳,再和三公共同执掌六官,施行五教,整治五法。所以,只要是君王想要引导的,没有会不如愿的,用道义引导则会使国家稳定,用德行引导则会使国家安宁,用仁爱引导则会使国家和平,用圣明引导则会使国家太平,用礼仪引导则会使国家安定,用仁义引导则会使国家正义,这是驾御政治的方法。

对待官吏的过失应当有科学的态度。孔子说:"过失,人之情莫不有焉,过而改之,是为不过。"过错和失误,就为人的情理来说,是不可避免的,有了过错而能改正,这就如同没有过错。为了最大限度地避免过错和失误,就应当明白进退缓急,对出现的问题及时纠正,以免酿成大错。这正是孔子所说:"故御者同是车马,或以取千里,或不及数百里,其所谓进退缓急异也;夫治者同是官法,或以致平,或以致乱者,亦其所以为进退缓急异也。"

如何防患于未然?孔子说:"官属不理,分职不明,法政不一,百事失纪曰乱,乱则饬冢宰;地而不殖,财物不蓄,万民饥寒,教训不行,风俗淫僻,人民流散曰危,危则饬司徒;父子不亲,长幼失序,君臣上下乖离异志曰不和,不和则饬宗伯;贤能而失官爵,功劳而失赏禄,士卒疾怨,兵弱不用曰不平,不平则饬司马;刑罚暴乱,奸邪不胜曰不义,不义则饬司寇;度量不审,举事失理,都鄙不修,财物失所曰贫,贫则饬司空。"这里讲的是杜绝政令出现问题的方法,其落脚点也在于治理

---

③ 杨朝明:《〈孔子家语·执辔〉篇与孔子的治国思想》,收入杨朝明:《儒家文献与早期儒学研究》,济南:齐鲁书社,2002。

官吏上面。

孔子对周人的官吏考课制度非常赞赏,他说:"古者,天子常以季冬考德正法,以观治乱:德盛者治也,德薄者乱也。故天子考德,则天下之治乱,可坐庙堂之上而知之。夫德盛则法修,德不盛则饬法,与政咸德而不衰。故曰:王者又以孟春论之德及功能,能德法者为有德,能行德法者为有行,能成德法者为有功,能治德法者为有智。故天子论吏而德法行,事治而功成。夫季冬正法,孟春论吏,治国之要。"这是说,考察官吏有重点,这就是德行;考察官吏有定时,这就是每年的季冬和孟春。

值得重视的是,对于官吏的考察不是简单地鉴定,不是简单地处置违纪者,而是强化德行,推行德政,以使政令畅通,社会发展。所以说,在冬季的最后一月整顿法制,在春季的头一个月考论官吏,这是治理国家的关键。这里包括的是"季冬正法"、"孟春论吏"两项内容:

第一,天子经常在冬季的最后一个月考察德行,端正法令,来了解天下治理得太平还是混乱:德行兴盛则天下太平,德行浅陋则天下混乱。所以天子考察德行,那么天下治理的太平还是混乱,坐在朝廷之上就能够明了。德行兴盛法令就得到了修饬,德行不兴盛就要整顿法制,使它与政教都合于德行而不衰败。

第二,天子又在春季的第一个月考论官吏的德行及功劳、能力,能够注重德行与礼法的人被认为有道德,能够实践德行与礼法的人被认为有品行,能够成就德行与礼法的人被认为有功德,能够研治德行与礼法的人被认为有智慧。所以天子考论官吏,以使德行与礼法得到实施,使各种事务处理得好,从而成就功勋。

## 三、正身修教与"廉平"

儒学是关于修身的学问,更是关于社会教化的学问。孔子的礼学,其内容在于社会的秩序,而孔子的仁学毫无疑问是为礼而发,其"为仁"的目的在于"复礼"。孔子说:"人而不仁,如礼何;人而不仁,如乐何?"(《论语·八佾》)孔子谈论"仁",是希望人人都自觉遵守礼的规定,以使天下有道。

儒家重视"仁",对于我们理解儒学本质非常有益。与我们现在常常看到的仁字"仁"字从人从二不同,古文"仁"字从身从心。"仁"从人从二并不是它的最初意义,《说文解字》在解释"仁"的时候说:"忎,古文仁从千心。……古文仁或从尸。"《说文解字》的这一说法告诉我们,汉代以前"仁"字的写法与今有所不同。上个世纪90年代发现的战国时期的郭店楚简的"仁",都是从身从心,上下结构。在古代汉语中,"身"是指己身,"人"是指他人。这样,"仁"字从身从心到从人从二的两种构形,其实表达了儒家仁爱思想的两种意义,前者是其本来意义,表示修己;后者是其引申意义,表达爱人。

有学者误解从身从心的"仁"表达的是对己身的爱。其实不然。"身"当然是指己身,如《尔雅·释诂下》说:"身,我也。"又,"朕、余、躬,身也。"郭璞注:"今人亦自呼为身。"在《论语》中就有不少这样的表述,如曾子曾说"吾日三省吾身"(《论语·学而》)等等,翻开早期儒家典籍,不难发现他们对于"身"和"己"十分关注。所以,有学者指出,"仁"字"从身从心",即表示心中想着自己,思考着自己,用当时的话说,就是"克己"、"修己"、"成己",用今天的话说,就是要成就自己、修养自己,完善自己。

"仁"字古文给我们的明确信息是:孔子的仁爱,首先强调的是修己,首先考虑的是自身的修为。所以《中庸》说:"成己,仁也。"很显然,只有自己内心端正,有一颗仁爱的心,才可以"爱人"。孔子和儒家强调爱人,强调心中有百姓,心中有他人,当然是其魅力和精华所在,但相比之下,孔子的"仁"所内涵的修己思想恐怕应当更加魅力永恒。

孔子格外强调为政者的榜样力量,他十分重视统治者自身的素养。孔子强调德政就是其突出表现。他说:"为政以德,譬如北辰,居其所而众星共之。"(《论语·为政》)统治者自身品德高尚,政治统治就会收到事半功倍的效果。所以孔子又说:"其身正,不令而行;其身不正,虽令不从。"(《论语·子路》)鲁国的季康子向他问政,他说:"政者,正也。子帅以正,孰敢不正?"又说:"子欲善而民善矣。君子之德风,小人之德草,草上之风,必偃。"(《论语·颜渊》)在《孔子家语》中有《王言》,该篇记载了曾子向孔子请教政治问题的详细情形,是有关孔子政治理想的重要文献。在论述中,借助前代帝王事迹,描绘了自己心目中的理想政治面貌,并将前代王者之道提炼为"内修七教,外行三至"。孔子认为:"凡上者,民之表也,表正则何物不正?"要求君主首先应该修身立己,以德治国,实现统治者的美德与适宜政治措施的结合,君主做到了"爱人"、"知贤"、"官能",就可以达到"内修七教而上不劳,外行三至而财不费"的客观效果。

孔子的所谓"七教",即"上敬老则下益孝,上尊齿则下益悌,上乐施则下益宽,上亲贤则下择友,上好德则下不隐,上恶贪则下耻争,上廉让则下耻节。"孔子说:"七教者,治民之本也,政教定,则本正也。凡上者,民之表也,表正则何物不正?是故人君先立仁于己,然后大夫忠而士信,民敦俗璞,男悫而女贞,六者,教之致也!布诸天下四方而不窕,纳诸寻常之室而不塞,等之以礼,立之以义,行之以顺,则民之弃恶如汤之灌雪焉。"

这里强调统治者的表率作用时,说到了在"上"者的各种品质如敬老、尊齿、乐施、亲贤、好德、恶贪、廉让等,毫无疑问,这些都十分重要。其中所言的"上恶贪则下耻争,上廉让则下耻节"与廉政文化有着密切的关联。这里强调的是为政者应当做到憎恶贪婪、清廉礼让,从而造成一种以争夺为耻、不讲礼节为耻的社会风气。其与今天倡导的树立正确的荣辱观、是非观完全一致。在古代,礼的内涵十分丰富,它也具有"法纪"的功能。以遵纪守法为荣,以违法乱纪为耻,就是使人做到憎恶贪婪、清廉礼让。

《孔子家语》中有一篇名曰《六本》,讲的是君子立身处世的根本问题。如其中说"生财有时矣,而力为本",意思是生财有个时机问题,只是要善于把握,但如何把握、怎么把握?孔子强调了一个"力"。这个"力"指的是自己的亲身劳动,指的是自己的勤苦努力、自身实践。该篇记载了这样一个故事:"孔子见罗雀者所得皆黄口小雀。夫子问之曰:'大雀独不得,何也?'罗者曰:'大雀善惊而难得,黄口贪食而易得。黄口从大雀则不得,大雀从黄口亦不得。'孔子顾谓弟子曰:'善惊以远害,利食而忘患,自其心矣,而以所从为祸福。故君子慎其所从,以长者之虑,则有全身之阶,随小者之戆,而有危亡之败也。'"孔子看到,警觉可以远离祸害,贪食就忘记了隐患。这是源于内心,由所跟从的对象决定是福是祸,所以君子在选择跟随对象时要谨慎。这给人的启示有二,其一,人也一定不能"贪食",否则后果严重;其二,就像按照长者的忧虑行事可以很好地保全自身那样,要慎重选择学习的对象,不要盲目追逐社会的不良风气,应当从善如流。

孔子曾经与弟子子贡有一个对话,谈论君子为什么"贵玉而贱珉"。子贡问孔子这是否因为玉少而珉多的缘故,孔子认为不是。《孔子家语·问玉》记载孔子说:"夫昔者君子比德于玉:温润而泽,仁也;缜密以栗,智也;廉而不刿,义也;垂之如坠,礼也;叩之,其声清越而长,其终则诎然,乐矣;瑕不掩瑜,瑜不掩瑕,忠也;孚尹旁达,信也;气如白虹,天也;精神见于山川,地也;圭璋特达,德也;天下莫不贵者,道也。《诗》云:'言念君子,温其如玉。'故君子贵之也。"孔子认为玉可像征美德,玉的美德表现在种种方面,包括"廉而不刿"等。在这里,孔子向我们展现了时人对于美德的理解。按照孔子的解释,美德具有仁、智、义、礼、乐、忠、信、天、地、德、道八个范畴,对这八个范畴,孔子的理解可谓层层深入,由仁、智、义、礼、乐、忠、信推及天、地,进而归结为德、道。孔子将形象比喻与抽象思辨完美地结合起来,令人叹为观止。

子贡是孔子非常得意的弟子。孔子对子贡的教导可以给我们以很好的启发。《孔子家语·致思》中说:"鲁国之法,赎人臣妾于诸侯者,皆取金于府。子贡赎之,辞而不取金。孔子闻之曰:"赐失之矣。夫圣人之举事也,可以移风易俗,而教导可以施之于百姓,非独适身之行也。今鲁国富者寡而贫者众,赎人受金则为不廉,则何以相赎乎? 自今以后,鲁人不复赎人于诸侯。"这里所涉及到"圣人之教"的内涵,是一个非常重要的问题,自己做好了,还要注意后果,注意对于教化社会人心的带动作用。

据《孔子家语·辨证》记载,子贡要去信阳为宰,临行前向孔子辞行,孔子对他说:"勤之慎之,奉天子之时,无夺无伐,无暴无盗。"而子贡觉得,自己从小就事奉君子,怎么会犯盗窃的罪过呢? 孔子则循循善诱地说:"汝未之详也。夫以贤代贤,是谓之夺;以不肖代贤,是谓之伐;缓令急诛,是谓之暴;取善自与,谓之盗。盗非窃财之谓也。吾闻之,知为吏者,奉法以利民;不知为吏者,枉法以侵民。此怨之所由也。"

孔子十分强调官吏的"廉平"。在上述论说后孔子接着说:"治官莫若平,临财莫如廉。廉平之守,不可改也。"孔子又说:"匿人之善,斯谓蔽贤;扬人之恶,斯为小人。内不相训而外相谤,非亲睦也。言人之善,若己有之;言人之恶,若己受之。故君子无所不慎焉。"在论述中,孔子说"治官莫若平,临财莫如廉",我们认为,这应当作为每一位为政者的座右铭。

## 四、义利关系与"廉节"

人生活在社会之中,必然会遇到"义利"的矛盾。所谓"义",说到底是对人的道德要求。道德与物质利益的关系问题,是任何处于社会中的人都无法回避的问题,因此,它也是伦理学的基本问题之一。春秋战国时期的诸子各家都基本涉及到这一问题,但对中国社会影响最大的还要数孔子的义利观。

孔子集前人义利学说之大成,把义利关系提高到了伦理道德学的高度,树立了先义后利、义以生利的思想旗帜,孔子乃至儒家的义利观遂成为之后两千余年中国社会义利观的主流。

对于什么是"义"?《孔子家语·哀公问政》记载孔子说:"义者,宜也。"看来,义的意思是合适,做该做的事,说该说的话,就是义。孔子对义十分看重。他说:"君子义以为质,礼以行之,逊以出之,信以成之。"其实,在孔子那里,义更多地表现为从"仁"的思想中引申出来的与"礼"的要求相一致的道德规范。义是一种理想状态,它要求既讲礼,又讲仁,既要维护统治秩序,又要给人们一定的宽惠和仁政。

利,是指功利、利益。过去,我们往往误会孔子,认为他不重视利。其实,孔子已经意识到利益是人们所想要的,也是百姓安定的重要因素,是社会存在和发展的基础。他说:"富与贵,是人之所欲也……贫与贱,是人之所恶也。"肯定了人们追求物质利益的正当性与合理性,只是他认为对利的追求要合乎义、合乎道。《论语·述而》记载,孔子说:"富而可求也,虽执鞭之士,吾亦为之。不义而富且贵,于我如浮云。"明白地表达了自己的义利主张。这是孔子对于个体的义利关系的基本态度。

孔子一生也在用自己的行动践履着他的义利观。孔子为了自己的道义,放弃了在鲁国的大司寇地位,而不肯与季孙氏同流合污。他到处游说诸侯,但为了道义,他也不肯屈从,而是选择离开,继续寻找。孔子也曾主张"食不厌精,脍不厌细",但落魄之时,他却能"饭疏食饮水,曲肱而枕之,乐亦在其中"。当风烛残年的孔子回到鲁国之后,他依然过着"发愤忘食,乐以忘忧,不知老之将至"的生活,展现了他安贫乐道的精神风范。他对弟子颜回"一箪食,一瓢饮,居陋巷"而仍"不改其乐"的生活态度,极为赞赏,屡称其贤。对"不义"之利,孔子极为反对。当他的弟子冉有帮助季孙氏聚敛财富,而富比周公之时,孔子大光其火,说冉有"非吾徒也,小子鸣鼓击之可也"。

对于整个国家、社会,孔子同样肯定物质利益的重要性。在孔子周游到卫国时,曾对弟子冉有阐述了他的"先富后教"的思想。只有先富庶了,才谈得上教化。管仲就曾说过:"仓廪实而知礼节,衣食足则知荣辱。"表达的是一个意思。孔子主张"因民之所利而利之",尽一切可能给百姓以实惠和利益。对于统治者的横征暴敛,孔子十分反对,认为苛政猛于虎。对此,孔子经常劝谏统治者。一次季康子向孔子请教蠲除盗患的方法。孔子借机批评了季康子的贪婪和多欲。

儒家注重"正名",强调"名分",因而十分倡导"礼",希望各安其位。而守礼的要求在于正身持守,使天下之人教行迁善。正如《庄子·渔夫》记载有人说孔子的那样:"子之所以者,人事也。天子诸侯大夫庶人,此四者自正,治之美也,四者离位而乱莫大焉。官治其职,人忧其事,乃无所陵。"孔子本人虽然"上无君侯有司之势而下无大臣职事之官",却在努力"饰礼乐,选人伦,以化齐民",他希望的正是官定政顺。

按照儒家的人格要求,人们为官一定要清正廉洁,而清正廉洁的基础是人的自身修为,进而正确处理义例关系。这是儒家的一贯追求。《荀子·修身》说:"见善,修然必以自存也;见不善,愀然必以自省也。善在身,介然必以自好也;不善在身,灾然必以自恶也。"《荀子·修身》还说:"君子之求利也略,其远害也早,其避辱也惧,其行道理也勇。"又说:"君子贫穷而志广,富贵而体恭……君子贫穷而志广,隆仁也。"

《荀子·不苟》说君子"廉而不刿"。廉,棱角,比喻人的禀性方正,刚直。刿,刺伤。所谓"廉而不刿",即方正刚直而不伤人。《荀子·荣辱》篇说到"小人之所务而君子之所不为"的一些现象,其中说:"廉而不见贵者,刿也;勇而不见惮者,贪也",所谓"无欲则刚",此之谓也。

《荀子·荣辱》还谈到几种所谓"勇"的情形,认为:"有狗彘之勇者,有贾盗之勇者,有小人之勇者,有士君子之勇者:争饮食,无廉耻,不知是非,不辟死伤,不畏众强,悻悻然唯利饮食之见,是狗彘之勇也。为事利,争货财,无辞让,果敢而振,猛贪而戾,悻悻然唯利之见,是贾盗之勇也。轻死而暴,是小人之勇也。义之所在,不倾于权,不顾其利,举国而与之不为改视,重死持义而不桡,是士君子之勇也。"贪戾之心太重的人,往往因喜爱而想得到利益,进而不再顾及是非廉耻,甚至不知避开死伤,不怕来自各方面的强大压力。这种"唯利饮食之见"的人,几乎与猪狗差不多了,所以荀子称其为"狗彘之勇"。今之贪赃枉法者,则与之无异。

国家用官使能的责任是保证政治清明的前提。《荀子·君道》说:"至道大形,隆礼至法则国有常,尚贤使能则民知方,纂论公察则民不疑,赏克罚偷则民不怠,兼听齐明则天下归之。然后明分职,序事业,材技官能,莫不治理,则公道达而私门塞矣,公义明而私事息矣。如是,则德厚者进而佞说者止,贪利者退而廉节者起。"考察官吏最重要的是察其德行,只有这样,才能够真正做到"贪利者退而廉节者起"。

义利之间的关系,有时看似矛盾,但实际上可以辨证地处理,加以统一的。只有符合"义"的利才是真正的利,是长远的利。作为社会的管理者,人们应当时刻将百姓的利益放在首位,这样才能维护自身的长远利益。

# 中国政治传统之过去与未来

## ——论"道的错置"之消解及其创造之可能

林安梧①

## 一、问题的缘起

谈起中国政治传统,免不了要说两千年帝制,免不了要说三纲五常,免不了要说君权中心主义、父权中心主义的高压结构,如此结构造成了一根本困结。我尝困思衡虑,从事于此,近三十年关于此所思所想,大体结集于《儒学与中国传统社会之哲学省察》、②《道的错置:中国政治思想的根本困结》两书③。我的一个总体的看法是,这里隐含了一"道的错置"的严重纠结,这纠结若未能解开,中国政治传统便难有一康庄大道。④ 再者,值得注意的是,那与中国人的生活世界、历史社会总体紧密关联的儒学便很难有一适切而具有活泼泼源创力的生长。

可喜的是,时序已进到了 21 世纪,经过百年来无数仁人志士的努力,中国已然脱离了被列强宰制的次殖民地⑤噩运。不只如此,中国似已走出了彻底反传统主义的纷扰,挣脱了存在的迷思与意义的危机,开始重新回归传统,重视自家

---

① 慈济大学宗教与文化研究所教授暨所长。
② 《儒学与中国传统社会之哲学省察》,台北:黎明文化事业公司,1996。
③ 《道的错置:中国政治思想的根本困结》,台北:台湾学生书局,2003。
④ "道的错置"(misplaced Tao)是对比怀德海(A. Whitehead)所提之"具体性的误置"(the fallacy of misplaced concreteness),而逼显出的中国文化现象,请参见前揭书第二章。
⑤ "次殖民地"的新名词,系孙中山最早发明使用,其本意在指出中国实际上已沦为帝国主义列强的不同势力范围,虽则貌似泱泱大国,其实早被列强瓜分了。甚至还不如英殖民地印度,法殖民地越南,他们那里的人民被一个宗主国掠夺,中国则遭受几个宗主国的掠夺和欺凌,连殖民地都不如,所以称做"次殖民地"。

的文化,企求建立自身文化的主体性;并积极寻求沟通对话,参与缔造整个世界历史的新契机。

但令人担心的是,五四以来的彻底反传统主义⑥及其伴随而生的种种运动,其背后所含蕴藏的特定思想质素,早已深入我们的骨髓之中。它未能适切地化做我们生命组成的一部分,仍然紊乱交杂,难以处理,并且时时刻刻以更多的伪形、变形的方式,展开其知情或不知情的肆虐活动。有时,他们也扮演着像似医者的角色,为中国的未来开药方,但往往没有"因病而药",却反而落入了"因药而病"的严重病痛之中。⑦平情而论,这不是又给我们正在发展的文化添乱吗?

其实,学术的公共论述够了,思想的交锋多了,并且大家寻出了一些好的恰当的游戏规则来,那是不必担心添乱的,因为中国已经到了一崭新发展可能性的年代了,这应该是从上个世纪90年代就划下这目标的。21世纪的现在,中国应告别救亡图存危机年代的思考方式,中国不止要"一阳来复"地恢复传统,重新转化创造,⑧更要"三阳开泰"迎接世界历史的春天,为人类文明缔造崭新的可能。⑨让孔老夫子的《春秋》所蕴涵的世界大同、天下为公的理想,成就一文化王道主义的永久和平。

这些想法,不只是呼吁、不只是期许,而是来自我们文化根底的呐喊,更是来自世史的召唤,召唤着我们要"明明德、亲民、止于至善",⑩召唤着我们要"正德、利用、厚生、惟和",⑪召唤着我们要"修身、齐家、治国、平天下"⑫。

对于这样的召唤,我们相应地要去检讨原先我们传统政治思想的根本困结,反思我们当今面临的种种困境,特别是资本主义化消费化的大潮底下,人的工具

---

⑥ 关于彻底的反传统主义,请参看 Lin Yü-sheng, The crisis of Chinese consciousness: radical anti-traditionalism in the May Fourth era, Madison: University of Wisconsin Press, 1979。

⑦ 大体而言,这些年来活跃于国内言论场上,最常听到的几种言论有:反智论与中国传统(如余英时),简易的一元心态(如傅伟勋),道德思想意图的谬误(如林毓生),缺乏幽暗意识(张灏),缺乏理性的架构表现(只有理性的运用表现)(如牟宗三),请参见同注2,前揭书。

⑧ "一阳来复"指的是《易经》的"复卦",这大概说的是上世纪50年代到90年代的发展,当代新儒家可以做为一例示。

⑨ "三阳开泰"指的是《易经》的"泰卦",这大概说的是上世纪90年代以后的发展,特别是进到廿一世纪的发展。

⑩ 语出《中庸》,请参见朱熹《四书章句集注》,第4页,1994,台北:大安出版社印行。

⑪ 语出《尚书》卷四《虞书·大禹谟》禹曰:"于!帝念哉!德惟善政,政在养民。火、水、金、木、土、谷,惟修;正德、利用、厚生、惟和;九功惟叙,九叙惟歌。戒之用休,董之用威,劝之以九歌,俾勿坏。"帝曰:"俞!地平天成,六府三事允治,万世永赖,时乃功。"

⑫ 同注7。

性理性高涨所带动的一种"欲力的理性驱力法则",⑬让人们成为物欲所奴役的扁平式存在。更值得注意的是,这召唤的声音仍只是深深地、遥远地、奥微地呻吟着,这文化王道主义的火种,若不去护守它,很可能就被淹没在这资本主义化、消费化、全球化的大潮之中。

总的说,辨析是重要的,我们应在21世纪启动一崭新的开明启蒙式的讨论辨析。我们问的问题已然不是中国该如何救亡图存,而是中国应如何善尽世界历史的责任,如何对得起列祖列宗、先圣先贤、对得起造化天地。我们该如何免于"道的错置",如何解开"道的错置",如何让中国"居天下之广居、立天下之正位、行天下之达道",⑭让大道重光于天下,如《礼记·礼运》所说:"大道之行也,天下为公。"

## 二、"三才者,天地人"——中国文化传统基本的设定

中华文化关于人的存在,正如蒙书《三字经》所说"三才者,天地人",人是长在天地之间的,人是得天地阴阳五行之秀气而最灵者,⑮人因之须效天法地。人立在天地之间,这是最根本的立足点。这根本的立足点可说是自然的生命传统。由此立足点而展开,落实在人伦孝悌,从家庭到宗族,这是血缘的伦理传统。由此立足点而展开,落实在文化教养,从师问学,希贤希圣,这是文化的教养传统。自然的生命、血缘的伦理、文化的教养,是中华文化落实的三大脉络。荀子讲的礼有三本,"天地者,生之本,先祖者,类之本,君师者,治之本",所说即此。⑯儒家讲礼有三祭,祭天地、祭先祖、祭君师,所祭在此。一般民间讲到的"五恩",所说"天地君亲师"说的正是这三个生命的维度。⑰

---

⑬ 此语脱胎于友人蔡锦昌之论,请见氏著《欲力之理法与历史之吊诡:韦伯〈基督新教伦理与资本主义精神〉的诠释》,请参见《思与言》学刊1987年3月。

⑭ 语见《孟子·滕文公下》第二章,朱熹,前揭书,第371页。

⑮ 这里采取的是王夫之的说法,最早出自《礼记·礼运》:"故人者,其天地之德,阴阳之交,鬼神之会,五行之秀气也。"亦请参见林安梧:《人文学方法论:诠释的存有学探源》第三章,"人是世界的参赞者、诠释者",第76页,2003,台北:读册文化。

⑯ 出自《荀子·礼论》:"礼有三本:天地者,生之本也;先祖者,类之本也;君师者,治之本也。无天地,恶生?无先祖,恶出?无君师,恶治?三者偏亡,焉无安人。故礼,上事天,下事地,尊先祖,而隆君师。是礼之三本也。"

⑰ 请参见徐梓《"天地君亲师"源流考》,《北京师范大学学报》2006年第2期。他认为"天地君亲师"的思想发端于《国语》,形成于《荀子》,在西汉思想界和学术界颇为流行。明朝后期以来,崇奉"天地君亲师"在民间广为流行,把它作为祭祀对象也已经普遍。清雍正初年,第一次以帝王和国家的名义,确定"天地君亲师"的次序,并诠释其意义,特别突出了"师"的地位和作用。

有了天地，有了先祖、有了圣贤，人间处世，立己立人，自觉就问到这三个维度，自觉就关联到这三个维度，人的"自我"概念就不只拘泥在一小的自我，而是从小就学习将自己放在一"大我"的关系网络中。⑱ 心中有天地，知天高地厚，知天长地久。心中有祖先，悉祖德流芳，知无忝所生。心中有圣贤，知礼乐教化，知人文化成。人的生命在这三维度的安置下，既有其神圣之理想，又有具体之现实，既有以往之承继，又有未来之开启，古往今来、死生幽明、天地六合、身心一如，当下咸具。

　　自然的生命、血缘的亲情、文化的教养，这三个维度对中国人来说应是与生俱来的先行设定。问题是这三个先行设定，现在竟已毁损严重，须得修护。今若不修护，而任由资本主义化、消费化的大潮，人异化成一只图长养自己现实身躯的工具性的存在，以掠夺之本事为卓越，岂不可哀！

　　先说"血缘的亲情"，《论语》所说"孝悌也者，其为仁之本欤！""弟子入则孝、出则悌，谨而信，泛爱众而亲仁，行有余力，则以学文。"⑲"孝"指的是对于生命根源的纵贯性追溯及其崇敬，因之而衍生的实践活动。"悌"指的是顺此生命根源而来落实于家庭一横拓面的交往，因之而衍生的实践活动。"孝""悌"适可形成一坐标轴，"孝"是纵贯轴的追溯与生长，"悌"是横面轴的开拓与联结。孝道的落实可以说强化了我们民族对于历史性与根源性的探求，由此历史性、根源性而有一永恒而神圣的理想，并且肯定这永恒而神圣的理想是内化于我们生命之中的。说到底，说"人皆可以为尧舜"。⑳ 悌道的实践可以说强化了我们民族的现在性与实践性的要求，由此现在当下之实践，而有一空间绵延之当下向往，说"四海之内皆兄弟也"。㉑

　　儒家更由"孝悌"进一步说"仁义"，孟子从"事亲"来说"仁"，从"敬长"来说"义"。㉒ 这是说"仁"的觉醒，人与人之间存在的道德真实感的唤醒，是从生命根源的追溯与崇敬的教养中学习而觉醒得来。"义"的确立，人与人乃至其他事物之间的合宜之确立，是存生命根源之落实与联结的教养中学习与订定而成。进一步，孟子从而宣说"智之实，知斯二者弗去是也。礼之实，节文斯二者是也。乐

---

⑱　"小我"、"大我"的问题是极重要的，请参见林安梧〈儒家伦理中"小我"与"大我"及其相关问题〉，收入氏著《儒家伦理与社会正义》第七章，2004，北京：中国言实出版社，第171－206页。

⑲　同出于《论语·学而篇》。

⑳　语出《孟子·公孙丑下》第二章。

㉑　语出《论语·颜渊》第五章。

㉒　引自《孟子》："仁之实，事亲是也。义之实，从兄是也。智之实，知斯二者弗去是也。礼之实，节文斯二者是也。乐之实，乐斯二者，乐则生矣。生则恶可已也？恶可已，则不知足之蹈之、手之舞之。"

之实,乐斯二者,乐则生矣。"(同上注)。这是说"智"、"礼"、"乐"三者都可由此而衍生出来。

如上所述,我们发现"孝悌"是中国文化最基本的原型,而这原型是建立在"父子轴"为主的血缘性自然联结所构成。"父"不只是做为"子"的自然生命的来源而已,而且它亦是文化生命乃至价值生命的来源。在宗法社会里,"父"对于"子"而言,绝不只是"养育"与"依赖"这样的关系,更进一步,它可以说是"根源"与"生长"这样的关系。"养育"与"依赖"这样的关系,它必然在养育完成之后自然撤销了,而他们剩下的是该当要有的"权利"与"义务"的关系;但是"根源"与"生长"这样的关系则不同,他们是恒久持续下去的,不但是一辈子的事情,即使身后,他们仍然是关联在一起的。㉓ 祖先的生命是与其继起者关联在一处的,是经由其后起者开显的;后起者的生命是禀受祖德之气而开启的,与祖德有密切的关联。如此说来,我们可知"父子"这血缘性的纵贯轴是人存在的根底,它一方面具体地撑起现世的起点,而另一方面则是深入到过去,并指向未来。

"父子"这血缘性的纵贯轴关系,他们之间是一上一下的、隶属性的关系,而不是左右的、对列性的关系。在汉文化为主的宗法社会里,由于此父子的血缘性纵贯轴的关系最为重要,因此做为家庭中其他的关系,如"夫妻"、"兄弟",本来应该有其独特的关系样式,但却没好好发展出来。"夫妻"、"兄弟"当是一左右的、对列性的关系,但在以父子的血缘性纵贯轴为主的宗法社会里,他们没有获得其所当然的发展,甚至也深染着血缘性的、纵贯轴的、上下的、隶属的关系这样的色彩。俗谚说的"在家从父,出嫁从夫"㉔,"长兄如父",这都充分显示着这样的意义与道理。在台湾的习俗里,丧礼中,长孙如同小儿子,因此虽是"祖孙"但却是要服"父子"关系的丧礼,分家的时候,长孙要视同儿子一样分取一份。这在在可以看出它所着重的是一什么样的关系,显然是一切以"父子"这血缘性的纵贯轴的关系为主导。

须得一提的是,这样的以父子轴为主的血缘性纵贯轴,它是落实于乡土社会的。乡土社会的确定性来自于内聚的熟悉,由生命的声息感通,达到信任,这样的信任是一切德行调合的根底,这样的信任具有土根性,具有血缘的感通性。这是在主体的互动感通中,达到一超乎话语的可靠感而来的确定性。它不是在主体之概念性的反思中,定立其自为主体并相对的置立其所对的对象,这样的主体

---

㉓ 大体来说,西方的契约论者,如洛克(John Locke)所论的父子关系便是由此"养育"与"依赖"的关系,而转为"权利"与"义务"的关系,请参见林安梧,《从自然状态到政治社会的缔造——对洛克政治哲学两个基础性问题之理解》,《思与言》第 25 卷 3 期。

㉔ "三从"之说,出自《礼记・丧服・子夏传》,指的是"未嫁从父,既嫁从夫,夫死从子"。

与对象是被话语和思维论定的,是一经由话语而论定的确定性。后者,不是乡土社会,而是契约社会。乡土社会发展成的是一"礼俗社会",而契约社会发展成的是一"法理社会"。㉕礼俗社会下的道德强调的是内在的、根源的本体善,而法理社会下强调的则是外在的、超越的绝对善。

显然,"血缘性、道德性、土根性"这三个概念是紧密结合在一起的。其格局是一以"父子"这血缘性的纵贯轴关系为主导而成的格局,依此而生的家庭,我们可以称之为"宗法家庭",继而经由聚村而居、聚族而居,终而形成一"宗法社会",而这宗法社会依礼俗而成,故亦可称之为"礼俗社会"。至于若论其德行,则可以说是一内聚型的道德,强调的是生命之气的感通,是存在的熟悉可靠感。这存在的熟悉可靠感,他可以近自家庭之父母子女、兄弟姊妹,远到普天之下,到天地苍生,到造化万有。它肯定人与宇宙有其内在的同一性,人心灵的根源与宇宙造化之源是通而为一的。㉖

父母子女,以及延伸出来的兄弟姊妹,这"血缘性的自然联结"可以说是最自然的,我们的文化就长于这最自然的人伦之上,"道德性"就与这"血缘性"密切结合在一起,"仁义"与"孝悌"是和合不二的。"人格性的道德联结"是建立在"血缘性的自然联结"之上的。"土根性"也与"血缘性"、"道德性"密切和合为一。我们说的自然天地,就如生身父母,所谓"乾称父、坤称母"㉗即指此。乾坤不只是天地,不只是父母,它更是道德与价值之起源。"天行健,君子以自强不息;地势坤,君子以厚德载物",㉘自然天地不只是实然地呈现自身,此呈现还隐含着一价值的、道德的指向。

"天地人"三才的传统,血缘性、道德性、土根性和合为一的脉络,成就了三大设定:自然天地、血缘亲情、圣贤教养。这三大设定显然可以说集中在"血缘性的自然联结"、"人格性的道德联结"这两个向度,所谓"书云:孝乎惟孝,友于兄弟,施于有政,是亦为政,奚其为为政",㉙所谓"人人亲其亲,长其长而天下平"。㉚这样的道德理想王国,强调的是这三个设定,这两个联结所成的血缘性纵贯轴,它与秦汉帝皇专制之后的血缘性纵贯轴是不相同的。最大的差异在于后者强化

---

㉕ 关于"礼俗社会"与"法治社会",请参见费孝通:《乡土中国》第一章"乡土本色",香港:三联书店,1991。

㉖ 请参见林安梧:《儒学与中国传统社会之哲学省察》,第二章,第 30 页(台北:黎明文化,1996)。

㉗ 语出张载《西铭》,有言"乾称父,坤称母。予兹藐焉,乃浑然中处。故天地之塞,吾其体;天地之帅,吾其性。民吾同胞,物吾与也"。这在可见其天地人三才通而为一的精神。

㉘ 语出《易经》乾坤两卦的"大象传"。

㉙ 语出《论语·为政》。

㉚ 语出《孟子·离娄》。

了"君臣"一伦,它是一宰制性的政治联结,它成为血缘性纵贯轴一切管控的核心。"自然天地、血缘亲情、圣贤教养"这三个基本设定,就这样被禁锢,让中国政治传统、文化传统堕入一"道的错置"之中。正因如此,士君子就再也不能真切如孟子所说"居天下之广居、立天下之正位、行天下之达道","大道之行也,天下为公",那更是遥不可及了!

## 三、"帝制式的儒学"与"儒学式的帝制"的构成内涵

如前节所述,"父子"这一伦原是五伦的重心,他们的理想关系是"父慈子孝"。"慈"是对于自己生命的延展自然而有的一种情感,而"孝"则是回溯自己的生命根源,对于自己生命根源的崇敬。"慈"是一种自然的情感,而"孝"则是自觉的。自然是顺着自己的血气就会的,但自觉则是人文的、符号的,是经由意义的诠释而开启的,这是逆返于自家生命根源的。"父子"这血缘性纵贯轴的关系既是中国人存在的原型,因此其理想关系的"父慈子孝"便是最重要的德性。更由于父子是一上下的、隶属的关系,因此落在德性上说,大家所要求的便落在"子"上说的多,而落在"父"上说的少,并且因为是上下的、隶属的关系,因此连带"孝"而说的便是"顺",甚至就不明就理的"以顺为孝",忽略了"孝"的深层意义。㉛

血缘性的纵贯轴关系推到极处,整个天、地、人、我四方通包在内,进而由这一主轴而说"纵贯的创生",说天命性道相贯通为一。血缘性的纵贯轴不只用来说明"家"的原型,而且可以推到一切存在的实况。这也就是说,这样的一个血缘性的纵贯轴是一撑起整个天地六合的纲维,我们一般所说的"三纲"的"纲"便带有这样的宗教意义。三纲里的"忠君"、"孝亲"、"守节"便带有宗教性的意义了。什么是宗教性的意义呢?宗教性的意义便是一终极性关怀的意义,把"忠君"、"孝亲"、"守节"看得这么重,不是没有理由的。而这三者,就其原型来说,当以"父子"这血缘性的纵贯轴为主导,因而这个民族也就格外重视"孝道",孝不只是"行",而也不只是"德",而是提到了"道"的层次。"道"指的是整体的、根源的、终极的。有人说儒家不是宗教,但若以"孝道"的分量来说,当然它十足的是个宗教。㉜

---

㉛ 此段所论,请参见林安梧:《儒学与中国传统社会之哲学省察》第三章。
㉜ 梁漱溟于所著《中国文化要义》论中国之"以道德代宗教",并征引胡石青之言论中国之宗教乃"大教无名,唯中国系之宗教足以当之",其所论"敬祖"即如此。见氏著,第100页,台北:问学出版社,1977。又请参见徐复观:《以孝为中心的伦理观念之普及与宗族功能》,见氏著《周秦汉政治社会结构之研究》,第329—333页,台北:台湾学生书局,1975。

其实,"孝亲"、"忠君"并不能等同为一,但我们平常则听到"忠臣必出于孝子之门",他们好像又密切地结合成一个整体,不可分别。这里隐含了一个大问题,须加以说明。"父子"是血缘性的纵贯轴关系,而"君臣"就理上说,当然不是血缘性的纵贯轴关系,他们应是左右的、横拓面的,可能是地缘的,也可能是人缘的关系。古代儒家强调"君使臣以礼,臣事君以忠",㉝"君臣以义合,合则留,不合以义去",㉞这大体还是与"父子"这伦清楚地分立出来。但后来俗谚中常听到的"君要臣死,臣不得不死,不死谓之不忠"、"君臣之义,无所逃于天地之间",并且"君父"连着说,"臣子"连着说,这显然就与以前大大不同,甚至可以说天差地别。

一般人常将"大一统"与"大统一"混淆做一样看待,其实两者大有不同。孔老夫子强调的是"春秋大一统",这与秦汉及以后的"大统一"是不相侔的。在大统一的专制皇朝还没建立前,列国并立,自然"君"也是如此,因此"君"的绝对性并没有建立起来,至于"天子"这观念则又高出"国君"一个位阶。天子是一符号式的统治者,此不同于国君是一实际或力量的统治者。天子是就"王道"说的,而国君则是就"霸道"而说的。秦汉以后,天子即是国君,这是将王道与霸道的分际搞乱了,直将霸道当王道来说了。㉟

秦汉大统一专制皇朝建立起来后,君是唯一之君,君成了皇帝,皇帝这词比天子夸奢得太多。"始皇帝"一词,大有天下洪荒、宇宙六合就从我开始的意思,这显然已离失了原来"天子"的意思。㊱但值得一提的是,到了汉朝虽然仍是大统一的专制格局,但仍有着"天子"的意味,换言之,其皇权专制仍然不是一命令式的、权力式的、支配式的专制,而是一符号式的、象征式的、身份式的专制。这样的专制既言之为专制当然有其命令式的、权力式的、支配式的一面,只不过一切命令式的、权力式的、支配式的都不是第一义的,而是由那符号的、象征的、身份的一面衍申出来的。

自秦汉以来,"君臣"成了一宰制的纵贯轴,具有主导性。原来这样的主导性是与"父子"这一血缘性的纵贯轴相冲突的。《韩非子》书上说"父之孝子,君

---

㉝ 语出《论语·八佾》。
㉞ 荀子:"从道不从君,从义不从父,人之大行也。"《白虎通》:"君臣以义合,不可则去。"《周易》:"不事王侯,高尚其事。"皆可见此胜义。
㉟ 请参见徐复观:《典型专制政体的成立》,见前揭书,第128—162页。
㊱ 太史公马迁《史记·始皇本纪》之"琅琊刻石"曰"皇帝作始,端平法度,万物之纪",又彼对三皇五帝评之曰"古之五帝三王,知教不同,法度不明,假威鬼神,以欺远方,实不称名,故不久长",此可见一斑。

之暴臣",㊲便是这个意思,法家之所以要大大非儒,所争的就在于"忠君"与"孝亲"何者为优先的问题。这问题似乎到了汉朝就被解消了,我们看《孝经》所说,就将"忠君"与"孝亲"完全结合在了一起,而且"移孝作忠","忠君"的思想取得了绝对的优位性。㊳ 在思想史上,常把这历程称为儒学的法家化。其实,这不只是单面的,因为从另个角度来看,不只是儒学的法家化,而且是法家的儒学化。我以为这时候起,整个儒学与专制便结合在一起,两者不可分,一方面成了一"帝制化的儒学",而另方面则是一"儒学化的帝制"。

帝制化的儒学最重要的表征在于将儒学所最强调的"父子"血缘性的纵贯轴"君臣化"了,也就是帝皇专制化了。于是"父子"不只是自然骨肉的亲情,更是整个社会构造、政治权力所赋予了一绝不能改易的上下的、绝对顺服的关系。平常我们听到"父要子亡,子不得不亡"所指的就是如此。"父"这时候便不只是那血缘性的自然联结的最高象征,而具有绝对的宰制性、权威性,"父"不再只是"家庭"里的"父'亲'",而且是整个"社会"里的"父'权'"。不过,我要强调的是,尽管他是"父权",但仍带有几分的"父亲"味道,亲情第一、身份第二,至于权力、命令则第三。乱世时,这几个分际就搞乱了,"父道"被误置了,父亲就变成了"暴君",这时候的父权是当该受到严厉谴责的。至于,如理的"父道"下的父亲与父权,则有其存在的时空,亦有其存在的当然理由。

儒学化的帝制,使得"君臣"这一轴,有可能从绝对专制性的纵贯轴,再转而"父子化",它加上了那血缘性的纵贯轴之意味。这时,一方面,"血缘性的父子"变成了"专制化的君臣",而"专制化的君臣"亦被视同一"血缘性的父子"。此即是我常说的"父子君臣化"、"君臣父子化"。君臣父子化的结果使得大家所理解的君臣关系成为一"天经地义"的关系,是无所逃于天地之间的关系。显然这已经不再是原始儒学所以为的君臣关系。㊴

---

㊲ 此可参看《韩非子·五蠹》,有言曰:"楚有直躬,其父窃羊,而谒之吏。令尹曰:'杀之!'以为直于君而曲于父,报而罪之。以是观之,夫君之直臣,父之暴子也。鲁人从君战,三战三北。仲尼问其故,对曰:'吾有老父,身死莫之养也。'仲尼以为孝,举而上之。以是观之,夫父之孝子,君之背臣也。故令尹诛而楚奸不上闻,仲尼赏而鲁民易降北。上下之利,若是其异也。而人主兼举匹夫之行,而求致社稷之福,必不几矣。"于斯可见。

㊳ 关于此演变,请参见徐复观:《西周政治社会的结构性格问题》、《封建政治社会的崩溃及典型专制政治的成立》、《汉代专制政治下的封建问题》,收入氏著《周秦汉政治社会结构之研究》,台北:台湾学生书局,1975。

㊴ 原始儒学所强调的君臣关系可以《论语》、《孟子》作为理想,如下所引可见:"定公问:'君使臣,臣事君,如之何?'孔子对曰:'君使臣以礼,臣事君以忠。'"(《论语·八佾》)"孟子告齐宣王曰:'君之视臣如手足,则臣视君如腹心;君之视臣如犬马,则臣视君如国人;君之视臣如土芥,则臣视君如寇雠。'"(《孟子·离娄下》)

当"父子"被"君臣化"之后,原先的"孝道",除了做为自家生命根源的追溯与崇敬外,重要的是由此"内在自觉的反省"转而为一"外在专制的规定"。原来所要求的是做子女的应经由一内在的自觉与反省来对待父母好,现在则一转而成了做父母的用一外在专制的方式来规定与要求,要子女对自己好。孝道一旦外化为一专制的规定,它也就逐渐沾染了强烈的专制性格,失去本来应有的父子亲情。后来专制化的儒家所提倡的"孝道",其弊在此,它远离原始儒学所说的"孝道",只是一味"孝顺"(或愚孝)。这两者必须厘清,不可含混为一。今之中国研究学者于此常常未能拣别清楚,殊为可惜。

　　"君使臣以礼,臣事君以忠",[40]具体的规矩、仪节是礼,乃至分寸都可以叫做礼,君臣有君臣之礼,在此君臣之礼下,臣事君以忠。忠是就事上说,是就事之合于义上说,所以又说"君臣以义合,合则留,不合则去",这样的"忠"是合于原来儒家所说"忠恕之道"的"忠",是就"尽己之谓忠"而说的"忠",是如曾子所说"为人谋而不忠乎"这意义下的"忠"。"忠"原义上要求的是归返到自己内在生命而做的是非善恶的标准。[41]"君臣有义"下的"忠"并无不妥,但大统一的专制皇朝建立后,"君臣"成了一绝对宰制血缘性纵贯轴,这时就不再是"君臣以义合,合则留,不合以义去",而是"君臣之义,无所逃于天地之间",这时候所说的"忠君"就不再能回到自己内在生命,做是非善恶的恰当分判,而是一切依于外在绝对权威的势力所加予自己生命的任何要求。"忠"成为一绝对外化的规约性的、命令式的伦理,而不再是相对的、互动的、感通式的伦理。再者,当"君臣"被"父子化"之后,一方面看似"父子"血缘性的纵贯轴所强调的"孝道"应可以柔化这"绝对外化的规约性、命令式的伦理",但柔化是柔化了些,但可不要忘了那被异化了的"孝道"则与"忠君"彻底结合在一起,"君父"、"臣子"当然无所逃了。"忠君"成了一彻底的顺服性的伦理、奴隶式的伦理,清朝大臣之自称"奴才",于此可见其一斑。"忠君"之道而至于此,是整个民族的堕落,真是可悲!

　　讨论了三纲里的"父子"、"君臣"的关系,再者我们来讨论"夫妇"这一纲。原先的夫妻的"妻"字强调的是"妻者齐也",但一落到"妇"来说则是"从女持帚洒扫也"。[42]若以原先《易传》所强调的"一阴一阳之谓道"、"乾坤并建"的原则,当取

---

[40] 语出《论语·八佾》:"定公问:'君使臣,臣事君,如之何?'孔子对曰:'君使臣以礼,臣事君以忠。'"

[41] 先秦儒学强调的是"忠恕",而后来被法家化的儒学则"忠孝"合称,以为"忠臣必出于孝子之门"。前者是内返的自主性道德,而后者则是外控的奴性道德。这是极重大的转折点。

[42] 依许慎《说文解字》:"妻,妇与己齐者也,从女从中从又,又,持事妻职也。……妇,服也。从女持帚洒扫也。"又《白虎通·嫁娶》:"妻者,齐也,与夫齐体。"

"夫妻"之义,较近于前者,若取后者则较近于帝皇专制化后的儒学解释。简言之,帝皇专制化的儒学对于"夫妇之道"的解释已失去了其对列性、互动性。在三纲的说法里,"父为子纲"、"君为臣纲"、"夫为妇纲","夫妇"顺着"父子"、"君臣"往下说。当"父子"的血缘纵贯轴、"君臣"的专制纵贯轴,已然联成一个整体,父子君臣化,君臣父子化,这时候"夫妇"这纲也受到严重影响。一般所谓的"三从四德","未嫁从父,既嫁从夫,夫死从子"、"妇德、妇言、妇容、妇功",这在在说明了妇人唯一的德性就是"顺从"。[43]《孟子》书中,齐人那一章就说"良人者,所以仰仗终身也",[44]这里所说的"仰仗",其实指的仍是"顺从",只不过"仰仗"一词,比较是站在妇人的立场上来说,而"顺从"则是就良人那面说,所指并无不同。夫妇当然不会是像"父子"一样是一血缘性的纵贯轴关系,但它却是成就这血缘性的纵贯轴之所以可能的根据,如果依照"一阴一阳之谓道"、[45]"乾坤并建"[46]的原则来说,夫妇当是平等的,互动的、感通的,而《易经》"咸卦"所谈及的爱情之道正是如此。再者,就文字学的意义来说,"妻者,齐也",夫妻本是平等的。"夫妻"是一平等的、对列的、互动的、感通的两造而一体的存在;但"夫妇"则不同,"妇"这字原是放在"翁姑—媳妇"这样的格局下来说的。一般世俗将媳妇称呼丈夫的父母亲叫做"公公"、"婆婆",这显然地是把"媳妇"的地位往下数一个位阶,而与孙子相同。这么一降,媳妇之于他自己的丈夫,也就变成了"父子"这样的角色关系了,尽管在实际上它并不是"血缘性的纵贯轴",但它却被类拟的血缘化了,纵贯化了。[47]

值得注意的是,这里所说的类拟的血缘化,并不能真有父子般的血缘亲情,但能有的却是父子般的宗法社会的位阶与角色。血缘亲情是自然的,而位阶与角色则是社会所订定的,两者固然都有其文化的、征符的、权力的关系,但血缘亲情是以自然的爱为首出的,而位阶、角色往往是权力所派生的、文化的、征符的关系。如此一来,我们便很容易了解,"夫妇"的角色极容易滑转为"君臣"的关系。在大统一的专制皇朝下,"君臣"是上下的、隶属的、专制的关系,不幸的是这样的

---

[43] 《仪礼·丧服传》:"妇人有三从之义,无专用之道;故未嫁从父,既嫁从夫,夫死从子。"曹大家《女诫》:"女有四行,一曰妇德,二曰妇言,三曰妇容,四曰妇功",郑注谓:"妇德谓贞顺,妇言谓辞令,妇容谓婉娩,妇功谓丝枲。"

[44] 语出《孟子·离娄下》。

[45] 语出《易经·系辞上传》:"一阴一阳之谓道,继之者善也,成之者性也。"

[46] "乾坤并建"主要是由船山易学之理解而来,可参见曾昭旭:《王船山哲学》,1983,台北:远景出版社,1983。

[47] 关于此,请参见林安梧:《儒教文化中"夫妇轴家庭观"与"君臣轴家庭观"的对比》,《复旦哲学评论》第一辑,上海:上海辞书出版社,2004,第76—87页。

角色不但内化到"父子"这血缘性的纵贯轴上,它更厉害地内化到"夫妇"这一轴上头。一般俗语中,妇人对自己的丈夫一般称为"夫君",将"夫"与"君"连在一起,当然自己就模拟成"臣子",而丈夫也就称自己的妻子为"卿",昵称就叫"卿卿"。就这些称呼而言,可以说是很重要的象征与符号。

显然,儒学并不一定会走向帝制,但自秦汉以来已走入帝制两千年,父子被君臣化、君臣被父子化,夫妇也被君臣化,兄弟被父子化、进而君臣化,朋友则兄弟化、父子化、君臣化,如此一来,整个儒学与专制便结合在一起,两者难分难解,这时的儒学是一"帝制化的儒学",其帝制则为"儒学化的帝制"。

## 四、"道的错置":"君、父、圣"的奇诡结构

先秦时期的孔孟儒学所强调的即是以此"血缘性的自然联结"及"人格性的道德联结"合而为一的"血缘性纵贯轴"之理想的实践,并认为这样的实践是超乎政治之上,而且是足以抗衡现实政治的。孟子就说:"君子有三乐而王天下不与存焉!父母俱存,兄弟无故,一乐也;仰不愧于天,俯不怍于人,二乐也;得天下英才而教育之,三乐也。君子有三乐而王天下不与存焉!"[48]这里可见"父母俱存"指的是"孝","兄弟无故"指的是"悌",这强调的是孝悌人伦;"仰不愧于天,俯不怍于人"指的是"天理良心",这强调的是人实存所对的人格性总体;"得天下英才而教育之"指的是"文化教养",这强调的是人之所生所长的历史长流给人的陶养。这个陶养,其经验上的基础是孝悌所及的家庭,其存有论上的基础则是人格性的总体。血缘性的自然联结及人格性的道德联结合而为一,为得是去抗衡君国霸权,以是之故,孟子三复其言"君子有三乐,而王天下不与存焉"盖如是者也!

如孟子所言,儒家所强调的是经由"血缘性的自然联结"之网络,推而扩充之,让"人格性的道德联结"得以养成,真正形成一良性的"血缘性纵贯轴"的理想。这样说来,应是从自己推而扩充之以达于大公之际,当不致公私不分或大私无公;但我们又发现公私不分或大私无公确是中国人常犯的毛病,在理上这又如何说呢?问题的症结在于这种以"血缘性的自然联结"为最基本的样式,并没有一独立个性的个人,而且一切的存有亦无一彻底而孤离开来的客观性;一切都在主体的互动与销融之下,联结为一体,无可分,亦不必分。

尽管儒家所强调的是"人格性的道德联结",但真能与于此者本属有限,更何

---

[48] 见《孟子·尽心篇上》。

况从秦汉之后,"宰制性的政治联结"成为一切的管控核心,这使得"人格性的道德联结"异化为一切宰制之合理化及合法化的基础。因此之故,人格性的道德联结竟成了以理杀人的礼教;⁴⁹在这种情形之下,人格性的道德联结既已成僵化的教条,甚至是一有害之物,这便使得原本立基于个人之上推而扩充之的波纹状联结,无法依大公无私之心推扩之以达于四海。⁵⁰如此一来,由"一体之仁"所推极而成的人格性总体既属不可能;但个人还是一切的核心,只不过其方向作了彻底的翻转。原本是个人通过"一体之仁"的实践而销融于整体之中,让自己真切地进入到人格性的总体之中;而异化之后则流落于感性的功利之境,个人成为此感性功利之境的核心。更可怕的是,这样的个人它常夹杂着堂皇而伟大的道德仁义之名,去行感性功利之实。⁵¹

通过上述的分析,我们可以清楚地发现这里隐含了一个"道的错置"的问题,这是值得注意的。为了更清楚豁显这个问题,笔者拟从"父"、"君"、"圣"这三个最重要的象征,再做一番分析。大体来说:

"父"这个字眼代表的是:通过"血缘性的自然联结"而结成的人际网络之中,那最高阶位的伦理象征。

"君"这个字眼代表的是:通过"宰制性的政治联结"而结成的人际网络之中,那最高阶位的精神象征。

"圣"这个字眼代表的是:通过"人格性的道德联结"而结成的人际网络之中,那最高阶位的文化象征。

值得注意的是,秦汉帝制之后,这三者是以"君"为中心的,它可以横跨到其他两个面向里,并且与之结合为一体,像我们平常所听到的"君父"或者"圣君"这两个词便是一明显的例子。"君父"一词显然是将那宰制性的政治联结作为主导力量而将血缘性的自然联结吸收内化成为一稳固政权之后所凝铸而成的,它意味着原本作为中国人最基本的自然联结网络已被政治化,丧失了独立性。当然作为血缘性的自然联结之中最重要的伦理——孝道,这时也被异化成统治者宰

---

⁴⁹ 关于"以理杀人",请参见林安梧:《中国近现代思想观念史论》第四章,"'以理杀人'与'道德教化'",第95—121,台北:台湾学生书局,1995。

⁵⁰ 费孝通即谓此为一"捆材型格局",而有别于中国之为一"波纹型格局",见氏著《乡土中国》,"差序格局",第22—30页,上海:上海观察社,1948。又如此之"差序格局"不只行于中国内地,实亦行于汉人之移民社会。请参见陈其南:《家族与社会——台湾和中国社会研究的基础理念》第二章,"台湾汉人移民社会的建立及其转型",台北:联经出版公司,1990。

⁵¹ 此"一体之仁"取自于阳明的《大学问》,又其思想之讨论,请参见林安梧:《王阳明的本体诠释学——以"大学问"为核心的展开》,《阳明学学术讨论会论文集》,台北:师范大学人文教育中心,1988。

制的工具。㊷至于"圣君"一词从字面上看来似乎是"圣"高过于"君",是将那"人格性的道德联结"摆在优位,而将那"宰制性的政治联结"作为从属,其实不然。因为骨子里具有决定性力量的不是道德理想的圣人,而是现实中具有威权的国君;因而使得所谓的"圣君"异化转变成"君圣"。"圣君"要求的是:让那有德、有才者始能为君;"君圣"则异变成只要在现实上当了国君的人都既是有德者,又是有才者。在这种情况之下,人格性的道德联结不但未能成为主导性的优位,而且成了宰制性政治联结的阶下囚。

做了这样的概括分析之后,我们可以笼统地说,中国历史传统中,其政治社会共同体是以"宰制性的政治联结"为核心,以"血缘性的自然联结"为背景,以"人格性的道德联结"为工具而形成了一个庞大的总体。"君"成了"圣君",又成了"君父","君"成了中国民族心灵的金字塔顶尖,是一切汇归之所,是一切创造的源头,是一切价值的根源,及一切判断的最后依准。显然地,正因为这样的情况才使得中国文化落入一极严重的"道之错置"的境域之中。

由于"君"不只是政治联结所构成的"君",而且是"君父"之"君",它不只是宰制性的政治联结的最高精神象征,更而代表的是血缘性自然联结的最高伦理象征。也因如此,使得血缘性的自然联结充满了宰制的气息,原本所注重的伦理亲情,此时便空洞而一无所有,只剩下一宰制性的迫压形式。

由于"君"不只是政治联结所构成的"君",而且是"圣君"之"君",它不只是宰制性的政治联结的最高精神象征,更而代表的是人格性道德联结的最高文化象征。也因如此,使得人格性的道德联结充满了宰制的气息,原本所注重的一体之仁道德真实感的互动感通,此时便异化而成为宰制者的工具,而且道德仁义亦因之而滑转成所谓"吃人的礼教"。

经由以上的疏释,我们可以清楚地指出所谓"道的错置"原指的是这种以宰制性的政治联结的"君"为核心,并因而侵扰了"父"与"圣"的情形。在这样的情况之下,父无一独立的"父道",圣无一独立的"圣道",它们都只是"君道"底下的附庸,甚至阶下囚而已。

再者,以"血缘性纵贯轴"为根本背景的中国社会,它当然是一家长制,是一父权制,此无所疑。但当"宰制性的政治联结"成为一切管控的核心时,更使得中国的文化趋向于以"心性"为核心(或者说是以"道德思想意图"为核心)。这一方

---

㊷ 从《论语》、《孟子》诸多篇章里,我们可以发现"孝道"是与当时的军国政策相反的,做为法家代表的《韩非子》更是对"孝道"严加批评;然而从秦汉之后,"孝道"却成了最重要的统治工具,汉皇帝之谥号多加上一"孝"字,而事实上于汉代结集编纂而成的《孝经》更是多有篡窃之言,它已是帝制式儒学下的产物,对于帝皇专制,多所回护。

面,因为中国的社会是一波纹型的结构,是一差序格局所形成的结构;㊳如前所述,中国文化最为强调的是一连续体的观念,天人,物我,人己,他们都是合而为一的,只要通过一道德的真实感,自然能怵惕恻隐的与之关连成一体(或是经由一艺术境界的修养,亦可以与之关连成一体),所谓"亲亲而仁民,仁民而爱物"即此之谓也。㊴不过"亲亲而仁民,仁民而爱物"原强调的是将那"血缘性的自然联结"与"人格性的道德联结"合而为一,想经由一种推扩的工夫而达于四海天下,如前所述,这原是与"宰制性的政治联结"相互背反的。

就另一方面来说,中国的历史从秦汉以来,就陷入一严重的宰制性困局之中,作为宰制性政治联结的最高象征的"君"成了最高的绝对管控者,它将儒家所强调的"人格性道德联结"及中国传统社会的"血缘性自然联结"吸收成统治之一体。如此一来,"宰制性的政治联结"、"血缘性的自然联结"、"人格性的道德联结"形成了一个极为奇特而怪异的总体。相互依倚而相互抗持,尤其儒家所强调的人格性的道德联结所构成的"道统"与帝王家所强调的宰制性政治联结所构成的"政统"形成了一个内在对比的抗衡结构。相应于这内在对比的抗衡结构之一端,另一端亦因之而有所跟进;当宰制性的政治联结愈为绝对化,那么连带的人格性的道德联结也必须更为强调,甚至彻底的绝对化才可能与之相抗相持,那个内在对比的抗衡结构才能保持稳定状态。在政治上以"君"为核心,在社会上以"父"为总枢,在教化上以"圣"为理想,这样的历史文化走向陶铸了数千年,自然的成为中国人的基本思维模式。一元化或道德思想之意图的思维方式于焉构成。

再者,我们可以更进一步说"道德思想的意图"虽然与中国文化"天人之际"强调其一体连续观有密切关联;但更为重要的是由于中国长久以来的帝皇专制所造成的"道的错置"更使之极端化了。㊵

这样的情形产生一极为奇特的"宰制型的纵贯轴理性",它一方面仍然守着中国文化那种"连续型理性"的传统,但由于"宰制性的政治联结"之国君成为独大的管控者,便使得原先那种发自生命内部深处的"一体之仁"这样的道

---

㊳ 此论点,请参见费孝通《乡土中国》一书。
㊴ 见《孟子·尽心篇上》。
㊵ "道德思想的意图"乃林毓生所提出的,其详请参见氏著《中国意识的危机》(*The Crisis of Chinese Consciousness*),笔者于此处则重在给出一哲学的理解与诠释。

德真实感所开显的"自律型之慎独伦理"异化而成为一"他律型的顺服伦理"。㊊ 更值得我们去注意的是这样的"他律型的顺服伦理",因为它不是以一超越的位格神作为最高的管控者,而是以一现实世界的国君皇上为最高的管控者,所以它并没有一恒定性,没有一普遍性。它有的是系属于帝皇专制下的奴隶性及暂时的规约性。只有当那国君皇上被提到超越界的地位,这时他律型的顺服伦理才可能具有恒定性及普遍性,而所谓宰制型的理性亦才能真正建立起来。

然而,国君皇上毕竟不是上帝,他只是一个专制政治上最高阶位的存在,将国君皇上视之为一超越的绝对者,这无疑的是一种严重的错置情形,因此所谓"他律型的伦理"并未真正建立起来,而只是一类似于他律下的"顺服伦理"。如上所说,我们知道相应于"他律型的顺服伦理",其理性是一"宰制型的理性";而相应于"自律型的慎独伦理",其理性是一"良知型的理性"。值得注意的是,这里所谓的理性是就其为连续观及一体观情况下的理性;这不同于就其为断裂观及二分观的情况下的理性。连续观及一体观情况下的理性不是一"决定性的理性"而是一"调节性的理性",不是一主体的对象化而成的"概念型之理性"而是一互为主体化而成的"体验型理性",不是一外在超越界与经验世界相对执的理性,而是内在的将那超越的世界内化而交融为一体所成的理性。

事实上,中国文化的一体观及连续观之所产下的帝皇专制和西方二分观及断裂观下的君主专制,在表面上尽管有些相似,但骨子里却有甚大的不同。中国的皇帝尽管也要强调自己的神圣性,但却不同于所谓的"君权神授";皇权一方面是"天授",但所谓的"天授"又是依准于"人民"的,是依准于道德的。或者我们可以说:那宰制性的政治联结这样的最高管控者,它一方面渗入到血缘性的自然联结之中,另方面又渗入到人格性的道德联结里头,它使得血缘性的自然联结之孝悌伦理异化成宰制的工具,使得人格性的道德联结之仁义礼智异化成控制的技俩;但另一方面又使得它由于孝悌伦理及仁义礼智的熏习而受到限制。

换言之,尽管在中国的帝皇专制体制下应指向一绝对的宰制,但显然因为那调节性理性的调节作用,使得它仍然保持到一相当的和谐状态。再者,在宰制型理性的管控下,使得那体验型的理性转变成一境界形态的向往;而且因为宰制型

---

㊊ 关于此,请参见林安梧,《中国近现代思想观念史论》第四章第三节"道德超越形式性原理与绝对宰制性原理之关系",第四节"从根源性的慎独伦理到宰制性的顺服伦理",第 104-115,台北:台湾学生书局,1995。

理性的特别突出而使得此境界形态的向往随之日趋强烈，甚至有病态的倾向。原初儒家所最强调的是通过这体验型的理性而达到一真切的社会实践，但由于帝皇专制的宰制及其造成的异化，使得社会实践不能开展，因此它只能滑转成一往内追求的修养意识，随着宰制及其异化的程度，它再度滑转成日常的修饰意识，甚而成为日常的休闲意识；伴随此，道德实践既已开拓不出，境界形态的修养，进而异变成精神上的自我蒙欺，阿Q式的精神胜利法于焉构成；(57)此亦可证明前面所述，由于"道的错置"使得道德思想意图的倾向日趋于极端化及空洞化的表现。

## 五、大道之行也，天下为公："外王—内圣"的新思考

在血缘性纵贯轴下的旧三纲下，所开启的"内圣外王"思考是一内倾式的、封闭性的思考，这与儒学之本怀大异其趣。笔者先前即以为从孔子到阿Q，有一病理学式的血脉关联。我在《孔子与阿Q：一个精神病理史的理解与诠释》一文曾这么说：

> 原先孔子所开启的儒学强调的是一"道德的社会实践意识"，但显然地世代并未真从宗法封建与帝皇专制中解放出来；因而在此两面向的纠葛下，道德的社会实践意识无法畅达地发展，遂滑转为一"道德的自我修养意识"。原先之转为一道德的自我修养意识，为的是要归返生命自身，而再度开启社会实践意识，传统之要求由内圣通向外王，所指殆此。问题是：内圣通不出去为外王，反折回来，又使得那道德的自我修养意识再异化为一"道德自我的境界之追求"。此时之道德转而为一境界型态之物，而不再是实理实事。原先的道德精神境界的追求所为的是自我的治疗与康复，俾其能开启道德的自我修养之可能；但在世衰道微的情况之下，即如道德精神境界亦成为一虚假而短暂的境界。这再度往下异化便成为一"自我的矫饰"与"自我的休闲"，明说其理由，实则为虚，终而堕入一自我蒙欺，万劫不复的魔业之中。魂魄既丧，游走无方，来去无所，这失魂症的病人也只能以"道德的精神胜利法"自我蒙欺罢了。

如上所说，"孔子"与"阿Q"两者可以关联成一个井然有序的系谱。由

---

(57) 此"阿Q之精神胜利法"，盖有取于鲁迅《阿Q正传》的用法，笔者于此是将之置放于整个中国文化传统中，加以审视，并做哲学的理论阐释。

"道德的社会实践意识"滑转而为"道德的自我修养意识",再滑转为"道德自我的境界追求",而后再异化为"道德的自我矫饰"与"道德的自我休闲",终而堕到以"道德的精神胜利法"而转为"道德自我的蒙欺"。我们之所以将"孔子"与"阿Q"做这个精神病理史的关联性理解,并不是要去说当代中国族群之为阿Q为可接受的,而是要藉由这样的理解与诠释达到一治疗的作用,进而得以瓦解这个奇怪的综体,让中国文化及在此中长养的中国子民有一重生的可能。[58]

笔者以为这里所谓的"重生"之可能,现下最重要的便是正视吾人实已由原先的血缘性纵贯轴所成的宗法家族社会,转而向一契约性社会联结的现代公民社会迈进。换言之,儒家道德学当以此做为理解及实践的基底,这是以"社会公义"为优位的道德学,而不是以"心性修养"为优位的道德学。笔者以为此社会公义论核心的道德学,有别于以前的"内圣—外王"的思考方式,一转而为"外王—内圣"的思考[59]。

"社会公义"指的是就一政治社会总体而说的"公义"。"社会"(society)一般用来指的是经由"公民"以"契约"而缔结成的总体。这样的总体经由"公民"以"契约"缔结而成,故可称之为"公民社会"或"契约社会"。此与中国传统的血缘性纵贯轴所成之总体有别,它是一有别于"我与你"之外的"他在"。这样的"他在"所依循的不是"血缘亲情",而是"社会契约"。"公民"并不是内在具着"大公无私"本质之民,而是进入"公众领域"之民。

"公民"并不同于"天民",亦不同于"人民"。"天民"是"自然人","人民"是"大众人",而"公民"是"公约人"。中国传统虽属专制,但"皇民"之观念不强,而"天民"之观念甚强;截至目前,其"公民"之观念仍颇为薄弱。这与中国之重"血缘亲情"、"孝悌仁义"之传统密切相关,此即一"差序格局",一"波纹型的格局"。值得注意的是:"血缘亲情"、"孝悌仁义"并不只平面展开而已,它更调适而上遂于道,通于宇宙创生之根源。这与中国传统的巫祝信仰有密切的关系,是由此而转向一天人连续观的气化宇宙论哲学。

儒家的"道德创生论"亦在此"气化宇宙论"之基底下作成,都可以归结到一

---

[58] 请参见《台湾文化治疗:通识教育现象学引论》,第138—139页。

[59] 关于此,请参看林安梧:《后新儒学的新思考:从"外王"到"内圣"——以"社会公义"论为核心的儒学可能》,《鹅湖》三十卷二期(总号350),第16—25页。

"连续型的理性"这样的大传统中。⑩ "道德创生论"原与"社会实践论"合而为一,但在"宰制性的政治联结"这样的帝皇高压底下,"道德创生论"往"境界修养论"迈进,而逐渐忽略了"社会实践论"。"境界修养"下委而成一"乡愿",或者是如鲁迅笔下的"阿Q"。这都是传统修养论的变调、扭曲与异化。

强调"大公无私",此"公"与"私"是一伦理性的指涉,且显然见不出一容纳"私"之领域。有趣的是,这"大公无私"的思考,原先是落实在一"血缘性纵贯轴"的思维下的,是由"亲亲而仁民"、"仁民而爱物"推扩出去的。这样推扩出去,应是"由私及公",或者"雨我公田,遂及我私",⑪但却吊诡地反转为一"大公无私"。实者,这"大公无私"之论,要不是统治者所教导之意识形态,就是太强调由主体而上遂于道体,由人之本心而上遂于道心所成的意识型态。极可能,两者交结为一不可分的总体。在帝皇专制下强调"大公无私",又强调"天理良知",并将两者通而为一,最后做成的"性善论",此与原先的血缘亲情义下的"性善论"已有所不同。⑫

"血缘亲情"下的"性善论"是经由一差序格局、波纹型之格局,渐层开来的伦理实践态度,其性善是一具体之感通性。"帝皇专制"下的"性善论"则渐离开此具体之感通性,而上遂到一宰制性的政治联结所成的总体,并且规定此总体之本源。吊诡的是"大公无私"在历史上的倒反就是"大私无公",甚而以此大私为大公,"公众领域"因此更难独立成一"他在"。

"公民"是进入"公众领域"之民,这样的"民"不是"道德人",而是一"公约人",是由一般具有个体性的个人做基础而成的。如是言之,先做为一个"个人",然后经由"公约",才做为一个"公民";但若从另一面来说,如此之个人当在公约所成之公民社会下,而成一个人。这样的"个人"进入到"公众领域"才发生其"公民性",才成为公民。或者说,在公共领域下方得成就一普遍意志,即此普遍意志才有所谓的"公义"。

"公义"指的是依其"普遍意志"为基础而建立之行为规准背后之形式性原

---

⑩ 关于"连续型的理性"与"断裂型之理性"之对比,请参见拙著《儒学与中国传统社会的哲学省察》第六章,第85—107页。又此说首见于杜维明所著《试谈中国哲学中的三个基调》一文,文中曾清楚的指出:"这种可以用奔流不息的长江大河来譬喻的'存有的连续'的本体观,和以'上帝创造万物'的信仰把存有界割裂为神凡二分的形而上学绝然不同。"(见《中国哲学史研究》第一期,第20页,1981年。)

⑪ 语出《诗经·小雅·大田》有言:"有渰萋萋,兴雨祁祁?雨我公田,遂及我私。"

⑫ 关于此,请参见林安梧:《儒学转向:从"新儒学"到"后新儒学"的过渡》第四章,"良知、良知学及其所衍生之道德自虐问题之哲学省察"台北:台湾学生书局,2006。

则。换言之,“公义”并不是“大公无私”之义,而是“有公有私”之义。(63) 这样的“公”与“私”并不是截然相互背反的,它有其连续性。这样的“公”是建立在“私”之上的,“私”不是“自环也”的“私”,而是一独立之单位的“私”,是做为“公”的基础的“私”。值得注意的是:“公”与“私”的连续性,并不建立在“性命天道相贯通”这样的连续性上,而是建立在经由“契约”所构造成的连续性。这“连续性”不是内在“气的感通”义下的连续性,而是外在“话语的论定”义下的连续性。不是内在亲缘的连续性,而是外在契约的连续性。

相对于这样所成的政治社会共同体,其背后的根源性依据乃来自于“普遍意志”。“普遍意志”是“契约”的根源,而契约则是普遍意志实现的途径。“普遍意志”并不同于“天理”,因为“普遍意志”之所对是“公民”,而“天理”之所对则为“天民”。天民与公民并不相同。康德 (I. Kant) 更由卢梭 (J. J. Rousseau) 的“普遍意志”(general will) 转而言“无上命令”(Categorical Imperative),(64)这正如同儒家之由“天理”转而言“良知”。康德学与其社会契约论的传统密切相关,儒学与其血缘性纵贯轴所成之总体密切相关。儒学与康德学颇为不同。

换言之,“公义”并不是经由内在的修养来作成,而是经由“话语的公共论域”而达致。社会契约经由话语的公共论域而产生,经由彼此的交谈而出现。这样所成的伦理,彻底地讲不能停留在“独白的伦理”,而必须走向“交谈的伦理”。儒家是“交融的伦理”并不是“交谈的伦理”,当然也不是“独白的伦理”。“交融的伦理”以血缘亲情为主,而“交谈的伦理”则是以公民互动为主。(65) 前者是以家庭为本位的,而后者则是以个人为本位的;由个人而走向契约的社会,前者则是宗法社会。

进入到现代化的社会之中,契约性的社会联结优先于血缘性的自然联结的,原先长自血缘性的自然联结的“仁爱之道”,现在当长成“社会公义”。真切地涉入到公共领域中,经由“交谈”互动,凝成共识,上契于社会之道,在这样的社会公义下,才有真正的“心性修养”,才有真正的内圣。

原先的“内圣—外王”是一波纹型结构的展开,而现在“外王—内圣”则是一

(63) 2008 年,笔者曾接受上海社会科学报陈占彪之专访,论及此,请参看林安梧:《伦理道德观的转化、公民儒学——大公有私》,《绿叶》,2008 年第五期。

(64) 关于此,德哲卡西勒(E. Cassirer 1874—1915)论之甚详,见氏著《卢梭、康德与歌德》,孟祥森译,台北:龙田出版社,1978。又请参见林安梧:《契约、自由与历史性思维》第二章,“论卢梭哲学中的‘自由’概念:以‘自然状态’与‘社会状态’对比展开的基础性理解”,台北:幼狮文化事业公司,1996。

(65) 关于此,请参见林安梧:《儒学与中国传统社会之哲学省察》第十章,“顺服的伦理”、“根源的伦理”与“公民的伦理”。

捆材型结构的内化。⑥ 我以为这在儒家的传统中是极为顺适的发展,只要归返先秦即可重开生源,因为在《论语》里就有两个不同的传统,一是有子所强调的"孝悌传统",另一是曾子所传的"忠信传统",当然从"孝悌"到"忠信"亦是一连续型的展开,不过曾子所说的"为人谋而不忠乎?与朋友交而不信乎?"所指的是"社会群体",面对着"契约性的社会联结"所成的现代公民社会,曾子所论的"忠信"更是隐含着"责任伦理"的可能。轻易地误以为儒学没有责任的伦理,只有意图的伦理,这样的论点可能要面临挑战。

将儒学限在意图伦理的理解是长久以来的错误,这正反映着中国文化传统所形成的帝制式儒学的思考。我们当解开这帝制式的藩篱,重开儒学的生命,进到公民社会来思考,以社会公义论为中心重开"忠"事、友"信"的内圣之学。

如前所述,当前我们最切要的问题是如何免除"道的错置"的困结,而迈向一崭新的构造,缔结一新型的理性。很明显,台湾海峡两岸的中国仍然处在这个关卡上,不过总的来说,伴随着工商业的发达使得它已不再限于传统的大陆型的思维模式,不再为血缘性的自然联结及连带而来的土地的固着性所限制。就社会构造方面,它已被历史的理势逼向非往"契约性的社会联结"建立之路走不可的地步。唯有顺此大流而趋,才可能瓦解长久以来作为整个中国人心灵的金字塔顶那个宰制性的政治联结体的最高权力的管控者,才可能建立起"委托性的政治联结"为核心的全民政治。

相应于这里所谓的"契约性社会联结"及"委托性的政治联结",我们可以再回过头去检讨前面所述的中国文化的总体性结构。我们势将发现原先的那三种联结,所谓"以宰制性的政治联结为核心,以血缘性的自然联结为背景,以人格性的道德联结为工具"而形成的庞大政治社会总体,如今必然面临瓦解及重建的命运。若就这三者而言,我们势将发现只有"人格性的道德联结"足堪作为接榫的过渡,而且适巧长久以来它又作为中国文化之总体表现的心源动力之核心,这是值得我们去关注的。如前所说那样的中国文化传统所造就的"道德思想的意图"它本就不可以简单地从另外的立场说它是一种谬误就能了事;事实上,它是作为传统迈向现代必要的过渡关键,在这关键上,它提供了我们来自自家文化传统内部的动源。或者更扼要地说,它提供了一个"定向性原则"。须知,在一个由传统迈向现代,由发展中国家迈向发达国家的过程中,定向性原则无疑是极为重要的,如果这个原则不能被清楚地把握住,必然会产生整个民族心灵意识的危机。更为吊诡的是,当这个危机严重到一个相当的地步时,那些勇于去为中国找寻出

---

⑥ 关于"波纹型"、"捆材型"等比喻,取自费孝通《乡土中国》一书。

路的知识分子,却以为此定向性原则是不需要,甚至是有害的,须得铲除;如此一来,使得中国陷入一无定向的迷思(迷失)之中。长久以来,有多少知识分子在此头出头没,声嘶力竭,却是浮沉度日。当然光靠一个定向性原则亦不能有所为,它必得依寻着时代的声息脉动,方得落实。定向性原则的要求绝不是守旧,也不是所谓的"中体西用",它是作为"接榫的过渡"而不是作为"什么什么的基础",这一点的辨明是极为重要的,亦唯如此,才能免除所谓的"道德思想意图的谬误"。⑥⑦

如上所述,我们可以更清楚地发现,依循"契约性的社会联结"构造社会,以及依循"委托性的政治联结"构造政治时,并不意味说作为中国族群最根本的"血缘性的自然联结"已不再需要,而是说原先那血缘性的自然联结的方式,今日必然要被限制于个人的家庭之内,如此方为合理。至于"宰制性的政治联结"则原属不合理,它与"委托性的政治联结"适为相反,它必然要瓦解。

值得注意的是,无论瓦解也好,限制也好,足以作为其内在心源的动力者,唯此"人格性的道德联结体"所发之"道德思想的意图"始足以当之。不过笔者仍得再强调它只是作为"接榫的过渡",过渡之后,势必再由一崭新的社会构造,政治组织及经济体系等等来型构另外一个心源动力。心源动力并不是百世不迁的,它是"日生日成"的。它是"未成可成,已成可革"的。⑥⑧

总而言之,唯有我们通过文化结构的总体性疏清,才能谛知"血缘性纵贯轴"之限制何在,而"道的错置"究何所以。显然,我们不是要去打垮这血缘性的纵贯轴,而是要去批判这血缘性的纵贯轴,盖经由批判始能重建。所谓重建是落实于家庭之中,而且限制于家庭及家庭的联结之中,至于政治社会共同体的建立则须由此血缘性的纵贯轴中所含之人格性的道德联结开启一新的格局,而解脱出原先血缘性自然联结的陷溺,开启新的契约性的社会联结,从而建立一委托性的政治联结。我们以为对于"道的错置"做了这番新的厘清,将有助于道的重新开启。

## 六、结语:说"公民儒学"的诞生

该是面对"道的错置"的年代,该是解开"道的错置"的时候了,该是再一波儒

---

⑥⑦ 请参看林安梧:《儒家现代化的反思片段——解开所谓"道德思想意图的谬误"》,《国文天地》,五卷四期(总号52)。又请再参看林安梧:《儒学转向:从新儒学到后新儒学的过渡》第六章,"'道德与思想之意图'的背景理解——以'血缘性纵贯轴'为核心的展开",台北:台湾学生书局,2003。

⑥⑧ 关于"日生日成"、"未成可成,已成可革"乃取自于王船山,请参阅林安梧:《王船山人性史哲学之研究》第三章,"人性史哲学的人性概念",第58—65页,台北:东大图书公司印行,1991。

学"革命"的年代了。说是"再一波",这便意味着以前也有过好几回儒学革命,而现在又到了新的阶段。没错!以前最早的原始儒学先是诞生于"周代",大行于"两汉",又重复于"宋明",再生于"现代"。

周代重的是"宗法封建,人伦为亲"的"大一统"格局,到了汉代以后,一直到民国以前则是"帝皇专制,忠君为上"的"大统一"格局。民国以来,发展到现在,可应该是"民主宪政,公义为主"的"多元而一统"的格局。

孔子完成了第一波"革命",使得原先所重"社会的阶层概念"的"君子"转成了"德性的位阶概念"的"君子",使得"君子修养"成了"人格生命的自我完善过程",当然这是在亲情人伦中长成的。在"血缘性的自然联结"下长成的是"人格性的道德联结"。语云"人人亲其亲,长其长,而天下平",[69]"书云:孝乎惟孝,友于兄弟,施于有政,是亦为政,奚其为政";[70]就这样,孔子主张"为政以德",强调"政治是要讲道德的"。孔子这一波革命,要成就的不只是"家天下"的"小康之治",更要成就"公天下"的"大同之治",像《礼记》"礼运大同篇"讲"大道之行也,天下为公",《易传·乾卦》讲"乾元用九,群龙无首,吉。"说的是,因为每个人生命自我完善了,人人都是"真龙天子",人人都有"士君子之行",当然就不须要"谁来领导谁",这是"群龙无首"的真义。有趣的是,现在世俗反将"群蛇乱舞"说成"群龙无首"。不过,这倒也可见孔子的"道德理想"毕竟还只是"道德理想",并没真正实现过。

第二波革命,则是相应于暴秦之后,汉帝国建立起来,这时已经不再是"春秋大一统"的"王道理想",而是"帝国大统一"的"帝皇专制"年代了。帝皇专制彻底地将孔老夫子的"圣王"思想,做了一个现实上的转化,转化成"王圣"。孔夫子的理想是"圣者当为王"这样的"圣王",而帝皇专制则成了"王者皆为圣"这样的"王圣"。本来是"孝亲"为上的"人格性道德联结",转成了"忠君"为上的"宰制性政治联结"。这么一来,"五伦"转成了"三纲",原先强调的是"父子有亲、君臣有义、夫妇有别、长幼有序、朋友有信",帝制时强调的是"君为臣纲,父为子纲,夫为妇纲"。显然,原先"五伦"强调的是"人"与"人"的"相对的、真实的感通";而后来的"三纲"强调的则是"绝对的、专制的服从"。原先重的是"我与你"真实的感通,帝制时重的是"他对我"实际的控制,儒家思想就在这两千年间逐渐"他化"成"帝制式的儒学"。

---

[69] 《孟子·离娄上》:"孟子曰:'道在迩,而求诸远;事在易,而求诸难。人人亲其亲、长其长,而天下平。'"

[70] 语出《论语·为政》。

不过,第三波革命来了,1911年,两千年的帝皇专制被推翻。孙中山开启了民主革命,但如他所说"革命尚未成功,同志仍须努力",不过这"民主革命"总算向前推进了近一百年;如此一来,使得中国人不可能停留在帝皇专制下来思考,中国人想的不能只是帝制时代下的"三纲",也不能只是春秋大一统的"五伦",而应是"公民社会、民主宪政"下的"社会正义"如何可能。

这些年来,儒家思想与民主宪政的问题引发了许多思考,蒋庆先生的见解,也已引发了相当多的讨论。⑦ 不过,我还是主张无论如何须得正视中国政治传统中"道的错置"之论题,惟有解开此"道的错置",强调"社会正义",才是第三波儒学的重心所在。这波儒学来得甚晚,以前在救亡图存阶段,为了面对整个族群内在的心灵危机,强调以"心性修养"为主开启"道德的形而上学"。现在该从"道德的形而上学"转为"道德的人间学",由"心性修养"转而强调"社会正义",在重视"君子"之前,更得重视"公民"概念。一言以蔽之,该是第三波儒学革命的阶段了,这是"公民儒学"的革命。

---

⑦ 请参见范瑞平主编,《儒家社会与道统复兴——与蒋庆对话》,上海:华东师范大学出版社,2008。

走 向 未 来

# 德治中国，德覆天下

## ——中国引领现代化第三阶段

张祥平[①]

## 一、导言：现代化三阶段

本文尝试将人类现代化的历史概括为三个阶段，并且论证以儒家德性为基础的中国文化势必引领现代化的第三阶段。

在笔者看来，英国光荣革命之后，海外经商和殖民过程巩固了法制秩序，开拓出经济覆盖的升层路径。随着海外殖民过程深化，有限责任公司逐渐取代无限责任公司，对借钱生钱的风险约束大大减少，主要借靠新教伦理来把"钱生利债务链"的资本主义制度维持在相对良性的状态。这是现代化的第一阶段：通过"借钱生钱"激发市场需求（海外贸易）和供给（蒸汽机加强纺织品的竞争，减少运输成本；火药减少开矿成本，等等），创立工业体系。

温饱和抗灾的需要基本满足之后，要保持有利于现存社会秩序的规则有效，就必须不断扩大消闲规模或扩大分合覆盖（有利于现存社会秩序的覆盖）。经济覆盖体制（有限责任公司吸纳大部分就业人口）迫使官方组织不得不在温饱和抗灾的需要基本满足之后借助金融创新来助长虚拟经济，即"吹泡儿"，支撑虚拟经济的实体经济是"吹管"（半代人的房产，私人轿车，豪华旅游，高档时装等），实体经济中的军工争强是"吹牛"：借助军工争强，可以向海外殖民，用坚船利炮推行十字军模式，向外部土地转嫁风险，向后进区域转移污染产业，甚至试图向月亮和火星移民。这是现代化的第二阶段：军工争强。"三吹"之中，只有军工争强

---

[①] 北京农业大学荣休教授。

能够"牛"起来:每一次重大的经济危机都会削减经济泡沫和作为"吹管"的实体经济,却不会削弱军工经济,反会加强军工经济(军工本身可以扩大就业,征兵也变得更容易:失业者自愿当兵)。军工经济在两次世界大战中两露头角,接下来的衍生产品是冷战和恐怖组织。

中国自汉唐宋明清以来,温饱和抗灾的需要基本满足之后,通过不断扩大文化覆盖的规模来促成文化覆盖、经济覆盖、生理武力覆盖相对均衡(以族内就业和国营官督为主的大部分就业人口承担无限责任),从而保持现存社会秩序的规则有效,即:"庶之……富之……教之"(《论语·子路》)。"教之"的内容从组织管理来看是齐家,治国,平天下:循物理而至天理,集义而生浩然之气,正名言行而礼乐刑罚,来远人而平天下,譬如众星拱北辰,太极生大业(《礼记·大学》及朱注,《孟子·公孙丑上》,《论语·子路,为政》,《周易·系辞上传》第11章),即"三教"。三教是三重委托代理(王土,率土,率土之滨)的民主(民之主)制度:一方面"率土之滨,莫非王臣"(多元化,天下之人有能力自组织,自治),另一方面"学而优则仕"(大一统,天下之人有机会参与正式组织,治国治天下,反过来把治国治天下的经验教训用于自治)。

英国历史学家汤因比认识到:现代化的第三阶段(相对稳态)要靠"三教",不能靠"三吹":

"罗马帝国解体后,西方的(民选主)政治传统是民族(纳慎)主义的,而不是(民之主)世界(天下)主义的"。中华民族"几千年来,比世界任何民族都成功地把几亿民众,从政治文化上团结起来。他们显示出这种在政治、文化上统一的本领,具有无与伦比的成功经验。""要具有世界(天下)主义思想。同时也要有达到最终目的所需的干练才能(三教)。世界统一(天下太平)是避免人类集体自杀之路。在这点上,现在各民族中具有最充分准备的,是两千年来培育了独特思维方法的中华民族。""人的目的不是(借助三吹经济)狂妄地(自由)支配自己以外的自然,而是有一种必须(的自律来)和自然保持协调而生存的信念。"②

汤因比所说的"独特思维方法"(构造性整合法,整体公理化)使得中华民族

---

② 引自《展望二十一世纪——汤因比与池田大作对话录》,北京:国际文化出版公司,1985,第288、294、295、287页。引文的括号中为祥平所加,民族主义的英文原意是国家主义或种族主义,不同于汉语中的民族主义,纳慎是音译为主,意译为辅;采纳这个词要谨慎;此外,在汉语文献中,天下主义比世界主义的表述更明确。

在春秋时期就把简单科学迅速提升为复杂科学。虽然这个过程使得中华民族没有深掘简单科学的潜力,但却使中华民族在复杂科学中获得长足发展:物性儒学(含中医学)的最简单内容与现代物理学的最复杂内容相同,只是术语不同。战国之前中华文化的 28 个里程碑中,有 18 个(2,3,6,7,8,10,12,15,16,19,21—28)是数学推算、科学观测或科学规律:(1)烟火(文)图腾(华胥,伏牺,炎帝,黄帝);(2)储粮(数目)度荒抗抢(雍),(3)测日影(历象,寅,履端),定至日,四时成岁,举正月,置闰月;(4)组织抗洪;(5)禅让(尧舜,舜禹在 7 与 8 之间);(6)定位天球北极(璇玑仪,齐七政);(7)土地高差测量(平,两);(8)发现极星偏离天球北极(玄冥);(9)革命(汤,武在 12 与 13 之间);(10)厘定度量衡标准(尺寸合升斗科);(11)汉字体系(甲骨文);(12)河图(加法表,以上早于周代,见《尚书》《列子》《左传》《周易》);(13)易(周初建邦六典之五);(14)礼(周初建邦六典之六);(15)观测运动分类(五行,读形,不读杭);(16)洛书(减法表);(17)诗经;(18)老聃至虚;(19)孔子北辰;(20)孔子春秋;(21)复杂第一规律(极数通变,自相似);(22)地乘(乘法表);(23)太极生卦(自组织随机过程);(24)复杂第二规律(成性存存,对称破缺);(25)大衍其用(构造性统计);(26)九宫探赜(构造性微分,分数维);(27)指掌钩深(构造性积分,周期自组织过程);(28)复杂科学的最宏观结论和学习程序(三纲领八条目)。③

即使在现代化的前两个阶段(工业体系,军工争强),中华民族所具有的处理复杂问题的能力也比亚洲三大邻国(俄日印)多有所长,而在世界各国都迟迟难以推进到现代化第三阶段(相对稳态)的当今世界,正如汤因比所说,要靠中华民族发展的复杂科学(三教秩序)和"独特思维方法"(构造性整合法,整体公理化)及相关价值(自律,民之主,等),才能"避免人类集体自杀"。人类必须克制自己,地球生态才可持续。

## 二、现代化第一阶段:计划(组选)和市场(钱选)难分伯仲

俄国、东欧、中国、越南、朝鲜、古巴创立工业体系的路径与英美西欧很不相同,反而效率较高:主要借靠马克思列宁主义来把"生产力产品链"的社会主义制度维持在相对良性的状态,通过"计划生产分配"绕开市场供求,整合社会各方

---

③ 天的词意是演化着的天球生物圈,天下指各种人类社会,复杂性仅次于天。天对人类社会的作用:(1)历数天理或天人合一;(2)天禄仁心或二人本位。儒家认为整体性的天人合一高于相对离散的二人本位,即:主权在天。

面的潜力来创立工业体系。

所谓"效率较高"是指：相对于起步条件大致相同的其他国家，社会主义国家的工业化过程不但较快，而且没有因发动侵略战争而大起大落。如：俄国和德国日本的起步条件大致相同，中国和印度的起步条件大致相同，越南朝鲜古巴和巴基斯坦阿拉伯国家的起步条件大致相同，等。

市场主导的现代化不是现代化的必由之路，也不是现代化的归宿。市场主导的现代化只是现代化的源头和第二阶段的主流。

在现代化的第一阶段，市场和计划难分伯仲。在现代化的第三阶段，市场和计划都要让位于中庸权衡：主要借靠儒学（复杂科学）来把"嗣无邪时间链"的德制学选制度（汉唐宋明清，现代：减去皇室世袭，加上工业信息生态技术）维持在相对良性的状态，通过"礼乐省钱生产"权衡市场与计划的利弊，中庸避险；既不同于市场经济的风险外转，也不同于计划经济的风险内潜。

## 三、现代化第二阶段：风险外转胜过风险内潜

市场经济占主流的国家，在现代化第一阶段的初期用内部挖潜（圈地运动，污染环境）和海外殖民两种方式转嫁风险。第一阶段的中后期主要是向外转嫁风险。两次世界大战都相关于后起的市场经济国家难以进行海外转嫁。

社会主义国家兴起之后，海外殖民的余地更小，市场经济就逐步转轨为金融风险转嫁。初期是与社会主义国家互动：用股份公司来把无产阶级变为资产阶级。西欧的社会民主党乘势兴起：既然资本主义吸纳了马克思主义，市场经济还以国家干预（凯恩斯，罗斯福）的方式吸收了计划经济，所以马克思主义者就没有必要推翻资本主义。

计划经济国家（中国，俄国，等）的风险来自内部：工业体系的规模达到一定程度之后，面对机器的人就会重新面对其他人。如果不能在人与人的覆盖（市场交易，非市场交易等）中激励人的合作与创新，就会滋生低效和懒惰，导致贫穷，甚至导致社会活力减退和秩序失控，所以发生改变。

78戊午（西历1978）冬－79戊子（西历2008）秋，共30年，中国的改革开放可分为前6年，后7年，中间17年。前6年面向基层，本土改革为主，即：农村家庭联产承包责任制，复兴本土的家庭自组织；城市中扩大企业自主权（奖金，利润留成），把企业作为一个自组织单元（准家庭），省钱生产。中间17年超出基层，起于价格双轨制，移植改革（常称开放）为主，即：借鉴欧美的公司自组织，改革城镇中的计划生产分配，引入股份制和市场经济，借钱生钱，带动生产。后7年，辛

已转轨,新改革,新开放,即:79辛巳(西历2001)年"三个代表"启动了意识形态平稳转轨,扭转了77辛亥(西历1911)年"民国革命"启动的"西方取经"之潮;接下来79壬午(西历2002)年开始倡导艰苦奋斗(勤俭),为农民工讨工资(这是新改革),回应世贸(WTO)和奥运(这是新开放)。价格双轨制以权力腐败为代价来为中国现代化的第一阶段收官,原因是当时的决策参与者缺少儒家知识(组织管理的复杂科学),结果是移植外来规则不成功,本土滋生各种潜规则,社会管理成本剧增,并向生态环境转嫁。

　　三十多年后总结这段历史,不是为了指责过去,而是为了面向未来:从潜规则中筛选出传统的显规则,容融外来的显规则,大幅度减少潜规则,减少管理成本,缓解生态危机。也就是说,当初存在另一种选择,这种选择正是中国在新的30年中仍要走上的路径＊(辛巳转轨后的新改革起于保护农民利益,今后将成于提高农民地位),即:当初应该采用必要的措施(如保证基本工资和户口)鼓励体制内的干部职工转向乡土企业(参见下文)和乡土自组织,给政策,建立特村,特乡,逐步扩展,完成第二次农村包围城市。在提高农民地位(敬宗收族,农民有地位有能力保护自己)的基础上实行管理双轨制:一是科举选士(德制学选),二是建立特区(如深圳,海南)。特区采用真正的市场经济(风险与效益平衡),受到相对健全的西式法规的制约(法制钱选),腐败行为大致相当于香港台湾日本韩国新加坡的水平。其他地区政府官员(县级以上)缺少寻租资本,还受到礼乐刑罚(含乡土自组织)的制约,腐败行为更少。用历数(民不困穷,兴继举)和大数(民有所措,有信)进行政绩考核,容融钱数(生产总值)和业数(基本建设)。

　　市场经济胜过计划经济,靠的是金融创新(股份公司)。接下来维持市场经济,还需要进一步的金融创新(三吹,见本文第1节),即撤销黄金本位,创新金融工具,延伸债务链条,这样才能保护大大小小的投资人(资本家)的利益,金融及其衍生工具所链接的债务环节越多,诱导股民买单的效率越高;风险本身也变成债务,以高利息回报,更高的利息支付给违约债务的风险,等等。花样翻新的衍生工具及其产品用各种数学模型进行复杂包装,诱导股民购买(多数股民看不懂数学模型,少数能看懂模型的股民可以从中渔利,最大的利益属于发行债券的一方,民间的说法是:杨白劳逼死黄世仁)。

　　这样衍生出来的债务链条不但容易断裂,而且断裂之后引发的风险十分巨大。79丁亥(西历2007)年美国次级住房抵押贷款危机起自协助置业的放债贷出(房地产投资基金),被金融衍生工具放大后,风险扩大;79戊子(西历2008)年美国财政部出面干预,也就是用国家预算放债,这样的放债即使在未来进行讨债,也与常规的借贷关系不同,所以是政府用纳税人的钱为房地产投资基金公司买单。即:政府成为金融债务链条的最高端。有的学者认为这是社会主义,另一些学者认为,这只是短期的政府干预,最后的目标是资本主义。从复杂科学来看,这是阴(资)中有阳(社),阳中有阴,合在一起是法制钱选之道。法制钱选之道和苏俄式社会主义的计划组选之道的共同点是:以国家行为来维护宏观增长,保障就业;不同点是:法制钱选之道以金融带动增长,用借钱生钱和借贷双方共担风险的方式来刺激技术创新和服务业升级,而计划组选之道以五年计划来规划增长,风险内潜,所以法制钱选之道比计划组选之道更有生命力。另一方面,金融本身的风险很难控制(如安然安达信等信用风险),尽管有的学者试图用"生产性服务业升级"来替换"服务业升级"(试图避开金融衍生工具这一类服务业的升级),却忽视了一个市场常识:金融升级是其他"升级"的前提(没有风险共担,就不能激励创新),否则就不是法制钱选之道(市场经济,资本主义,等)。另一方面,加强金融监管的作用则十分有限,因为自上而下的监管与自下而上的底线约束双管齐下,才有良性的市场经济。在实体经济中,消费者投诉是约束底线,而股民却很难通过投诉来对虚拟经济进行约束,因为多数股民不熟悉评估数学模型,所以无法判断自己"仓"中的股票是真货还是玩具,只能在股市行情(这不是约束)中任人摆布。此外,金融工具的创新者及获利者的平均智力及内驱力一定大于财务立法审计监督执行人员,否端就不会允许美元脱离黄金(这是财务立法审计监督人员可以凭借的上端底线)。这样就形成了难以逾越的金融风险与创新动力之间的"怪圈"。

在高张力高成本的管理结构中,银行(金融)大亨一方面要求政府放权给市场,另一方面把各种社会责任都压给政府。即使在欧美的法制钱选社会中,也没有妥善解决社会保险与管理成本之间的矛盾,只不过可以用不同政党轮流执政的方式来平息民怨。民怨难平时就把民怨引向对外战争。④"西方的(民选主)政治传统"具有内在的动力来把人类引上"集体自杀之路"(见本文第 1 节所引),认识到这一点的西方学者不止汤因比一个。

综上所述,工业革命以来,三次最重大的经济危机分别源于廉价土地供给减少(殖民后期)、战后基建需求减少(执行凡尔赛和约的后期)、民生投资效益减少(黄金脱离美元体系的后期)。至此,借助工业与信息革命来扩张经济规模的时

---

④ 参见约翰·肯尼迪·加尔布雷斯:《自满的年代》,海口:海南出版社,2000,第 119—121 页;美国官商结合而形成"势力庞大、半自主性的军产复合体"。

代基本结束。换句话说：需求创造供给的时代基本结束，需求与供给平衡的时代正在到来，即：借助信息与生态技术来缓解土地稀缺（提高土地价格，兴继举），回归适度需求，社会效益超越经济效益（三教替换三吹），进入相对稳态（现代化第三阶段：德制学选社会中的城镇也很发达，并与乡村均衡发展，所以可持续；法制钱选社会中的城镇吞噬乡村，属于现代化第二阶段，不可持续）。

## 四、现代化第三阶段：提高乡土价格、理顺汇率体制、约制金融风险

德制学选社会（汉唐宋明清，现代：减去皇室世袭，加上工业信息生态技术）既不是现代意义上的市场经济（债务链条），也不是现代意义上的计划经济（产品链条），而是长效经济或王土经济（时间链条）。王土经济中的高科技垄断是特定生态中的物产（造势）+祖传的选材（用势）程序和精湛技艺，主要不是军工争强。中华民族在两千多年与环境互动的过程中，也出现过短效经济（如汉代文景时期，唐代开元时期，宋代王安石变法时期，等），其中包括金融危机，相关的过程使得德制学选社会完成过从良币（银铜金）到劣币再到良币的历史演化全过程。⑤

德制学选社会采用的四柱记账，比法制钱选社会采用的复式记账更适于实体经济的财务管理。四柱记账可以容融复式记账。德制学选和法制钱选是组织管理（含资源配置）的两种可互相替代的手段。这两种制度的边际替换发生于一定程度的严酷环境之中：相对严酷的环境使得灾害消耗量达到一定程度，法制钱选就会被德制学选替换，或：德制学选容融法制钱选。⑥ 只要不能发现一个可供人类移居的新地球，现代化的第二阶段就不可持续，就一定要以德制学选来容融法制钱选。正如中国历史上在汉代以"代田"容融"名田"（《汉书·卷二十四上·食货志》），在宋代以"敬宗收族"容融唐代的"利益集团"（如府兵，豪强，藩镇）。宗族是中国特色的非政府组织（NGO），同时又是中国特色的俱乐部及公司赞助人，还是中国特色的基层社区和教区。

用现代经济学的术语来说，就是从个体（小家庭）所有权到群体族有权，提

---

⑤ 参见张祥平：《制度对话》，北京：石油工业出版社，2001，第249－288页。
⑥ 详见张祥平：《从一阶均衡到二阶均衡》，载《中国社会科学季刊〔香港〕》1998年夏季卷，第79－95页，该文描述的委托代理结构以现代企业和德制学选为主，参见第88－90页，较易扩展为法制钱选，即：民选政府的期望效用〈目标函数：每年获取较高的货币回报，有益生产量减积压消耗量，乘以货币加权系数〉＝科举成员的期望效用〈目标函数：长期维护相对公正人道的社会秩序或群体秩序〉－长效可持续〈含超越合法性与文化合法性〉＋短效利民〈含未破的泡沫〉或煽情〈含对外战争〉。

高乡土价格,扩充族内就业,提高农民地位。把乡村自组织(齐家)作为治国平天下的基础(三重委托代理:王土。率土。率土之滨),国营企业(率土)与乡土民企(率土之滨)为主,无乡民企(率土或率土之滨留出一定余地)为辅,减少无乡民企蚕食国企和腐化政府官员,保护生态环境;这是内政的改革。对外开放的部分,要理顺汇率体制,约制金融风险;联合各国绿党,支持第三世界提高乡土价格,帮助环境脆弱地区减少金融转嫁而造成的风险,用复杂科学和只落后一步的军工来自卫,引领各国军工降温,促成全球持续和平。

乡土(宅地、园地、农耕地、游耕地、游牧地、渔猎地、坟莹地、非商非公窑地手工地,等)是能够为基层自组织群体供应食物和休憩场所的最小可持续土地,"最小可持续土地"边界位置之内的生态条件能够让这个群体生息繁衍。城镇中的宅地园地人口要靠乡土中的其他土地提供食物,所以在乡土实际价格之中,城镇宅地园地的权重较轻。所谓"最小",就是如果再增加一个需要同样营养条件和休憩条件的群体,那么两个群体就会发生激烈竞争,直到其中之一灭亡,或者撤出这片土地。⑦

乡土实际价格是社会中各基层自组织群体所愿意承受价格的加权平均.。其中,千年不衰的基层自组织群体(如孔孟颜曾仲的后代)的乡土价格是天价,而败家子基层自组织群体的乡土价格基本上等于市土价格(见下文);多数基层自组织群体的乡土价格介于以上两个极端之间,因此,越是安定和谐(方差较小)的社会,乡土实际价格就越高.。此外,单位面积供养的人口数量越多,乡土实际价格越高(生态条件及周边环境与人的互动,使得该片乡土可供养较多人口)。因此,三教是提高乡土价格的重要措施:教育基层自组织(宗族)自己管理自己,既有利于多数宗族不当败家子,不降低乡土价格,也有利于在单位面积上供养较多的人口(族内就业,减少外流)。

乡土名义价格是最近一次政府征用(不包括以大致相同质量的同面积土地进行置换并提供迁移安置费)的乡土上发生的移民安置费用除以相关的土地面积。社会转型的国家,乡土名义价格较低.。市土是城镇中的非宅非公地、其他区域的商旅地(包括商用农耕地)、游民地,等.。市土价格是最近一次被拍卖或被拍租的工商土地的价格.。市土价格由市场决定,不同于乡土价格(由各基层自组织群体所处的状态决定)。从理论上说,城镇中商品住宅的宅地价格与市土价格相等,但在实际上,拆迁住宅难于拆迁市土上的其他设施,所以城镇中商品

---

⑦ 详见张祥平:《生命之歌——从细胞到万物之灵》,广州:广东人民出版社,2000,第117-120页;关于地类及相关管理,参见上引《制度对话》,第137-141、222-226、249-252、268-274页。

住宅的宅地属于乡土,其价格略高于市土价格。至于经济适用房、廉租房、聚族而居的住宅,其乡土价格依次增高,但是如上所述,即使聚族而居的城镇乡土价格,也低于平均乡土价格。美国城乡间的均衡有赖于农村中市土所占比例远远大于乡土,如果市土面积减少,农场主就会在工业服务业的压榨下抛弃乡土。所以在多哈回合谈判中,美国一再反对发展中国家为保护本国乡土而在必要时提高农产品关税,另一方面,美国却通过《生物能源法》来保护美国自己的乡土,继而成为79丙戌(西历2006)年之后逐渐突现的粮食危机的诱因之一(粮田不产粮食,田中所产用作人造燃料)。这样的城镇化不要说推向全球,就是只推向中国,地球上的土地面积也远远不够用(有的经济学家推算:至少需要4个地球,也有的学者认为需要20个地球)。

  理顺汇率体制的重要措施是在推算购买力平价和实际汇率的时候要计入护序价格和土地价格,即:把护率(见下文)乘以乡土实际价格。分摊到每一个"基准篮子"或"商品篮子",作为棂价。也就是说,只要劳动力和消费者不能自由地跨国流动,"商品篮子"中的"商品"就不但要计入市土价格,还要计入乡土价格和领土价格。"篮子(棂)"不是免费的,其费用(棂价)相关于护率(内含领土价格)和乡土价格。否则,就与事实不符:"如果(不计棂价的)购买力平价理论是正确的,那么实行固定汇率的国家就会有相同的通货膨胀率……但是,香港自从1983年将港币固定在1美元比7.73港币后,香港的通货膨胀率却是美国的3倍。原因是中国大陆的对外开放提高了香港的产出,土地价格大幅度上升(棂价上升,香港在1983—1997年接受英国和中国大陆的双重护序,1997年之后接受大陆护序)","中信总经理秦晓……认为……美元对日元的汇率。……用货物(篮子中的商品)流是难以解释的……(如果不计棂价,那么狭义的)非经济因素包括政策、军事及突发事件(计入棂价之后,这些因素成为广义的经济因素)……这些(广义的)因素(被欧美经济学遮蔽之后)多表现为(有利于欧美国家的)资本流动而不是货物流动(,日本接受美国护序,所以要为货物流支付棂价)"。⑧

  护率是护序价格与人均国内生产总值之比(≈ 税率 ＋ 国资利率＋ 国债率 ＋ 国募率＋赤字率－盈余率－序率,序率的分子是因国营企业本身的相对稳定性所节省下来的人均社会管理成本,分母为人均国内生产总值)。护序价格是平

---

  ⑧ 引自杨帆:《人民币汇率研究——兼论国际金融危机与中国涉外经济》,北京:首都经济贸易大学出版社,2000,第8—9、316页,引文括号中为祥平所加;关于日本受制于美国,参见上述《制度对话》,第106—107页。

均每个社会成员（国民）每年发生的立法司法及选举行政费用，这些费用也称为社会管理成本。护序价格密切相关于人口密度、秩序结构（士农工商的权重顺序和外企待遇）、环境严酷程度、领土价格（战争依存度，见下文）、社会转型程度、国家大小和内部差异度。⑨

中国社会转型期的护率较高，为了维护社会经济秩序，必然偏离欧美金融教科书中的最优决策点，所以，需要修订欧美的金融教科书，例如构造新的曲线来标示"政府意愿的当年国际收支顺差值"⑩。在计入楞价之后，这样的新曲线不是外生的构造，而是内生的要素：在原有的基本分析框架之中，增加负供给和负效果两条曲线，而"政府意愿的当年国际收支顺差值"在贪污腐败和其他负效果负供给尚未达到临界点（二阶均衡点）的情况下主要用于减少合分覆盖度或游离覆盖度（包括减少贪污腐败），增加分合覆盖度或整合覆盖度（详见上引《从一阶均衡到二阶均衡》）。再如新修订的《劳动法》，是对乡土名义价格过低的轻微补偿（远远不足）。有的学者认为：对劳动者的利益保护过多，就会提高企业成本，降低企业的国际竞争力，如果企业破产，就会损害求职者。这是把社会转型期的短效利益当作为社会稳态期的长效利益，没有认识到求职者可以族内就业，也没有认识到：对于环境相对严酷的稳态社会来说，土地是最稀缺（短缺）的，其次是在有限的土地之中维护可持续的秩序，再其次才是可贸易的劳动力（求职者）和产品（商品）。

欧美金融教科书中的购买力平价和实际汇率之中有意无意地忽略楞价，既有历史原因，也有利益掣肘。所谓"无意"，是指在欧美国家之间忽略楞价不会与事实相差很大，因为欧美国家之间的楞价差别较小（欧盟的欧洲标准，就是为了缩小楞价差别），人员跨国流动的成本较低。所谓"有意"，是指如果不忽略楞价，那么就不利于欧美的金融资本向其他国家扩张及渗透控制其他国家的金融、经济，甚至政治。例如，当美国施压中国放松管制外资金融时，如果不忽略楞价，中国就可以反施压，即：要求美国减少中国劳工和消费者的入境定居成本；只要美国不降低入境定居壁垒，就没有理由指责中国不降低外资金融壁垒；只要美国

---

⑨ 参见卢锋转述巴拉萨："生产率追赶〈的国家〉一方面引入不可贸易价格上升压力，另一方面对出口品和进口替代品引入价格下降压力……这时可贸易部门价格能否下降以及下降幅度，不仅与工资增长幅度有关，还取决于该国属于'小国'还是'大国'等因素"，引自张曙光主编：《中国经济学 2006》，上海：格致出版社；上海：上海人民出版社，2008，第 105 页，引文尖括号中为祥平所加；卢锋论文的题目是：《人民币实际汇率之谜（1979－2005）——基于事实比较和文献述评的观察》，原载《经济学（季刊）》，2006 年第 5 卷第 3 期。

⑩ 聂丹，引自上述《人民币汇率研究》，308 页。

不给入境定居的劳工和消费者以国民待遇,就没有理由指责中国不给外资企业以国民待遇。

由于楼价不同,进入美国的外资多以滞留为归宿,而进入中国(和印度)的外资多以抽逃为归宿。如果缺少抽逃机会,外资就较少进入。对外资来说,最重要的抽逃机会是让股民为风险买单。股民是债务链条的最低端,放债(购买股票)容易,讨债(从上市公司不断收到高于银行利率和国债利率的红利,且可通过售出股票来回收本金)难。如果计入楼价,即使黄金与美元脱钩,债务环节也较难延伸。由于不计入楼价,黄金与美元脱钩(78辛亥,西历1971年)的浮动汇率制才把债务链条延伸加长到足以诱导股民和逼迫政府的程度。作为债务链条中间环节的放债(投资)和借债(融资)双方都千方百计地诱导股民为风险买单,以及逼迫经济依存度很高的政府为风险买单,必要时对外发动战争或挑起动乱,甚至刺杀外国(如德国)的财政部长。⑪

计入楼价比黄金本位对国际经济的影响更为深远,而操作上可以循序渐近,余地较大,在计入楼价的基础上重新恢复黄金本位,对全球经济秩序的不利影响较小,因为土地价格和护率一直在发挥作用(参见上文关于香港和日本的例子),不可能在某一天被宣布取消。

## 五、中国的领土价格和乡土实际价格较高,承担着引领现代化第三阶段的使命

领土(公地+乡土+市土)价格是相关国家最近一次成功的武力殖民或收复失地所发生军政费用除以相关的土地面积。这个价格同时作为其他土地面积(殖民前及未曾失去的土地)的领土价格。对于既无成功殖民又无失而复得记录的国家,领土价格估算为周边国家领土价格的平均值。领土价格构成(定义)之中"最近一次"的限制相关于复杂第二规律(成性存存,对称破缺,见附录二),即:在领土价格的构成中,尽管相关的武力事件已经过去,但是由于事件重大,影响深远(存存),所以直接决定当前的领土价格。此外,价格是一种覆盖(排他性地占有他人时间),反过来,覆盖(包括武力覆盖)可以换算为价格,⑫所以"军事费用"是领土价格的构成之一。中国最近一次收复失地的军事费用是抗日战争时

---

⑪ 参见乔纳森·特尼鲍姆:《世界金融体系崩溃的历史进程》。载《战略与管理》,1998年第3期第20—31页。

⑫ 参见上引《从一阶均衡到二阶均衡》,第82—83页。

期的军事费用,所以领土价格较高。

对于不是以现代国家形态而存在的社会来说,领土价格为零而乡土价格不为零(乡土价格的估算方法是:因迁入新地而发生的费用除以相关面积,费用本身不必以货币形态出现,乡土价格对游牧民族来说较低,而对农耕民族来说较高)。非天下形态且领土价格为零的社会,会随着人口密度增加而出现乡土纠纷,引发乡土价格上升。地权变迁及地价上升到一定程度时,为了减少相关成本,就会出现新的自组织形式:一种是天下形式;[13]另一种是国家形式。这两种形式的共同点是土地价格有了三重性:在天下形式之中,区分为王土(普天之下,以文化覆盖为主,价格推算为:王土具有公信力的时段内及公信力重大受挫之后同样长度的时段内所发生的内部战争的费用之差除以相关面积)、率土(直属于天子)、率土之滨(属于民间自组织,如宗族等);在国家形式之中,如上所述,区分为领土、乡土、市土。

这两种形式在近代的替换是:率土降格后成为领土,率土之滨或属于本国领土,或属于他国领土,领土之内有乡土和市土;过去的王土只剩下公海、南极、北极,不称为王土。在只有一个地球的前提下,为了全球人类可持续,需要逆向的替换,即:以天下形式容融国家形式。在大国之中,中国的领土价格较高,乡土实际价格也较高(见本文第 4 节),因此,中国承担着引领现代化第三阶段的使命。

## 六、中国引领现代化第三阶段:三教(复杂科学)

中国在保持汇率相对稳定的前提下,可以明修栈道(允许不计楼价的名义汇率在一定幅度内浮动),暗渡陈仓(调整隐含的楼价结构),即:一方面减少护率,另一方面提高乡土名义价格,向乡土实际价格并轨(两者相抵,隐含的楼价不变:现有的隐含楼价是当前护率乘以乡土名义价格,并轨之后的隐含楼价或接近于真实的楼价是减少后的护率乘以乡土实际价格),同时调整外资企业的税率及其他相关于护率及土地价格的措施。减少护率意味着减小护序价格,前提是在减少社会管理成本的同时保证秩序相对稳定。因此,需要把政府为主的社会(国有土地)管理模式转型为基层自组织为主的社会(集体土地)管理模式。政府为主

---

[13] 参见上引《从一阶均衡到二阶均衡》第 91 页:"科举政府促进社会分层,与松散的联邦或贸易组织相比,也许会使管理费用上升,但只要社会分层抗灾效益的增加超过管理费用的增加,科举政府就会出现。"

的社会(国有土地)管理模式对外汇的需求较大,而基层自组织为主的社会(集体土地)管理模式对外汇的需求较小,这样,外汇储备就可以减少,同时也就减少了成本很高的资本被动性外流(外汇储备只能存放在海外生息,受制于人)。减少外汇依存度之后,无论人民币升值还是贬值,主动权都在中国。

减少外汇依存度反过来进一步减少护率,即认识到国企减少管理成本(增大序率)而外企增大管理成本,从而名正言顺地给以差别对待,减少护率。由于秩序结构(护序价格的重要构成)不同,如果不计椟价,即使外企完全依法经营,也会增大管理成本,即:外资企业以中国让出的椟价向雇员发放高薪,产生示范效应,使得部分合资企业及部分行业的国有企业也抬高薪酬,从而拉动内销价格,引发通货膨胀。何况外企入境后往往不能依法经营,反而以中国让出的椟价大规模参与行贿。世界银行的统计数据是:79丙戌(西历2006)之前的十年内,在中国受到调查的50万起腐败案件中,64%与国际贸易和外商有关[14]。如果不减少外汇依存度,乡土名义价格就会大大小于乡土实际价格(减低隐含的椟价以吸引外资),激励"地方政府、银行和开发商三方合谋,无风险套利"。[15]

这样的杀鸡取卵,引发经济泡沫剧增:被征用土地上的居民对未被征用土地上的居民产生心理暗示,越来越多的人急于短期获取劣币,急于把已到手的劣币转化为非土地经营的实物,即使实物中充满泡沫也无暇顾及。如果乡土名义价格向乡土实际价格并轨,多数城乡居民都会向本乡本族土地投资,不会去购买死要面子活受罪的泡沫实物,也不会忍受低利率甚至实际上的负利率而去银行储蓄(银行反过来利用存贷利差过大而劫贫济富,自身先富,增大社会不公),更不会去购买风险很大的股票:在一个实体性成长的成功并购案例的激励下,如果在乡土名义价格较高的国家冒出十个炒概念的并购重组案例来诱导股民(新概念公司分红高于银行利率及国债利率,且售出股票可回收本金,诱导才可能奏效),那么在乡土名义价格较低的国家就会冒出百个炒概念的并购重组案例且套牢股民(股民较少关注分红,较多关注通过售出股票大捞一笔,把股票当赌注,炒作的外资在新概念公司上市后便及时抽逃)。至于在投资(放债)公司高回报率的逼迫之下,融资(借债)后的企业试图加快资金周转(从而还债)而冒出来的经济泡

---

[14] 郭松民,引自郑良芳:《"洋腐败"滋生新买办和洋垄断是中华民族复兴的最大祸害》,载《开达经济学家论坛·文稿》,2007年第五、六期合刊,第143—148页。

[15] 引自北京天则经济研究所《中国土地问题课题组》:《城市化背景下土地产权的实施和保护》,载《内部文稿》,天则经济研究所,2007年第2期,第65页,参见何清涟、张祥平《中国当代制度性腐败的二阶均衡分析》和《"圈地运动"与中国社会心理的变迁》,载《中国社会科学季刊(香港)》2000年春季卷和《战略与管理》2000年第4期。

沫,更是俯拾皆是。市土演化为充满泡沫的土地:78 戊午(西历 1978)年之后的 20 年,"真实经济增加了 6 倍,加上物价因素的名义经济增加了 20 倍,而货币发行增加了 100 倍"。⑯ 管理模式转型之后,乡土名义价格向乡土实际价格并轨,管理成本下降,外汇依存度减少,较易规避国际汇率体系扭曲(不计楗价)而对发展中国家造成的风险。

集体土地是当地村民的乡土,已发生的集体土地股份制、物业补偿(产权置换)、农民合作社等⑰都可以作为转型期的乡土模式,即在保障基本耕地的前提下,充分尊重当地村民的意愿来安排集体土地的用途。已知案例尚处于"转型期",还没有"定型为"基层自组织管理,即:只限于经济计算,尚缺少社会管理成本的计算。必须把"维护农民利益"推进到"提高农民地位",社会管理成本才能真正降下来,中国才能立足不衰,才可能为全球作出"农业服务业消化工商业"的表率。⑱

"提高农民地位"的措施,一是给政策,鼓励农民以宗族自组织的形式来享受土地的族有权(包括为功臣及英雄后代回归故里创造政策环境);二是三教,提高农民的组织管理水平(齐家、家族),并使农民有较大机会升层为治国平天下的管理者。对中国来说,基层自组织为主的社会管理模式以宗族为基础,"群体延续的维护者按合约(礼)将子群体的管理权转让给代理者以获取收入;在此合约中,最高维护者(最高财产所有者)必须遵守外来的环境约束的指挥,不再频频计较相互覆盖",⑲也就是说:敬宗收族,承认族有权,⑳这样的制度安排正好需要提高乡土价格,与上述矫正汇率体系所需要的条件合拍。

中国率先提高土地价格,意味着向乡土实际价格并轨。较高的乡土实际价格使得社会信用可以由土地(恒产)来担保。从政策上来看,向土地人口乘积较大的守信群体倾斜。如:上学、国企招工、升迁,有土地族群作担保者优先,信用高者加分,乡土信誉可作贷款抵押,族长介绍信可作信用凭证,提供核查介绍信真伪的信息平台,通过相关平台查询各宗族的信用记录,包括违规、刑案、命案、超生记录,对超生较多且记录较差的宗族限制其成员外流,实施乡土禁闭,或整体解散。这样,可以促使城市居民向本族土地投资。宗族是个小社会,农业服务

---

⑯ 宋国青,引自上述《人民币汇率研究》第 331 页。
⑰ 参见上引《城市化背景下土地产权的实施和保护》,第 67—81 页。
⑱ 详见上引《制度对话》的中篇:重农篇,第 185—315 页。
⑲ 上引《从一阶均衡到二阶均衡》,第 91 页。
⑳ 在土地登记中注册族有权,族有权介于公有权与私有权之间,详见上引《制度对话》,第 304—310 页。

业吸收工商业,每个宗族都参与乡土民企,本族独办或若干宗族合办,订单零部件和装配维修工艺,依据乡土需求,不同的乡村选择各自的优势进行终端工业品生产,相辅相成,交易互利,也可与城镇中的集约产业互补,终端装配成本略高于集约生产,但是运输成本低于集约生产,被减少的商业库存等环节收益也尽归集约厂家和乡土民企,把终端装配工序的污染减少得最多的集约厂家较易获得订单,需要分装包装的终端产品仿此。举例来说,79 戊子(西历 2008)年海尔集团扩展家电下乡的规模,在乡镇中招收售后服务人员,这不是农业服务业吸收工商业,而是工商业吸收农业人口。在农业服务业吸收工商业的现代化第三阶段,应该由乡村自组织的家电服务企业来在海尔集团与其他集团之间进行选择和交易。

宗族或乡土民企量力进行小风险的投资,借助网络可以形成相当规模的联盟,若干家族合办品牌超市,合创其他利民利国的项目,从而架空跨国或不跨国的中度风险的投资放债公司,而大风险投资在各国都是军事科研,是国家行为,短代理链加志士。[21]

宗族和乡土民企的族内就业可以吸收大量就业人口,日常管理内含耕织医,房电沼,文教艺等农业服务业,多余劳动力从事终端工业品生产,以及耕织衍品生产和天然包装,直接进入超市,这样,经营土地只是日常管理和其他生产行为的一小部分,因此,土地不但不会因劳力不足而抛荒,反倒会因人员休闲而园林化,把农村生活维持在略高于普通城市居民的水平(正如汉唐宋明清时期:官员和国企雇员退休后主动回到原籍发挥余热,安享天年)。现代更有利的条件是:借助信息技术和交通能力,以及在城市中建立本族的暂居点,可以使定居农村的综合优势更多地高于普通城市居民。[22]

形而上的说法是:工业文明以市土否定乡土,信息文明否定之否定,重振乡土,平衡市土。[23] 在一定的土地人口乘积的约束条件下,如果地多人少,那么较大规模的土地经营就足以使得土地上的就业人口获得较高的收益,就不需要乡土企业,可以采用市土否定乡土的模式。这是历史上的殖民国家和现代美加澳俄的情况,不适于中国。中国的情况,以及人口进一步增加之后的全球情况是:在一定的土地人口乘积的约束条件下,人口较密,人均土地面积较小,不可能采

---

[21] 信息技术之后的创新技术是生态技术,如:减少化学农药,增加生物防治和采用变害为利的治虫新模式;人力畜力参与矿能源;生活器具循环利用;生理健康以中医为主,西医为辅;聚居住室内部绿化;乡土及城区园林化;垃圾处理利用,等。

[22] 详见上引《制度对话》,第 299—315、286—291 页、248—264 页。

[23] 关于信息文明,参见张祥平:《美好的中国人》,北京:华夏出版社,1995,第 119、237—312 页。

用市土否定乡土的模式。另一方面,由于人口较多,可以把农产品的各种初加工甚至从农产品直至终端消费的全部加工环节都由土地上的人口来承担。也就是说:粮油加工业、乳品业、罐头腌制蜜饯果蔬加工业、纺织业、时装业、林木加工业、皮革业等等,都可以由乡土企业承担,再加上民用消费品的终端装配,可以吸收大量人口就业,即使乡土企业的规模较小,也会因经营成本较低而获取较高收益。各村各乡依据自身的技术优势家传优势及乡土需求来选择适合于自己的专业或兼业。随着组织管理能力提高,乡土企业的规模会适度扩展,进一步提高收益。组织管理能力提高不是以企业为本位,而是以乡土自组织(如宗族、宗族联席会,等)为本位,所以,乡土企业的规模不会无度扩展。这是可持续的发展模式:重振乡土,平衡市土,把工业文明推进为信息文明,中国承担着引领现代化第三阶段的使命,可以反过来看:如果中国不引领现代化的第三阶段,中国就难以承受现代国际贸易与经济格局对中国秩序的冲击;如上所述,较高的护率和较低的乡土名义价格引发大量的经济泡沫(含贪污腐败引发的泡沫,源起于79甲子,西历 1984 年的价格双轨制),30 年左右的时间,中国的社会信用就降到了 5 千年以来的最低点;信用缺失反过来又增大交易成本,进一步催生经济泡沫。为了摆脱这样的恶性循环,必须降低护率,提高土地价格(向乡土实际价格并轨)。

　　中国经济改革的方向应该是立足于乡土的民营企业(乡土民企)与国营企业(引入乡土民企的竞争和科举选出第一把手来提高效率),带动那些独立于乡土的民营企业(无乡民企)和国有而非国营的企业,而不是让那些无乡民企在扭曲的乡土名义价格之下成长为充满泡沫的企业,反过来挤出乡土民企,还把国企也拉入泡沫(国企高管从中渔利,自定高薪)。例如,没有被拉入泡沫之前的国企生产一个自行车轮胎,可以用十年甚至更多,而泡沫企业生产的一个自行车轮胎,只能用二年甚至更少,统计数字上的企业效率增加五倍六倍甚至更多(未扣除通货膨胀),社会总资源的利用效率却不但没有增加,反而在减少。遗憾的是,这样的泡沫不但不少见,反而成了许多新技术的用武之地:这些新技术不是用来保证坚固耐用,反而是用来保证定期更新,结果是大幅度增加全社会的非灾害淘汰消耗量。[24]

---

　　[24] 参见上引《从一阶均衡到二阶均衡》第 81 页。历史上由工部主管国企,对竞争的乡土民企或世家进行筛选,工部主管官员须通晓工科,国企属于官办,另有官督民办。官办的国企鼓励世代相传,用现代术语来说,鼓励纺织世家、木工世家、陶瓷世家、园艺世家,等等;这些世家来自乡土民企,但是成为国企世家之后,脱离乡土,由国企来保障其世代相传,即:凡是守规的国企世家成员,不被解雇,优先安排其子女顶替父母就业;总之,这些世家相关于护序价格,与乡土实际价格脱钩。参见上述关于护率的讨论。现代应该增加电力世家、铁路世家、电信世家、钳工世家、自来水世家、天然气世家、石油世家、火箭世家等等。

## 七、结　语

　　79 辛巳(西历 2001)年"三个代表"启动了意识形态的平稳转轨,扭转了 77 辛亥(西历 1911)年"民国革命"启动的"西方取经"之潮。辛巳转轨 8 年来,中华传统文化的复兴已经有目共睹。因此,中国引领现代化第三阶段而"避免人类集体自杀"的概率较大。

　　要打破军备竞赛的困局,一是在道义上高举全球可持续的大旗,与邻国建立互信的关系,支持邻国提高乡土实际价格,并借助三教来提高农民地位;二是普及物性儒学(复杂科学),这是三教的内容之一,并吸收简单科学的先端成果,保持只落后一步的军工,能够自卫反击且帮助邻国后发制人地进行防守。

　　物性儒学(复杂科学)和构造性整合法有利于防守的一方,加上农民自组织(逢战事则全民皆兵,出将,寻天时,明地利)和只落后一步的军工,足以抵御侵略并进行后发制人的反击;正如长城加上只落后一步的胡服骑射(草原民族的胡服骑射能力一定会高于农耕民族),足以自卫并进行后发制人的反击。如果各国都在军工竞赛中落后一步,就会把集体自杀的军工争强,转轨为釜底抽薪的军工疲软,直至冷兵器自卫,化场战为赛场。遵循物性儒学,引领现代化第三阶段,中国有希望最终实现先贤"修身、齐家、治国、平天下"的伟大理想。

# 儒家学说与社会主义的和解？
## ——中国传统的复兴

贝淡宁[①]

现在，各种迹象表明，儒学已经开始深入中国政治统治的道德基础。奥运会上突出显示了儒家主题，开幕式上引用了《论语》中的名言，有意弱化了中国的共产主义实验。上海新建的党校(浦东干部学院)的干部自豪地对来访者说主楼是按儒家学者的书桌样式设计建造的。在海外，政府通过建立类似于法国的法语联盟或者德国的歌德学院的孔子学院，旨在宣传中国的语言和文化，推动儒学传播。

当然也有抵制。仍然受到毛反对传统影响的老干部谴责那些在马克思主义严密框架外推动其他意识形态的努力。但是四五十岁的年轻干部倾向于支持这种努力，时间在这些人一边。人们很容易忘记拥有七千六百多万党员的中国共产党是庞大和多样化的组织。党本身具有了更多的精英特征，鼓励学习好的学生入党，越来越多地提拔受到良好教育的干部，这些都容易产生对儒家价值观的同情。

但是儒家学说的复兴不仅仅是政府推动的结果。学术界也表现出对儒学复兴的浓厚兴趣。心理学家进行的严格的实验显示中国人和美国人在认知思维上的显著差异，中国人更容易使用结合上下文的辩证方法解决问题。经济学家试图测量如孝顺父母等儒家观念对经济产生的影响。女权主义理论家把关怀伦理学和儒家对移情、差别对待、家庭作为道德教育学校的强调相提并论。医学伦理学家在讨论以家庭为中心的医疗决策的重要性。企业伦理学领域的研究者则在

---

[①] 清华大学哲学系教授，上海交通大学政治哲学讲座教授。

考察儒家观念对企业行为产生的影响。政治性民意调查显示对儒家价值观的认可随着现代化程度的提高而增强。社会学家研究了成千上万受到儒家价值观激发的教育实验和社会生活实验。

学界对儒家的新兴趣也是受到对社会规范担忧的推动：许多具有批评思想的知识分子也转向儒学来思考处理中国当今社会和政治困境的方法。虽然并不完全排斥西方化，但他们相信需要找到稳定和合法的政治安排，它至少部分建立在中国传统政治理想的基础上。研究国际关系的理论家们求助于早期儒家思想家以获得外交政策的洞察力。法学家寻求建立在传统实践基础上的引起更少争议的冲突解决模式。哲学家求助于儒家伟大思想家的社会和政治改革观点。儒家教育家则通过给年轻人讲授儒家经典致力于长期的道德转变。

这些政治和学术发展得到经济因素的支持。中国是经济不断壮大的国家，随着经济力量的增强，文化上的自豪感油然而生。考虑到拥有儒学传统的东亚在经济上的成功，儒家思想不利于经济发展的韦伯式观点开始受到广泛地质疑。和伊斯兰教、印度教、佛教不同，儒学从来没有对经济现代化进行有组织的抵抗。重视教育及关怀子孙后代的价值观将对经济发展做出自己的贡献。随着中国成为全球大国，现在轮到中国开始确认自己的文化传统了。

但是现代性也有不利的一面。它常常导致一种原子主义和心理上的焦虑。对于社会地位和物质资源的竞争变得越来越激烈，随着社会责任感的衰落和其他倾向世界观的出现，社群主义生活方式和文明开始崩溃。即使那些成功者也开始询问"现在该做什么呢？"人们认识到赚钱不一定导致幸福。它只是获得好生活的手段，但究竟什么是好生活呢？仅仅是追求自己的利益吗？至少在中国，许多人并不想被看作个人主义者。仅仅关注个人幸福的观点似乎过于以自我为中心。要真正自我感觉良好，我们也需要对他人好。就是在这里儒家思想发挥了作用：传统就是建立在好生活在于尽到社会责任的假设基础上：做个完整的人，就要承担起社会责任和政治承诺。总之，儒家道德能帮助填补常常伴随现代化而来的道德真空。

简而言之，心理、经济、政治和哲学趋势的这种结合帮助解释了儒学在中国的复兴。我预测这些趋势可能继续下去，未来的复兴在可能更强烈。但是因为儒学是丰富和多样化的传统，值得询问的是复兴的儒学属于哪个派别。对于思考中国政治未来的人来说，更重要的问题是应该复兴什么样的儒学派别。

## 哪派儒学？

儒学复兴中影响最大的知识分子是于丹，她有关《论语》的自我帮助的书销售量超过一千万册，包括六百万盗版书。她成为全国闻名的明星，经常在电视上讲解儒学给日常生活带来的好处。于丹也参观中国监狱，为囚犯讲解儒家价值。但是从学术角度看，她的贡献或许不那么显著：她故意回避了有争议的问题，运用非历史性的简单化为自己的观点服务。更重要的问题是，于丹自己公开承认受到道家比较个人主义形式的影响，她对儒家的解释忽略了比如社会责任和政治承诺等重要的儒家观念。她的《论语》解读似乎是没有政治色彩的，实际上是把人们的注意力从造成人民痛苦的经济和政治条件转移到了别的地方，因而是对现状的一种隐含的辩护。

学术性更强的复兴包括对于儒家传统中并没有企图为当代社会提供直接影响的重要人物的历史研究和解释。就我们的目的来说，让人更感兴趣的是政治儒学的竞争性解释。这些解释都旨在影响我们的社会和政治生活方式。影响最大的形式是遭到20世纪批评家贬损的解释，即传统的"保守"或者"官方"儒学。在中国整个皇权时期，儒学一直和中国的另一主要政治传统法家结合在一起，企图证明盲目顺从统治者、使用严厉的惩罚作为社会控制工具的合理性，以及在很多方面让现代人敏感的心理感到厌恶的对妇女的压迫。

今天，中国政府强调"和谐"以及"孝顺父母"等家庭价值。如果和谐意味着和平解决社会冲突而不是毛主义的暴力阶级革命，这样的价值观或许仍然值得提倡，谁能反对它呢？但是它们的使用往往是有问题的，即用来为默认和服从当权者辩护。公平地说，政府对于儒家价值的提倡和过去相比明显进步了：今天，很少有政府官员公开使用儒家价值来为压迫妇女辩护（有些学者如陈倩仪 [Chan Sin-yee]重新解释儒学，以便让它的核心价值[如人人都应该竭力成为君子]不会将妇女排除在外）。但是，有必要考虑对儒家思想进行更多批评的解释。

其中一个解释是主要由海外学者推动的"自由派儒学"。儒学不必和人权、民主等自由价值冲突，还可以被用来推动这些价值。但是"自由派儒学"也有问题：自由主义成为评价儒学的道德标准。儒学中和自由主义吻合的部分应该被推动，和自由主义冲突的部分应该被抛弃。这种途径没有把儒学当作能够丰富和挑战自由传统的严肃传统来看待。儒学难道不能成为和西方自由主义抗衡的有说服力的其他选择吗？自由派儒家倾向于排斥这种可能性，因而毫不奇怪的是，这派"儒学"在本来渴望从儒学中寻求灵感的中国知识分子中并不受到特别欢迎。儒学不仅仅是推广自由价值的工具。

那么，哪派儒学最有说服力呢？如果我们关心的是创造一种在中国背景下可行可欲的政治理论，那就需要考虑当今中国人的真实想法。任何解释都必须符合人们追求的基本理想，也应该推动改善这些理想。比方说，这些解释应该建立在更广泛的共同价值诸如关心弱势群体的基础上。这派儒学也应该反映中国知识分子认为是最迫切需要的问题：蒋庆认为国家需要新的哲学基础。他认为现有的那些对人民已经没有吸引力，儒学则更可能满足这种需要。因此，他试图提供一种能满足政治需要的解释，即稳定的机构应主要建立在中国政治传统基础上。但在我看来，其实不应该是"全盘否定"。实际上，对儒学的解释如果也纳入社会主义的理想就更可能赢得认可。儒家解释也需要实证性研究的证据支持，比如测试照顾上年纪的父母是培养同情心的重要机制（老吾老及人之老）的这个想法就很重要。

中国大陆儒学的复兴是新近出现的事物，现在还很难证明哪个学派会脱颖而出。不过请允许我探讨一个我觉得前景看好的一派儒学的大纲。因为它从社会主义传统中寻找灵感，可以被称为"左派儒学"。一个激动人心的新发展是中国新左派和儒家知识分子在进行对话，商讨对儒学的左派解释的目标，强调知识分子批评糟糕政策的责任，国家有义务为民众提供物质生活幸福的条件等思想，这在十年前几乎是不可思议的。这些价值的根源主要来自孔子、孟子、荀子等在儒家思想成为官方正统思想（常常被滥用）前的"原始儒学"。在皇权时代，批评的传统是由杨继盛、黄宗羲、顾炎武等学者实现的。今天，新左派如甘阳在呼吁创立"儒家社会主义共和国"。儒家学者如蒋庆公开承认他们对儒家传统的解释比较接近真正的社会主义理想。这种儒学传统的目标是影响当今政治，但是它仍然区别于国家权力和正统思想，总是准备好指出理想和社会现实之间的差距。

## 左派儒学是什么？

左派儒学是把社会主义传统和儒家传统结合起来的尝试，让儒家传统来丰富和改造社会主义。但是我对左派在使用儒学标签来推动根源于西方的进步和社会主义观点依然有所担心，这种担心类似于我对于"自由派儒学"的批评。我并不否认中国需要采用这样的"西方"价值，如社会民主、团结、人权、法治，但是它们需要中国的改造，需要由儒学来丰富，有时候也需要儒学来限制。本文试图简要概述传统的社会主义价值观以及它们如何与一些"儒学"特征结合起来，以厘清"左派儒学"的轮廓。

**独立的社会和政治批评** 苏格拉底以追求真理出名,他在揭露那些提出虚假真理者的错误时是毫不留情的。苏格拉底的榜样仍然影响着西方国家的教育制度,学生被教导要培养对所学内容进行批评的重要性,他们在追求真理时并不担心破坏社会和谐。批评视角也影响着儒学。《论语》中最著名的段落之一就是"君子和而不同",它具有明显的政治内涵。"和"与"同"的对比首次出现在《左传》里,它指的显然是统治者应该对于谋士的众多不同政治观点持开放态度。在中国皇权时代,独立社会批评的理想在由学者型官员组成的督察院中制度化,这些人被授权批评政府错误的政策。独立的儒家书院是培训学者的批评艺术的地方,它们常常位于远离国都的地方,这样不至于受到政治控制。受到儒家思想启发的社会批评家比如杨继盛、顾炎武和黄宗羲在正式的渠道外还发表更尖锐的政治批评。今天,社会批评家已经使用"和"与"同"的对比来敦促政府容忍不同意见,不要强行把单一国家意识形态强加给全体国民。

但是儒学的新花样,姑且这么说吧,是只有建立在社会和谐与信任的基础上,批评才能收到效果。如果两个敌人相互批评,他们就要质疑各自的动机,结果肯定流血更多。如果建立在相互信任的纽带基础上,批评在导致情况改善的意义上可能是最有效的。不管是在家庭还是在政治领域,批评都应该被看作出于关爱而不是敌对的动机。这实际上意味着批评应该以温和与谦虚的方式表达出来,以便维持和谐的关系。"不失面子"表达的就是这个理想。一些西方政客和以西方为基地的人权组织刺耳的和自以为是的批评常常在中国被置之不理,就是因为它们甚至被那些本来同意他们所批评的内容的人被看作粗暴的、不尊重人的。相反,采取合作和长期关系的途径往往效果更好。比方说,丹麦人权机构等组织就是采取了这样的方式。

当然,如今的媒体常常被看作公共批评的一个重要工具,它们有旨在暴露政府错误和社会不公正的调查记者。在中国,媒体在逐步开放,但是进展异常缓慢。左派儒学希望独立媒体生存的空间更多,使得它们有能力讲出社会问题的真相,指责政府的错误。但从儒家视角看,人们也有理由担心几乎全部用来报道坏消息的媒体模式。鼓励私有媒体按它们认为合适的方式报道新闻(只要他们避免极端暴力和色情)是很好的,但是媒体的一个重要任务是推动社会和谐。这种媒体报道或许涉及宣传道德模范、呼吁人们善良的本性、唤起人们对弱势群体的同情等。

更具体的是,受儒学启发的媒体管理模式或许意味着私人媒体的存在空间,同时资助寻求推动社会和谐而不是对党忠诚的公共媒体。比如在残奥会召开期间,中国媒体上大量报道残疾人运动员的英勇战绩。这样的报道在市场体制下是不可能实现的。来自新加坡的记者朋友告诉我她撰写的残奥会新闻常常被编辑拒绝刊登,因为这些对提升报纸销售量没有贡献。在中国,我的印象是对残疾人的报道确实成功地改变了社会态度:虽然很难证明这种说法,但今天在北京大街上确实可以看到更多的残疾人。是的,这类报道在本质上带有宣传性质,正如电视新闻显示胡锦涛主席在残疾人奥运会上和残障儿童一起唱歌的场景(在和中国老人一起看电视时,我就注意到他被这个情景所感动)。不过,做好事的领导人为他人树立了榜样理应得到赞扬,只要做了坏事的领导人同样会受到批评。

**关心弱势群体** 社会主义者和左派儒学同意政府的首要义务是为社会中的弱势群体提供帮助。在一定程度上,他们对弱势群体内涵的理解是一致的:即剥夺了确保任何体面的好生活概念所需要的物质资料的人。但是儒学可能加上新的含义,即弱势不仅仅是缺少金钱。同样严重的伤害是被剥夺了构成好生活的家人和朋友的陪伴机会。因此,当孟子说政府应当首先关心"鳏寡孤独"时,他说的不仅是物质上的贫困者。对于孟子来说,他们处于弱势部分是因为(不是主要的)他们被剥夺了主要的人际关系。这种观点帮助解释了为什么受到儒家传统影响的东亚国家常常依赖家庭来提供福利服务,国家帮助那些没有家庭成员的人。比如新加坡的健康保险计划是以家庭为单位,而不是以个人为单位的。家庭成员有责任照顾相互的保险,包括长大的孩子有义务为年长的父母办理保险。国家负责没有亲属的老人的生活。这样的保险安排在西方似乎是奇怪的,但是在有儒家传统的东亚国家并没有多大的争议。

**关心基本的物质生活** 社会主义者追求减少贫富差距的目标。在西方国家,他们也倾向于支持社会平等,也就是说,不管身份如何,人人都把对方当作平等者的社会。无论老少,无论是老板还是雇员,在从事日常的社会行为时,应尽可能不考虑社会地位,如使用名字称呼对方。人们认为社会和经济平等是结合在一起的,这可能有几个原因。其中一个是理想的社会应该消除不管是建立在社会地位上还是在阶级上的所有权力关系(约翰·罗尔斯的最初观点和尤尔根·哈贝马斯的理想演说情景都在表达权利平等的理想)。另一个理由是人们越平等地对待他人,就越可能支持旨在减少贫富差距的措施。

儒家不否认一个理想的社会应该消除所有权力关系。但是这样的乌托邦理想或许只适合于思想类似的小团体,比如以色列的基布兹(kibbutzim)社区,或者由机器承担几乎人人都不愿意干的工作的高技术社会,如马克思描述的共产主义社会。儒家是现实主义者,他们想当然地认为权力关系必然存在于大规模的社会。儒家不像西方自由派那样担心这些社会关系和等级差别,尤其是建立在年龄和成就基础上的差别。如果必须在社会平等以及经济平等之间做出选择,儒家将选择经济平等,同时让社会不平等为经济平等服务。

这是怎么产生的呢?古代儒家思想家荀子提出了包括由不同社会地位的人组成的社会礼仪的观点。通过参加共同的仪式,那些地位更高的人形成照顾他人的感情,因而更愿意为公共利益服务。比如,日本和韩国的老板可能喜欢和雇员一起唱卡拉OK。这种仪式是有差别的,老板第一个唱,唱的时间或许还长些,但是经过了一段唱歌和喝酒等后,更亲热的关系得到巩固,老板就更少可能在经济困难时期裁员。这样的礼仪帮助解释了日本和韩国大公司实行终身雇佣的模式。更常见的情况是这种所有人都参与的仪式帮助解释了为什么日本和韩国这两个在社会上最不平等的东亚国家在财富分配方面相对更平等,在经济糟糕时期不受10%失业率的苦。

或许像挪威这样单一性社会并拥有大量自然资源的小国能够提供任何方式的平等,但是儒家认识到大多数社会需要做出选择,要么成为像美国这样采用财富形式表达权力的社会平等社会,要么成为用表达不同社会地位的被非正式礼仪约束的社会,有权力者不需要依靠物质财富来显示同等程度的"优越感"。对于儒家来说,后一种社会更好。

西方自由派和儒家的另一个差别是前者在政治权、公民权与经济权利冲突时往往倾向于选择政治权和公民权。即使像约翰·罗尔斯这样的左翼自由派没有多少论证就认定公民权、政治权优越于经济正义的原则。罗尔斯确实允许近于饿死的贫困社会有优先获取食物的权力,但这是西方大部分左派在为了经济权利而牺牲公民和政治权利时愿意走的最远极限。

在东亚,不仅中国共产党说生存权是第一位的。国家有义务为物质贫困者提供帮助的思想可以追溯到两千多年前。孟子为在当地社会提供相对平等的土地分配的井田制作了著名的辩护,原因就是许多人需要生存所需的基本物质资料以培养道德品质(无恒产而有恒心者,惟士为能)。相反,在西方政治史上,18世纪前贫困被看作社会稳定问题或者慈善问题。因此,在发生冲突时,为人民提供生存保障的义务被普遍看作是超越其他政治权利的价值不应该让人感到吃惊。

中国或许超越了"罗尔斯式的最低生存限度",意味着很少中国人处于挨饿或者营养不良的状态,但民主应该等到经济进一步发展后再说的观点并不像在西方左派圈子里引起的争议那么大。比如影响很大的左派学者王绍光认为胡温政府在过去几年里一直在积极处理经济不平等问题,推动社会福利改革("The Great Transformation," *boundary* 2 35:2 [2008])。按照王的说法,政府对公众最关心的议题越来越多的关注至少部分地说明了公民通过网络及大众媒体的方式影响政策制订的机会越来越多("Changing Models of China's Policy Agenda Setting," *Modern China*, 34：1 2008)。

在充分选举的政府中经济权利或许更稳固，但存在很多实证性的证据说明在财富程度低的社会实现民主可能阻碍经济发展（请参阅：Randall Peerenboom, *China Modernizes*, 2007）。东亚其他现代化国家的历史显示非民主背景下的强势官僚政权能够成功地推动相对平等的经济发展形式。同样的历史显示，在某些时期，政权需要在国家层次下的政府机构里留出代表弱势群体利益的政治参与空间，但这个变化不一定要一步实现，尤其是在当今动荡的时期。像中国这样庞大和多样化的国家确实是很独特的情况。最乐观的前景是在地方政府层次实验多种形式的政治参与，然后把成功的做法在全国范围内推广。过去三十年经济改革就是这么做的。这种实用主义精神或许为未来三十年政治改革提供灵感。

**和陌生人的团结**　　团结是社会主义传统的核心价值（对自由主义传统就未必如此了）。对于法国革命者来说，他们的任务是改变政治体制以及等级差别的社会实践，比如禁止使用正式的人称代词（vous）而选择非正式的人称代词（tu）。对于马克思主义者来说，通向团结的道路在于暴力的阶级革命和废除生产资料私有制。社会民主党则认为国家通过推行公民权利平等的手段实现团结的价值。

儒家实现团结的方式在手段和目的上都和他们不同。这个思想表现在《大学》著名的开头一段：

> 物格而后知至，知至而后意诚，意诚而后心正，心正而后身修，身修而后家齐，家齐而后国治，国治而后天下平。

关系纽带从家庭开始被延伸到他人，到国家最终到达整个世界。但它的目的不是人人平等的全球团结。相反，关系纽带随着向外延伸而强度越来越弱。人们也许对待陌生人很好，但是肯定没有达到像家庭成员那样的爱的程度。

这个"差等的爱"的理想如何实现？儒学强调了两个机制。第一个是在家庭内部学习关爱和照顾他人。然后用家庭成员的标签和模式推广到非家庭成员身上，从而把这种关心延伸到其他人。比如，在中国，好朋友和校友之间常常以兄弟姐妹相称，毕业留校的辅导员称学生为弟弟妹妹，在最好的情况下，老板和雇员之间也用家庭一样的语言相互称呼。家庭称呼的这些术语向非家庭成员的延伸比大部分西方语言都更广泛，这有助于东亚社会的团结。

儒学团结还通过礼仪教导和提升人的道德的来实现,尤其是在竞争性关系的情况下,这种竞争如果不带来战争,至少可能产生敌意和对抗。儒学想当然地认为人类欲望能够破坏社会合作,我们的任务是将这些欲望文明化而不是压抑这些欲望。这对于有权有势的"胜利者"尤其重要。他们要以文明的方式行动,在旨在将人类欲望文明化的仪式中表现出谦逊和尊重。这些礼仪在过去和现在的体育运动中表现得特别突出。让我们看看儒家对于君子射手的描述:"君子无所争,必也射乎！揖让而升,下而饮。其争也君子。"这和日本相扑的仪式相似。这样的礼仪也指导了在西方国家中的体育运动,人们很快会想到的是把摔倒的对手扶起来的礼仪,足球比赛结束后交换被汗水湿透的短袖衫等,但是礼仪在受儒家影响的东亚社会中发展起来的体育活动中处于更核心的地位。在 2008 年北京奥运会上,中国的金牌获得者往往表现得更谦逊、更友好,这或许是受到奥运会前讲文明运动的影响。同样道理,中国观众一般来说也更尊重其他参赛队伍或者运动员。

**全球正义** 社会主义者在正义问题上往往采取全球视角。儒家同意政治的最终目的是服务于世界人民的政府形式,或者至少是考虑到他们的利益。这是全民政治,但什么人重要呢？西方的左派倾向于强调世界上当今一代人的利益,或者最近因为环境保护运动的影响开始关注子孙后代的利益。但是儒家还认真考虑我们死去的祖先的利益。在受儒家影响的韩国和中国南部省份如福建,许多家庭和社区还实行祭祀祖先的活动。儒家学者蒋庆曾提出一个政府机构"国体院"(历史延续性机构),其明确的任务就是维持各种传统的延续性,包括少数民族传统如藏传佛教的延续性。对于儒家来说,我们的身份是由祖先的价值和习惯构成的,他们可能以这样那样的形式在我们头顶上盘旋,所以在社会和政治生活中考虑到近期祖先的利益并不是牵强附会的说法。换句话说,只关注现在世界当今一代人的利益而忽略子孙后代以及逝去先祖利益的政府在左派儒家看来是不公正的。

另外一个重要差别是人民如何参与政治的思考方式。西方最神圣的政治价值或许就是一人一票的民主选举:那些质疑这种民主机制的人常常被认为失去了道德立场(在 19 世纪就是另外的故事了。约翰·斯图亚特·穆勒[John Stuart Mill]用产生的后果来证明民主机制的合法性,为了更好的结果,他也愿意考虑给受教育的人更大选举权。)

一人一票选举制的明显问题是平等终止于政治群体的边界,边界之外的那些人被忽略。经过民主选举出来的政治领袖把注意力集中在国民利益上是体制的一部分,可以这样说,他们就是要为选民所在国家服务,而不是为生活在这个政治群体外的外国人服务。即使运作良好的民主国家也倾向于把注意力集中在本国国民的利益上,而忽视外国人的利益。但是尤其像中国这样的大国的政治领袖做出的决定会影响到世界其他地方(比如全球气候变暖问题),他们做出重要决定的时候需要考虑世界其他地方的人的利益。

因此,左派儒学提出了能比西方民主模式更好实现全球正义的政治模式。这个理想不一定是个前文所说的人人平等对待他人的世界,儒家更喜欢把关心向外延伸,但认识到关心的强度随着从亲人向陌生人的延伸而不断减弱。虽然如此,在这样的世界,如果和大部分以本国国民为基础的民主国家相比的话,陌生人的利益将被更严肃地对待。实现全球正义的一个关键价值是贤能政治(meritocracy),也就是说,人人在教育和管理方面具有平等的机会(有教无类),但领导岗位分配给该群体中最有美德和最称职的人。这里的观点是每个人都有潜力成为君子,但是在现实生活中,做出有效的和道德上可靠的政治判断的能力是因人而异的,政治体制的一个重要任务是辨认出拥有超越常人能力的人。其中一个办法就是给予年长者额外的投票权:儒学认为一般来说人的智慧是随着年龄的增长而增加的,人们的生活经验随着经历了不同的角色而变得深刻,比如成年的儿子关照年长的父母的角色特别能培养同感和谦逊的美德。而且,上年纪的人通常更少受到性欲望的困扰,这常常干扰人们做出可靠的判断。所以如果年长者继续追求自我修养,维持社会的网络,他们或许应该获得额外的政治权力。

另外一个建议是成立由精英分子组成的政府机构(通儒院或者贤士院),那里的代表是经过自由和公正的竞争性考试机制选拔出来的,该机构有义务维护经过民主选举产生的政治决策者往往忽视的人比如外国人、子孙后代、祖先、少数民族等的利益。(请注意它与美国最高法院这样的司法机构的区别,这些机构是没有立法权的,也没有权力保护领土之外的非国民的利益的。)通儒院将平衡和补充经过民主选举的院(庶民院),不管这个建议多么不完善,它至少更好地接近了全球正义的理想。贤能政治的价值在东亚政治文本中是根深蒂固的,实现这种管理的政治建议一般也不被看作怪异或者危险的思想。在西方,大部分政治文本都认为国家要么是民主的要么是专制的,不符合这个两元对立模式的其他选择常常被排斥在外,不予考虑。

**宗教宽容** 今天,大部分左派认识到宽容不同形式的宗教的理想。即使那些无神论者也并不主张禁止宗教,但西方的有些左派反对宗教在公共生活中的任何作用。

左派儒学对于宗教没有强烈的观点。遵循早期儒家思想家比如孔子本人的典范，他们采取开放的形而上学承诺，把注意力集中在尘世生活问题的努力上。比如一个在社会和政治生活上的儒家信徒在形而上学承诺方面却是佛教徒或者基督徒，这并非不可思议。早期儒学并不是要提供关于人类痛苦以及死后再生等存在问题的终极答案，它对这个观点持开放态度，宗教或许在这个方面能做得更好。

但是有些左派儒家如蒋庆确实认真地把儒学看作有形而上学基础的宗教，隐含的意义是国家应该支持儒学作为国家宗教。他们认为儒学应该在大中小学讲授，在城市乡村推广，应该得到国家的财政支持。部分原因是他认为儒学培养未来的拥有儒家思想的领袖，以德性治理国家。但是蒋庆强调要容许其他宗教的存在，他把自己的理想和瑞典、英国支持官方宗教又不禁止其他宗教的情况对比。一个宗教即使在国家不支持的情况下也可以繁荣。他的三院制政府明确为其他宗教的政治代表在历史延续性机构（国体院）预留了空间。

虽然如此，国家支持儒学的观点似乎确实超越了北欧模式。在自然灾害比如四川地震后，蒋庆还建议重新引入国家支持的儒家葬礼的建议（虽然他容许少数民族可采用自己葬礼的可能性）。"官方儒教"影响政策的另外一个方法是公务员在父母去世时应该能获得一段时间的带薪服丧休假，类似于韩国公务员获得的一定的服丧假期。我们甚至可以说儒学观点已经在影响国家政策了，比如，如果成年孩子去世，在中国大陆、香港、台湾等不同地方居住的上年纪的父母可以获得一份财产，不管政治和法律制度的差异如何。让儒学成为国教可能让这样的政策成为公共辩论的题目，或许能引起一些改善。如果"官方儒学"的建议以某些方式得到实施，比如宽容和尊重其他宗教，或许值得认真考虑。在中国皇权时代的"官方儒学"历史确实提供了让人们担心国家滥用儒学的理由，但也提供了一些让人兴奋的时期。正如余英时指出的，在 16 世纪末期，利玛窦（Matteo Ricchi）吃惊地发现中国宗教氛围非常开放宽容，儒家、佛教、道教都被看作抓住了同一个道（道路）。

## 中国之外

早期儒家思想家认为他们的理想具有普遍有效性，是旨在适用于整个人类的思想。世界各地不同的人按不同的价值观生活的差异性长期以来被认为不是最好的状态。在这个意义上，儒学是作为具有普遍有效性的哲学提出来的，类似于自由主义和基督教。

但是哪些价值观具有真正的普遍性？在原则层面，一套基本人权观得到所有政府、宗教和传统的尊重。最明显的是禁止奴隶制、种族屠杀、系统性的种族歧视。当然,许多对人权的侵犯没有出现在历史记录中,但人权工作者的任务是揭露尊重人权的言论与侵犯人权事实之间的沟鸿。这是现实的工作,不是哲学的工作。在原则层次上,西方自由派和左派儒家也共享"丰厚的"价值观,如对性别平等的承诺,批评糟糕政府的必要性。但除此之外,存在明显的分歧:左派儒学更多强调政治上的贤能政治,教育上的背诵记忆、公共媒体的家长制倾向以及用礼仪为弱势群体争取利益。

所有政治理论都应该留下相互完善的可能。在最好的时刻,儒学表现出对其他传统如法家、道家、佛教的开放态度,以至于人们很难在实践上区分这些理论。但在遭遇西方政治理论时,儒学一直是学生而不是先生,值得提出的问题的是,在什么情况下西方自由派能发现它具有同样吸引人的力量。其中一个条件是西方社会遭遇漫长的信心危机。一个不得不承认的事实是当自己的方式存在问题时,人们才更容易向他人学习。中国知识分子就是在传统社会和政治生活崩溃后才开始向西方学习的。西方或许需要在类似的信心危机后,才能让多数西方知识分子转向儒学寻求希望和灵感。在最近关于"中国模式"的会议上,一个影响很大的西方记者开玩笑说"请给我们时间,我们只有几个月的羞辱"。非常重要的是,西方如果不是尊重,至少应该宽容道德上具有合理的差异性。

但是,帮助儒学走向世界的重大障碍或许是理论和实践的脱节。不错,过去几年儒学的复兴有理由使人感到乐观,但前面的路依然漫长。现在没有审查官和监察御史。媒体倾向于为党服务而不是为弱势群体服务。社会福利改革者仍然更多求助于欧洲而不是东亚或者东南亚。低层次改革激发的任何政治体制改革几乎没有看到。年长者甚至没有得到投票选举高层决策者的权利,更不要说额外的权利了。旨在代表子孙后代或者外国人的利益的通儒院只存在于左派儒学的梦想里。旨在改善社会道德的儒家形式的教育在猖獗的腐败面前并没有取得任何实质性进展。中国在宗教自由方面存在明显的限制,国家并没有支持儒教作为国教。简而言之,左派儒学需要转变为实践。一旦中国的国家行为符合儒家道德观念,那就能产生自己的软实力并把它推广到世界其他地方。如果只是口头说说,这是没有人愿意听的。

吴万伟　译

# 论家族文化复兴对儒家文化复兴之基础性意义

洪秀平[1]　梁金瑞[2]

当代著名儒家学者蒋庆先生近年在国内首倡政治儒学,而政治儒学的制度化设计,是蒋先生提出的三院制。[3] 此方案一出,赞弹者皆有之,其中引起很大争议的是,蒋先生在现代社会的背景下设置的国体院方案。蒋先生认为,可以在体现历史文化的"国体院"中,将历代圣贤、帝王和历史名人的后裔(如孔子的后裔)按血缘关系通过继承和任命产生委员,以代表文化传统的合法性。此举有无正当性及可行性?笔者通过中国文化的特质与传统社会运作模式和心理模式的考察,得出的结论是:应当可行。它有着深厚的历史现实基础,显示了中国传统文化的核心内涵,充分反映了中国的历史文化特色。国体院是三院制中最关键的枢纽,如果运用的好,可消除外部对三院制的争议,并进一步消除三院制内部之间的矛盾,成为整合三院制的润滑剂。而且,本着对本国文化的珍惜和爱护,作为历史文化象征的国体院应得到全体国民的重视和尊重,实际上,圣贤后代,历代帝王将相之后,各地名门望族的后人中不乏优秀人才。他们将是国体院的中坚力量。我觉得,要落实国体院的实施和唤醒国民的文化意识,最重要的是复兴各地的家族文化,这是国体院得以推行的社会文化心理基础,一则以复兴儒家文化;一则以培养儒家人才,而要实现此目标,笔者以为,必须通过家族文化的两个基本内容——家谱族谱的编纂和祠堂宗庙的修建来全面恢复我们的家族文

---

[1] 平和英语培训学校创办人,香港孔教学院副院长。
[2] 平和书院网站管理员。
[3] 蒋庆:《王道政治是当今中国政治的发展方向——答何谓王道政治的提问》,中国选举与治理网 http://www.chinaelections.org/newsinfo.asp? newsid=42911。

化,作为儒学复兴之基础,减少儒学复兴的阻力,进而为国体院储备相关人才,在此途径的引导下,恢复整个社会的儒学信仰,使儒家文化能以此得到大众的最广泛认同。

相对于意识形态的百年变迁,保留在人们心灵之内的文化基因的传承在当今显得更重要,而中国传统文化保留最好、根基最深的应该是家族文化和孝道文化。这就是经过一个多世纪的风雨飘摇后,儒家文化仍能顽强生存的奥秘所在。因为它的根基还在民间,还在乡野,或隐或显地潜伏在每个中国人心里,指导或支配着人们的世俗价值导向和行为规范,所谓"礼失求诸野"。④ 这礼就是民间传统在广大乡村尚存的家族文化、宗族制度。所谓的"家族文化",即以血缘关系为基础,以祠堂宗谱之建立为标志,而辅以族规乡法家学为内容,具有相应的伦理法则和尊卑观念的宗法观念礼俗形态,家族作为有相同血缘联系的多家庭集合体和历史文化共同体,是在宗族历史背景下衍生和发展出来的;而家族里面又包含着多个家庭,从大的方面看,三者实为一体,不同的宗族在共同的文化联系下,又统一成有共同历史渊源的民族。为论述方便,本文以家族统称上溯宗族,下启家庭的血缘文化共同体,以伦理关系为依托的家族组织形态及其相应的宗法制度,是构建中华民族的历史文化基础。而中华民族之所以能历千百年而不坠,成为"四大文明古国"唯一而硕果仅存的奇迹,靠的就是中华民族返本开新的精神特质,对祖先业绩的感恩怀念和发扬光大,使得中华民族的血脉万世悠长,绵绵不绝,生存时间和空间不断延长拓展,而在其中所体现的举世独一无二的家族文化、祖先崇拜则蕴合了中国人的政治文化和宗教文化,为其他民族和宗教所无,表现出独特的功能和非凡的意义。尤其作为一种特殊的宗教文化,家族文化不像西方那样,在彼岸寻找上帝和乌托邦之国,而是将理想和情怀寓于现世的伦理安排和对自己祖先的追念崇拜中,让人不能不感叹祖先留给我们的伦理文化的伟大和不朽,以及赖以传承的千古功业,从而也避免了中国人在世俗与彼岸的两难与徘徊,正所谓"极高明而道中庸",⑤蕴涵了人类最高的智慧,以及治世的方法与目标。要说什么是中国文化的根本,这就是中国文化的根本!我们也只有从此入手,才能实现儒家信仰在民众中的回归。

时至今日,我们还可以看到,中国的家族文化和孝道文化在民间的根基是如何的深厚! 从各地老百姓每年历经艰难赶回家过年的情况就可见一斑。回

---

④ 引自杨伯峻,杨逢彬:《论语译注·宪问》,长沙:岳麓书社,2000。
⑤ 引自《大学中庸译注·中庸》,北京:中华书局,2008。

家不仅仅是庆祝新年的到来,而是回家朝圣。家在中国的心目中非常神圣,相当于西方人的教堂。所有的伦理功能和教化功能都从中实现,不须在世俗外另求神圣。"孝"意识的产生,源于对生命的继承与追溯,是家族成员以自身的存在而肯定祖先及家庭伦理的存在,继而获得自身存在的意义与价值,是一种价值关怀与人文精神通过血缘关系的建立。而"孝"作为儒家思想的原点,所谓"孝悌也者,其为仁之本欤!"⑥只有落实到以家族关系为形态的血缘层面上才得以体现,而后将孝作为仁的出发点,扩及于他人以至整个世界。唯有如此,世界才能成就和谐正义与美好,因为它以真实的血缘形态为基础,在天然关系的维系中契合儒家价值藉以实现的伦理形式。而作为儒家基本价值范畴的"仁",其出发点与归宿点正在于人文的血缘基础,"仁者,人也。亲亲为大。"⑦仁爱之精神,首先在施及其亲而后化及天下。所以,在民间风俗较好,家族文化保留得比较好的地区,父子相传的孝道文化,邻里揖让、宗族和睦、社会和谐的家族文化与社区文化就发挥得比较充分,民间尊老爱幼的传统美德就保留得比较彻底,精神文明建设就保持在相当高的水平,而缺乏家族文化的地方正好相反。这说明了家族文化是中国人的身心命脉所在,同时,也在其中奠定了中国人家国天下俱为一体的情怀,源远流长的家族文化是中国人的爱国主义渊源。所谓爱国主义,"就是千百年来固定下来的对自己祖国的一种最深厚的感情"。⑧家族文化正符合此特点,中国人在此基础上发展出作为爱国主义表现形式的家国观念,这就是以家族文化为基础的国体院对家族文化在家国一体观念在国家层面上的体认与保存。而在今天,通过后人对先人的追存,归复圣贤人格和祖先英灵对国格的塑造,是我们所赖以藉此保存国体,弘扬国魂的必行措施,同时也是儒家教化民众的基本手段。

而众所周知,儒家信仰(儒教)作为一种超越其他宗教的信仰,最好的体现就在中国人对祖先的崇拜,对亲情的看重。这就使得儒家文化与家族文化合而为一,以至以家族文化为载体而不可分。复祠堂,修家谱,藉此恢复中国的家族文化,则是儒家文化复兴的突破口。实际上,儒家文化对家族文化,宗族礼仪之重视是不自待言的,并将其运用到政治教化上来。曾子曰:"慎终而追远,民德归厚矣!"⑨一方面,唤醒民众自身的生命伦理意识,追怀先祖;另一方面,又作为道德教化的手段和结果同时出现,对人心的感化不言而喻。这个过程,既是自发的,

---

⑥ 引自杨伯峻,杨逢彬:《论语译注·学而》,长沙:岳麓书社,2000。
⑦ 引自《大学中庸译注·中庸》,北京:中华书局,2008。
⑧ 《列宁选集》第3卷,第608页,北京:人民出版社,1998。
⑨ 引自杨伯峻,杨逢彬:《论语译注·学而》,长沙:岳麓书社,2000。

又是自觉的。既有民众心理情感作为基础，又赖于儒者对此之诱导，所谓"引而不发，跃如也"。⑩ 此正表现了儒家的高明之处和以人伦践善之道，通过人们的本心回归本心固有之善；依赖社会伦理巩固伦理当然之正。如孔子所说的那样："谁能出不由户？何莫由斯道也?!"⑪每个社会成员进入社会的渠道必然是经过家庭家族的伦理门户，而后才能融入人群，走向社会的。所以只要人们有亲情伦理和祖先崇拜的心理存在，儒家又能够重视和体现它，那么，儒家文化极易得到人们的认同和归附，其复兴则指日可待。而蒋先生的"三院制"中关于"国体院"制度的设计和安排，则正体现了中国文化的根本——家族文化和祖先崇拜的存在，而以此作为国体国格的象征。同时，这种方案的好处还在于，通过对先贤人物的历史追溯，能够最大限度保留民族精神命脉，有效化解国家或社会意识形态在现当代社会的异化或西化，消解外来宗教和激进主义的影响，回到中国自身的文化风尚和传统习俗上来，从根本上建设和谐社会。所以国体院的设计在三院制中占有非常重要和突出的地位。下面，我们论述一下，围绕中国家族文化复兴的两个最基本手段：编修家谱和重建祠堂及恢复宗庙礼仪是如何能达到儒家信仰、恢复儒家文化的效果。

中国自古以来，就有高度重视谱牒文献记载的传统。"国有史，方有志，家有谱"，⑫无不记载着先人的丰功伟绩和传承源流，保存着丰富的历史资料，是中华民族诞生发展壮大的信史依据。而"国可亡，史不可灭"。⑬ 这使中华民族不论经过多长的发展变迁，仍然可以回到最初的源头，这是一种文明的奇迹，不二的伟业。可以说，一个民族的发展历史，并不待取决于其后之发展有多久，而取决于其能够回溯的源头有多长，而且只有在不断的回溯中才得到不断的发展。"周虽旧邦，其命维新。"⑭我们现在只有重新回到我们的源头上，才能再铸我们的民族文明和历史文明，也即是我们的儒家文化。中国作为世界上高度重视历史文献记载的国度，除了留下历朝历代丰富的史学文献外，有关家族和地方的族谱家谱的编纂学术也特别发达。因为它关系到每个炎黄子孙的来龙去脉和家族源流，对中华民族的发展有至关重要的影响。

改革开放之后，随着海内外交流的扩大，广大港澳台及华侨同胞纷纷返回内地寻根问祖，同时国内政治氛围进一步宽松，经济快速发展，民间的家族文化已

---

⑩ 引自杨伯峻，杨逢彬：《孟子译注·尽心上》，长沙：岳麓书社，2000。
⑪ 引自杨伯峻，杨逢彬：《论语译注·雍也》，长沙：岳麓书社，2000年。
⑫ 《文化寻根》序言，仲富兰、冯海荣主编，上海：上海古籍出版社，2000。
⑬ 陈寅恪先生专著《隋唐制度渊源略论稿》序言，摘自帅彦：《乱世浮生》，北京：中华书局，2007。
⑭ 引自《诗经·大雅·文王》，北京：中华书局，2006。

呈复兴趋势,有条件的地方均在展开重修族谱、重建祠堂等活动。这说明儒家文化正蕴藏在每个中国人的文化心灵中,一遇到合适时机和形势就勃然复兴,不可抗拒,这是任何人都无法改变的客观规律,反映了中国文化的特点和韧力。为儒家文化的复兴保留了最为宝贵的载体,家族文化的保留和重建,预告着儒家文化复兴的到来。只要家族文化在,儒家文化亦与之俱在,它与我们国家一样,必然在现代化的进程中如凤凰涅槃,复生于世。

因此,我们说,由于家族文化的存在,儒家文化就有了复兴的根本和基础,这是毫无疑义的。而家族文化的重建则为儒家文化的复兴提供了千古难逢的契机和前提,也是儒家文化复兴最便捷的途径。在当代社会中,可能有很多人不认同中国的传统儒家文化,但是很少人不祭祖,不上坟。因为他首先要解决的是自己身份来源的问题(即"我是谁?我从哪里来,又到哪里去?"这一困扰人类社会的最基本文化命题),从而融入族群,融入社会,进而在此基础上解决文化认同问题。这就使如何面对儒家文化成为首当其冲而不可避免的问题。即使他不考虑这个问题,但光宗耀祖还是很多中国人努力奋斗的动力,每个人的成功都不是其个体的成功,其背后都有家庭家族以至国家背景,个人的成功只是为了家族或国家的光前裕后,源远流长,而儒家在此,则有着"修身齐家治国平天下"的优良传统,"齐家"的"家"即家族范围内人伦共同体的存在。现在,随着时代的进步与人心的思归,家族文化悄然崛起,勃然复兴,成为极可观的文化局面和态势。不少家族文化根基深厚的地方如南方沿海地区(以上地区都是传统汉族文化遗留最厚重的区域),都在这近十几年间相继开展编修族谱,重建祠堂等活动,由此引发家族文化、宗亲组织复兴的高潮,带动了地方文化的发展,并配合了两岸及海外华侨的寻根访祖的文化交流活动和形势的需要。在国家层面则出现了公祭黄帝等大型祭祀典礼活动,团结了海内外华人。因为家族文化成为所有炎黄子孙的血缘联系和天然情感纽带的出发点和归宿点,超越了现实的政治利害关系。所谓"美不美,江中水;亲不亲,故乡人",[15]"度尽劫波兄弟在,相逢一笑泯恩仇",[16]所有的政治团体和思想流派不管其政见如何,在这点上都最终能达成共识,从而汇入中华民族大一统的历史潮流。这正是中国政治及文化有别于世界各国和思想流派的地方,也是儒家文化独具魅力的神韵所在和大有用武之地的施展舞台。

而作为承载家族文化的载体,首先是记载家族传承源流信息的族谱。复兴

---

[15] 引自《增广贤文》,昆明:云南教育出版社,2007。
[16] 出自《鲁迅〈题三义塔〉诗碑》,《人民日报》(2004 年 08 月 27 日 第十五版)。

儒学,选拔人才,建立国体院,必须重视和依赖记载历史传承信息和家族门望的文献材料,使之成为恢复家族文化的前提条件和根本途径。其次,祠堂是家族文化赖以建立的象征和活动场所。它的存在,使得松散的宗族成员得以联系,确立彼此的伦理关系,产生凝聚力,归宗主而序昭穆。故家族文化藉此二者,一则以确立家族内的等级伦理关系,形成儒家文化在人伦上的实现与实践;一则以此伦理归复为依托,完成对中国历史的回归与超越。家族文化中的纲常本位,也就是中国的历史本位,二者是联系和统一的,也就是国体院以家族文化为基础的历史文化价值所在和儒家文化的实现途径。而家族文化一方面将血缘关系作为基础构成联系的媒介;一方面,以祖先的渊源实现对历史的回归,从而实现中国历史自我延续和修正发展,这正是国体院的宗旨所在。下面,略谈一下族谱和祠堂在家族文化中的运作及其意义。

**编修家谱族谱**,敬宗以收族。唯水有源,唯木有本。族谱是记述一个家族或氏族世系的系谱,反映和记录着一个宗族或家族历史发展信息。它的作用是使每个家族成员都认识到自己的血脉渊源所自,而将祖先和后世子孙通过一脉相承的关系连接起来,并根据每个家族成员在这条链上的相应位置,明宗派,别亲疏,定尊卑。一方面,将同属一祖先的族内成员通过宗族关系统合起来,使之成为共同体;另一方面,以此为依据,协调、理顺族内关系,使之敦睦和谐。因此,族谱的编纂起着"敬宗收族"的作用,这是家族文化复兴的第一步。而在"收族"以"敬宗"的过程中,对祖宗的认同与崇敬产生,儒家文化也就开始对其发挥作用。而家谱的编纂,使家族内部生成归属感和合心力,在此基础上产生的家族文化则为儒家文化的推广和运用提供了组织基础和文化基础。这是家族文化复兴的第二步。从这个意义上来讲:"每个人天生是儒家",在这里是能够成立的。对于名门望族来说,族谱之修撰更有其意义,其所产生的历史名人效应和文化辐射作用是不可低估的,是其进入国体院之文献依据和合法根源所在。国体院对家族渊源的肯定,有利于通过家族文化的恢复和再造,促进社会对儒家信仰的回归与重建,并聚集支持儒家复兴的政治资源。这是国体院得以建立而争取社会认同的根本。而同时,在家族内部,依据族谱之载录,不同成员的联系是通过血缘关系建立的。而人们在族内的辈分地位、学识名望又是调整不同成员之间关系的有效依据,它在理顺族内关系之同时(通过族内尊卑定位,确立儒家伦理),也有利于在族内外形成上下协调的机制,减少将来三院制之间的冲突(国体院以此统摄庶民院)。而这也是孔子所说的"必也正乎名"⑰的落实。因为"名不正则

---

⑰ 引自杨伯峻,杨逢彬:《论语译注·子路》。

言不顺,言不顺则事不成",[18]只有名分地位的确立,才能真正收到"君子之德风,小人之德草;草上之风,必偃"[19]的教化效果。这是改造乡党风气的最根本途径。

**恢复祠堂建设**,重建宗庙礼仪,效天而法祖。祠堂是人们进行祭祖活动,举行祭祀典礼的地方。祭祀即是对祖先的追念和崇拜仪式,人们在这里拜祭共同的祖先,追悼和怀念自己的亲人。所谓"慎终追远,民德归厚矣!""丧尽礼,祭尽诚",[20]儒家文化的情感在这里表露无遗,而举行祭祀及相应礼仪的祠堂宗庙则是儒家施行教化的基本道场。因为"凡治人之道,莫急于礼;礼有五经,莫重于祭"。[21]祭祀特别是祭祀祖先是"顺民之经"的治国之道。《管子·牧民》记载:"顺民之经,在明鬼神,祇山川,敬宗庙,恭祖旧。……不明鬼神则陋民不悟,不祇山川则威令不闻,不敬宗庙则民乃上校,不恭祖旧则孝悌不备。"[22]这里指出"不敬宗庙"、"不恭祖旧"则民无以为治,"孝悌不备"则使社会风气沉沦,人伦失序。家族文化则可以通过祠堂的建设、礼仪的恢复、祖先的祭祀而使人的道德状态得以更新,信仰得以重建。而且儒教团体也可以在这里引导人们,"效天法祖",上升到更高的形而上层次,合天道于人道,追求道德礼义和价值关怀,使人们的祭祀活动成为贯通天地人的神圣仪式。并以此为契机,在乡间推行移风易俗规范人伦的宗庙礼仪,饮食礼仪,如乡饮酒礼,射礼等,促进宗亲联谊,改善和转正社会风气。实际上,进一步而言,祠堂之祭祖对于个体的心灵来说,已超出一家一族的范围,其更深层的意义在于,通过血缘联系的祭祖行为实现对当下超越的文化回归,是对人之为人的道德本体的回归,而成为奠定中华民族的共同基础,这也是今天我们建设精神文明的根本途径。

《左传》有云:"国之大事,唯戎与祀。"[23]在笔者看来,祭祀则是通过肯定祭祀对象的超越性存在与祭祀主体的统一来维持此在的意义和祭祀主体的合法性。所谓"祭,如在"。[24] 它的落实点则是被超越者自身。国家对其历史上往圣先哲的追寻与祭祀,是国家得以存在和传承的合法性来源。国家存在的超越性则是建立家族文化、祭祀民族先贤的基础上,而以此建立起代表国家文

---

[18] 引自杨伯峻,杨逢彬:《论语译注·子路》。

[19] 同上。

[20] 朱熹的《论语集注》注曰:"慎终者,丧尽其礼;追远者,祭尽其诚。民德归厚,谓下民化之,其德亦归于厚。"引自《四书章句集注》,南京:凤凰出版社,2005。

[21] 引自《礼记训纂·祭统》,北京:中华书局,1996。

[22] 引自《管子校注·牧民》,北京:中华书局,2004。

[23] 引自《左传·成公十三年》,北京:中华书局,2007。

[24] 引自杨伯峻,杨逢彬:《论语译注·八佾》。

化、民族命脉的国体院。对于华夏民族的国家观念来讲,只有通过举行相应的祭祀,才能维系国家政权的存在。(国家政权的存在对家族文化的超越性存在,必以家族文化的存在和恢复为基础。)而中华民族的复兴则是在家族文化祭祀的基础上重新构建起家国天下的观念和治理体系。而儒家文化的理念则是以家而成国,以国而成天下,从而实现大同世界。所以,天下之本在国,国之本在家(家族文化的确立)。在国家层面的政教祀典未正式恢复之前,民间的、乡野的家族祭祀则可以作为复兴儒学的下行路线恢复起来,为上行路线的实施打基础,作准备。同时以此"兴灭国,继绝世",㉕将历代圣贤名望中的后世俊彦精英选拔出来,进入国家政治层面,通过历史源脉的承接,使之得到人们的认同和归附。此不仅使圣贤大哲凭借后裔祭祀得以"血食千秋",还依赖后辈人才的义理实践,促进人们对儒家义理的认同(其功效可使国体院更好鼎助通儒院,即亦可通过国体院的"法祖"而成就通儒院的"效天")。复兴家族文化对圣贤及祖先的祭祀与崇拜,可使三院制的构造有一共同基础,所以在这里,国体院的建立与家族宗族文化的重建密切相关,不但圣贤后裔,历史上相关帝王将相的后裔都应在国体院中得到尊重和体现。这本身即是对中华民族历史的尊重。而确认二者之间的联系,是用家族文化、宗族承祭将其联系起来。这是时间上纵向联系;实际上,从中国上古社会起,家族文化、宗法制度就在政治中发挥着基本作用,通过宗族内部血缘与文化的认同,"内中国而外诸夏;内诸夏而外狄夷"以至"诸夷并进于夏",㉖这是春秋大义所揭示的人类进化途径,是空间上不断扩大的横向联系。

  这些年来,国内传统文化复兴,蔚为风气,但是最能够凝集人脉资源,引起精英社会关注和认同的,可能还是家族、祠堂、族谱以及宗亲会的复兴和重建。不少有识之士提出,为重建儒教的完整祭祀系统,在现今条件下,可以考虑书院(或儒教团体)、孔庙加祠堂作为祭祀系统模式㉗向社会推广,笔者认为,这种模式可以有效整合三院的人才和资源,引导其价值导向,而实现此举的前提,就是先恢复各地的祠堂建设和宗庙礼仪的实施作为祭祀系统的根本,使人们在此基础上恢复儒家信仰。在中国传统社会,很多社会功能通过家族来实现,使整个社会得以平稳有序的运行。由于有家学家庙的存在,家规家法的执行,人们的世俗行为在家族文化中得到规范和整合,而个人对国家民族作出贡献者,则可光宗耀祖,

---

㉕ 引自杨伯峻、杨逢彬:《论语译注·尧曰》。
㉖ 引自《春秋公羊传译注》,上海:上海古籍出版社,2004。
㉗ 《儒教复兴的庙宇体系建构》(http://blog.sina.com.cn/s/blog_57b00f7301008tam.html)。

流芳百世,受到人们的景仰,使整个社会的道德风尚得以提高,并能稳定传承。总之,社会范畴的功能是在家的范畴之内得以实现,社会层面的作用移置于家的层面实现,以此类推,以至于个人的修身养性。对于儒者而言,身修则家齐,家齐则国治,国治则天下平。对于世俗而言,则应侧重于家族文化中对其成员规范约束作用的发挥,建立起"父慈、子孝、兄良、弟悌、夫义、妇听、长惠、幼顺"[28]的道德秩序,有效引导社会风气。传统社会的儒学意识的确立,儒学地位的巩固,儒学人才的培养,正是依赖家族文化作为根基的。可以说,儒家文化的复兴必须依赖于家族文化的复兴。对于每一个社会成员来说,最初的道德培养与儒学启蒙,只有在家族文化中家学家庙的设立而得以实现,从而通过祖先崇敬和经典教育这两个基本途径完成其修身之行。而祠堂的复兴正是从这两方面功能的实现满足人们的需用。古代的私塾教育与家族、祠堂关系密切。一乡之私塾,往往设立于其宗庙祠堂。因此祠堂在承担祭祀功能的同时,也给同一宗族的私塾教育提供场所,学不出家(乡),而以家兴学,弥补社会教育和书院教育之不足,使经典教育遍地开花,深入人心,在实现大众教育的基础上培养精英,为书院或太学输送更高一级的学子,造就国家栋梁。因此,家族文化的复兴,宗庙礼仪的重建,其直接功效就是儒学的复兴与人才的培养。传统文化的复兴,与家族和祠堂的复兴紧密相连。

另外,在家族文化基础上衍生宗亲会等宗亲组织,则进一步将家族文化的作用发挥到极致,更有利于整合资源,聚集人脉,特别是在历史上有文化影响力和辐射力的巨家望族,其作用更是非同小可,通过宗亲会等联谊组织的建立,强化家国认同,藉家族文化复兴儒学,又能使同一宗族整合为一体,恢复祖先的光荣,继承先贤的理想,发扬光大,使宗族之精神和血脉绵绵不绝,自强不息。宗亲会的价值取向之趋同,对国家政治的运作意义重大。诚如孟子所云:"为政不难,不得罪于巨室。巨室之所慕,一国慕之;一国之所慕,天下慕之;故沛然德教溢乎四海。"[29]所以正赖有"故国世家,流风余韵"的存在,社会风气的恢复,文化命脉的再建,才有了坚实的基础。中国近百年来出现了不少政治家族、文化家族,他们对维持国家政治的运转和民族文化的传承作出了无可磨灭的贡献,是我们民族的脊梁和国家的灵魂,对这些历史文化家族与各大圣贤的后裔的尊重,是我们再造国格的需要。

目前各大圣贤的后裔都有组织完善的宗亲会,尤其是孔氏宗亲会,最为

---

[28] 引自《礼记训纂·礼运》。
[29] 引自杨伯峻,杨逢彬:《孟子译注·离娄上》。

完善。他们近期将完成全球家谱的重修工作。由于儒学学派的开山祖师孔子是孔氏宗族最有影响力的历史文化名人,作为圣裔存在的孔氏宗亲,其宗族文化的传承必然与儒家文化的发扬高度合一,使儒家文化在此得到了最厚实的家族文化基础和复兴根本,通过中国乃至世界第一家族的建立(以及"衍圣公"制度的恢复),有力推动儒学运动的发展。我们必须高度重视孔氏宗族历史因承及其宗亲会的文化运作,这是当前儒学复兴在家族文化运动中首要着力点。而同时,随着各个姓氏宗亲会的建立,将使儒家文化复兴获得重要生力军。通过家族文化的复兴将他们吸引和整合到儒家的旗帜下,为儒家文化的复兴服务。以此为基础,为建立代表中国政治特色的国体院提供人才资源。

现在,经过改革开放三十年的演变,形势的发展越来越有利于儒学的生存和复兴,这是空前的历史进步。"和谐社会"与"建设社会主义新农村"等政治口号的倡导,也为儒学运动提供了复兴机遇,提出了更高的要求,关于新农村的建设,大体有经济建设和文化建设两种方案。有学者认为,新农村的建设,以文化建设为宜,要以乡村为本位,乡村自治为核心。㉚ 也就是说,不能离开乡村的特点来治理乡村。对此观点,笔者深以为然,所谓的乡村自治,就是以地缘和血缘为基础家族文化为内容的宗族家族自治,这与儒学复兴运动的方向和目标是吻合的。可以说,儒学运动的复兴机遇即寓于新农村建设中,新农村建设的本质就是家族宗族文化在新时代条件下的复兴。所以,家族文化既是儒学复兴的题中应有之义,也是建设社会主义新农村的必然要求和结果,两者的结合,可有效化解儒学复兴的阻力,儒学复兴的契机实在此,这有利于解决当前作为政府工作重中之重的"三农"问题。当然,我们也要在新形势下对家族文化有所因革,使之符合社会主义建设的需要。这是我们复兴儒学,重建家族宗族文化的立足点和归宿点。所以说,形势的发展,也必然要求我们重建家族宗族文化,这是时代的使命和不二的选择。

综上所述,我们可以说,以家谱、祠堂为基本内容的家族文化复兴运动,在当今中国,是使人们能够恢复传统文化,确立儒家信仰的有效措施和便捷途径。而家族文化关系到普通民众切身利益和精神归宿,寄托着中国人千秋系念的家国天下理想,激发人们的生命伦理认同和伦理仁爱,合自然与人文两大因素于一体,将个体、族群、社会和国家整并为一元结构,历史与未来在这时空的联系中沟

---

㉚ 《申端锋:从新乡村建设到新农村建设——主张与争论》(http://xcjs.peoplexz.com/2865/2930/20080728152534.htm)。

通无碍,是每一个中国人的安身立命所在。作为维护中国人文宗教信仰和精神归宿的儒家文化,其信仰的确立,首重于此。家族文化对民众有天然的吸引力,可以为儒家文化的复兴奠定最厚实的基础。而随着家族文化的逐步复兴,儒学的回归和政治传统的重建必然在不远的将来就能实现。

# 我们是谁？我们向何处去？
## ——重塑儒家人格，填补道德真空

范瑞平①

## 一、我们是谁？

这里说的"我们"是"中国人"，"我们是谁？"的问题就是"中国人是谁？"问题。这个问题是个复杂的身份认同问题。显然，人之为人，不免会有多重身份：诗人、作家、学者、教师、中年人、南方人、北方人……对于中国人来说，家庭身份可能是最重要的身份。谁是我的父母？谁是我的子女？谁是我的兄、弟、姐、妹？这些"关系"以及它们所蕴含的道德、价值和意义不可分离地界定着每一个中国人的个体。一个中国人当然不能完全还原为这些家庭身份，但他绝不能抛弃这种身份认同。因而，保障这种身份认同的重要性预设了一个更大范围的身份认同的先在性：我们需要一片文化领地，在这片领地上，中国人所承载的家庭身份的重要性得到充分的理论说明，并且在社会政治和经济中得到有效的尊重、保护、推崇和发扬。

几千年来，儒教经典对中国人的家人身份做了最深厚、最精当的解说，儒家社会对于家庭价值作了最有力的维护和弘扬。当然，中国人的家人主义要比这里所能概括的深入、复杂和广阔得多（参见例如《易经》"家人"一卦），本文后面还会涉及。但这里所做的，是想用这一明显的特点引出中国人的国民共同性来。这一共同性是文化上的，可以归结为儒教文化所维持的共同性——特别是由儒教的语言、道德和宗教信念所熏陶形成的儒家人格特征。中国人是谁？本文的

---

① 香港城市大学公共及社会行政学系教授。

回答是，中国人是具有儒家人格的人。

这种文化回答的优点显而易见，而且符合中国历史。中国人是谁不需要由种族或民族来界说——历史中许许多多本不是汉族的人形成了儒家人格，变成了中国人。意识形态的重要性不过是21世纪的昙花一现：中国人不会再用社会主义还是资本主义这种意识形态的区别来概括他们自身的特点。但这一回答确是个典型化的回答：典型的中国人是具有儒家人格的人。它并不否定存在非儒家人格、甚至反儒家人格的中国人，但认为他们只占少数，不具典型意义。相反，儒家人格是中国人的共同文化身份。

本文主要依据现代中国大陆的道德状况作出分析和论证。这样做的理由之一是，儒家人格作为传统中国人的典型文化身份是基本上没有争议的。依我所见，任何对于现代中国之道德状况与社会状况的分析与解释，都应该清楚说明为何会有一些特定的行为与处事方法——无论好坏——被视作理所当然的。任何这种分析都应基于对现代中国的全面认识，了解其从20世纪70年代末市场改革开放以来所取得的无与伦比的成功与所存在的无法否认的问题，以及两者之间的内在联系。读者们对于坊间流传颇广的报导想必相当熟悉，深知比较严重的官员腐败损坏了中国蓬勃向上的经济和技术资本发展。任何中国现存的问题，均与其近三十年来强劲有力的市场经济发展不可分割。如果无法理解中国文化如何参与其中并发挥功效，那么，对于现状不足的批评与更正就会破坏中国近来取得的成就。与很多前苏维埃集团国家不同的是，中国并没有纠结于如何建立成功的市场经济，它已轻而易举地做到了这一点。我想强调，这只能归功于中国文化的影响。正如韦伯所说的新教道德准则对于欧洲成功的影响一样，正是儒教学说的熏陶才使中国步入世界经济强国之林。儒教文化浩瀚如海，维护着虽已受到损害、有所变形，但在今时今日仍发挥作用的儒家道德人格。而正是这种儒家道德人格造就了中国改革开放所取得的辉煌。

的确，自上世纪以来，尽管中国发生了翻天覆地的变化，中国社会以及中国现代道德思想的总体仍然被强大的儒教文化影响，它也是中国近三十年来改革开放的活力源头。本文认为，治愈当今中国的道德问题也应依赖于儒家文化的力量。因此，我提出了一个复杂的标题——重塑儒家人格。简略说来，现代中国社会需要重塑一个正面且占支配地位的儒教道德思想，以这一已经影响了中国几千年的文化力量来应付社会所出现的种种问题。笔者主张，只有重塑儒教文化的本质，才可填补近来已被称之为"道德真空"的中国社会状况。

## 二、儒家人格

我用人格一词来指称一种道德主体,而不是用来做一种心理学或精神分析学的说明。② 宗旨在于依据一个主体的道德观的基本结构及其相关的实践活动来对该道德主体的特点做出总体的分析和描述。一个人的道德人格是由这个人所视为理所当然的道德承诺、指导其行为的价值观及其在其中活动的现实社会的基本建构来定义的。因此,当定义一种人格为儒家人格时,意味着所定义的这种道德观及其道德实践所体现出的道德主体可以归为儒家道德主体。因此儒家人格由指导儒家行为的价值、活动和基本社会实在(例如家庭)所定义。儒家道德观包括儒家对于人的主要价值的基本理解、形成正当行为的条件以及适当的道德实践(即"礼")。这与托克维尔在其著作中所说的习惯——通常被松散地定义为"心灵习惯"(Tocqueville 2000,第287页)的观点相类似。这里的习惯不仅包括想法和观点,而且涵盖了关乎宗教、社会、政治活动和经济生活中的日常实践(Bellah et al. 1986,第37页)。因此,当我使用人格一词时,我大致同意阿尔都塞的观点,即"每一个持久的社会系统都有其相应的意识形态以及与这个意识形态所帮助产生的人格结构"(Althusser 1971)。我认为,如同对众多其他方面的影响一样,人格结构也在一定程度上影响和决定着人们提出或接受何种意识形态。简言之,儒家人格将一个国人个体置于一套理所当然的儒家道德承诺、社会结构和人际关系之中,指导其实施某些行动、远离其他行动。

"重塑儒家人格"这一说法,既强调对问题的判断,也着眼于如何解决问题。首先,它承认儒家道德学说在现代中国人生活中持续不断的广泛影响。尽管在20世纪中国政治经济的上层建筑已不再是儒教形式,但儒家人格的本质仍然昭示着中国道德和文化的社会根基。创建并维护当代中国改革方向的,既不是在中国过去强制推行的大锅饭平均主义,也不是很多西方思想家希望能够在中国未来实行的自由民主政体,而是孔子的儒家人格。如今中国正处于重塑儒家人格的早期阶段,因此,存在许多消极问题甚至危机也就不足为奇。"重塑"一词,

---

② 人格通常被定义为一个人所具有的,于各种各样情况下影响其认知、动力和行为的一组动态的、有系统的特征(Ryckman, 2004)。心理学界已经有许多发展完善的人格理论,例如特征理论、类型理论、精神分析理论、行为主义理论,等等。本文不试图利用这些"充分的"心理学人格理论来提供全面的儒家人格特征。反而,它仅集中讨论一些根源于儒教文化并刺激了现代中国政治和经济活动的人格特征。因而,本文所言的儒家人格基本上意指儒教文化或道德人格。

正是显示中国公众的道德结构并未或至少并未完全由儒家思想支配。现今很多国人尚无法自觉、主动地将儒家道德与自身思想融为一体。因而,中国道德人格的最好一面仍是残缺不全、无法充分应对现代中国所面临的道德挑战。若将当代中国所面临的这些危机主要归咎于儒家文化,或是认为中国应该重新接受大锅饭平均主义的道德标准,亦或着手仿照欧洲或美国的自由主义发展,都是误入歧途的做法。

根据儒家经典著作的核心教诲、儒家礼仪的实践,以及历史中的儒家人物代表,本文试将儒家人格的特征归纳为以下几点:

1. 儒家人格以家庭为中心。这是儒家对于社会现实理解的典型观点,认为家庭生活理应是社会生活的一个主要部分。儒家人格重视家庭福利。家庭富足是个人追求的一个理所当然的重要目标。提高家庭生活质量这样的目标通常都会激励中国人承受严峻的困苦和牺牲个人的利益。父母仁慈、孩子孝顺这样的道德承诺深深植根于儒家社会之中。对于家庭富足的追求,子女未来的幸福,仍然是现代中国人奋斗的动力源泉。而且,这样的家人主义每每同个人主义的生活方式大异其趣。家人主义足可以使中国人以家庭大局为重,使当下的快乐顺从于家庭未来的发展。最后,家庭还是儒家人格的宗教情怀的一个坚实的落脚点和终极关怀的一部分:"慎终追远,""严父莫大于配天。"儒家通过家庭来考虑祖先和后代的利益,把过去、现在、未来紧密联系在一起。

2. 儒家人格肯定物质财富的好处:只要处于道德的限制之下,追求物质财富没有什么不对("君子爱财,取之有道")。物质奖励是受到认可的,因此以货币财富为资源的市场可以在儒家社会中表现出稳定性和开放性。儒家追求人世间的美好生活,物质享受乃是其中的一部分。他们首先为自己的家人和朋友的健康幸福而工作,决不持有清教徒式的反物质财富观点。只要不是通过违反道德来获得,财富值得向往并应该追求。的确,儒家关于人类幸福的"意义视界"既包括精神文明也包括物质文明:从人性本善的概念出发,扩展到关于全宇宙的道德本性,同时将天作为终极的精神源泉和参照点,达致"天人合一"——在这个统一体中,追求美德和追求利益之间并不存在必然的矛盾。只要把利益追求置于道德制约之下,物质财富就是善。而且,儒家人格对于追求物质财富的手段采取实用主义的态度:不论自由市场还是政府干预,都可因时因地,屡试不爽。"不管白猫黑猫,抓住老鼠就是好猫。"

3. 儒家人格追求"差等之爱"的利他主义而不是平均主义的利他主义。一个人对他人的爱是以关系来区分的:他不能以平均主义的方式去爱每一个人。在儒家看来,德的基础是家人之爱(论语1.2)。家庭生活是人类生活的常态,家庭安宁是人类安宁的最基本形式。家庭必须保障其成员的安宁。处于困境时，人可首先求助于其亲戚而非政府，因此亲族间存在着一个相互援助的关系网。值得一提的是，儒教政治坚持把资源留给家庭，个人所得税不应超过收入的一成（论语12.9）。如果政府把家庭的资源通过高额税收夺走，去做平均主义的福利分配，那是违反儒家人格的。加之，儒家人格具有精英主义倾向，推崇适当的贤人政治和社会分工。君子与小人之间的分别是社会的一个自然分界。那些有美德和睿智的人必须受到尊重和任命来带领社会、履行重要工作以及为人民谋利益。有鉴于此，一个好政府的基础是德治：社会应该由贤士来领导统治。"道之以德，齐之以礼，有耻且格。"而社会平等或个人自由从来不是儒家道德理想中的生活美德。相反，儒教非常重视良好的操行和健康的等级，例如孝顺父母，尊敬长辈，诚恳待友，行为得体。

4. 儒家人格善于建立关系以及维护和谐。对中国人来说，建立一个家族功能性联络网是受到鼓励的。中国人将社会看作一个大家庭。人与人之间的关系参照家庭成员间的关系模型来建立。家庭成员以及熟人之间的以礼相交、以礼相待、以礼相让不但使人际关系密切，而且造就了处理人际关系的成熟技巧。儒家人格善于人际之道，不走极端，不搞对立，灵活圆滑，和平协商，乐于妥协，喜欢调解。这些特点不但有助于良好的生活交际，而且有助于成功的商业合作和有效的市场运作。中国复杂的家族关系展示了人际关系的特点，可以促进事业的成功，造就一大批成功的企业家和市场中间人。从道德社会学的角度看，由家庭关系发展出来的社会技巧已经演变为一种市场技巧，有助于中国人的商业活动和经济发展。

以上这些特点当然不是儒家人格的全部特征。但是他们至少属于儒家人格的明显特点，可以为现代中国政治和经济现象提供一个具有启发式的说明，并且提示一种有用的进路来处理现有的挑战和问题。

## 三、平均主义人格混乱

王晓颖女士认为，中国人近来正遭受她所称之为"后共产主义人格"所带来的困扰（Wang 2002）。她从韦伯（Weber 1930）、阿尔都塞（Althusser 1971）和其他人的观点中得到启发，提出了后共产主义人格这一概念。她将这一人格作为一种典型类型，以定义一种道德主体的具体形态（也可以说是一种不道德主体的具体形态），并在很大的程度上用来形容现代中国的道德特点。她认为，后共产主义人格是"中国的市场经济状况与官方的道德规范之间相互分离"的产物

（第3—4页）。一方面，官方的道德规范仍然是共产主义式的，充斥着"全心全意为人民服务"之类的口号而不考虑个人利益；但另一方面，中国人正以全副精力追求自身利益。因而，一种特殊的人格形态自然生成："一种新型的人，……由共产主义者转变为虚无主义者，由虚无主义者转变为享乐主义者……不再受到任何道德规范或观念的自觉约束。"（第7页）带有这种人格的个体，在王晓颖看来，并没有能力去用一系列的道德价值来理清和控制自身的欲望与冲动，因为他们缺乏同自身的欲望与冲动保持适度距离的能力，因而无法正确感受它们，评估它们，更加无法重新指导它们。结果是，当代中国社会普遍存在着一种享乐主义气氛，快感满足已不再受到道德价值的调停；个人追求已无法达到一个伦理主体的目标（第7—8页）。对于这种人格的抑制只剩下对于法律暴力的恐惧（第8页）。

通过援引韦伯式的理想类型而提出后共产主义人格，王晓颖尝试定位存在于现在中国社会的"道德真空"状态："中国存在着'共产主义'道德，也存在着赤裸裸的个人利益，但在两者之间一无所有。"（第10页）道德真空这个诊断对当前中国是贴切的：官方表达的共产主义道德已不为多数中国人接受或实践。然而，王晓颖不相信后共产主义的中国存在任何道德和文化资源来填补这种道德真空。她认为，早期的西方资本主义社会在总体上基于基督教文化，具体则采用清教徒的道德准则。中国与其不同，并不具备这样的文化资源，"儒教也无法像清教那样发挥功效"。因此，她对中国未来的道德状况十分悲观。然而，在我看来，王女士对于现代中国道德真空的理解是不完整的。即便享乐主义正在影响着当代中国社会对物质财富的追求与满足，这种享乐主义也并非没有被任何高尚的道德观所调停。真实的情况是，这种享乐主义的确不受官方的共产主义道德的指导，但它仍然受到儒教道德的制约。尽管儒教已经礼崩乐坏，但儒家价值观还在中国的平民百姓的社会关系和日常生活中实实在在地发挥着作用，使他们在市场经济中取得中国式的成功，并维持着中国人的起码的天理良心。若没有儒教道德和文化资源，中国不可能在近三十年的经济社会改革中取得如此成绩，现代中国社会所凸现出来的道德真空势必更加严重。现今的改革并非由现代西方自由主义价值观所促成和指导，而是浸淫在日常的、尽管不是全方位的、儒教道德文化资源之中（参见第四部分）。

进一步说，所谓道德真空问题并非源于一种新型的后共产主义道德人格的崛起——天地之下，其实并没有什么真正的新新人类。相反，它更可能是源于一种受到扭曲、变形甚至残缺的儒家道德人格。具体说来，我将采用人格混乱这个概念表征当代中国的两种人格混乱：从50年代到70年代的大锅饭乌托邦的"平均主义人格混乱",和80年代以来产生道德真空时期的"后平均主义人格混乱"。③ 它们是儒家人格分裂、错乱、异化、损坏的产物,并不是什么新型的人格形式。没有充分了解这些人格混乱同儒家人格的关系,我们就不可能适当地掌握三十年前共产主义中国的道德现实,也不可能充分地体会近三十年来中国的后共产主义改革。

中国的当代乌托邦寻求建立一个富裕和平等主义的中国。这样一个乌托邦之所以为20世纪的中国人接受,与本文所说的儒家人格的第二个特征(肯定物质财富的好处)有极大的关系。自19世纪40年代的鸦片战争开始,中国知识分子认识到现代化的西方比中国有更多的物质财富。现代化制造的坚船利炮把中国人从自以为是世上最强大国家的黄粱美梦中惊醒。有效的现代科学、技术和工业破坏了中国一千多年以来的丰盛与文明的自信心。当代乌托邦告诉中国人说,如果他们采用一个新的方式,他们便可以迎头赶上,迅速制造大量财富,甚至在十五至二十年间骄傲地超过经济最先进的国家(如英国和美国)。这个乌托邦指示他们最重要的事是应该放弃他们传统的生活方式,转向工业发展,采用一种由国家拥有和中央计划的经济体系,接纳在这种体系上建立的政治和道德的上层建筑,从而重新整理他们的社会关系和价值取向。这样的一个制度很自然地会超过资本主义私有制和自由市场模式,因为在这一乌托邦思想看来,后一模式使整个社会产生不道德的无情竞争,支持资本家剥削工人,而且因为欠缺统一计划造成徒然的浪费。相反,按照这个乌托邦,建立平均主义社会是最有效率和最道德的。不仅能够保证人民变得富有,而且保证所有人都平等地变得富有。

结果是众所周知的。儒家人格成就了平均主义人格混乱,自身遭受到无与伦比的损害。明显地,这混乱是由儒家人格的扭曲了的第二个特点所促发的:人必须在国有的、国家计划的经济体制中为整个国家创造财富。在这种乌托邦"合乎科学"的证明下,这制度既是历史必然的,也是合乎道德的。当一系列组织完善的政治运动逐一推行后,儒家人格的本质特点遭到破坏、扭曲和分裂,从而产生了平均主义人格混乱。儒家人格第一个特点中所着重的家庭中心地位被其他社会组织所替代。中国人不再被鼓励来促进家庭福利,却被迫

---

③ 同"人格"一词一样,"人格混乱"也是一个典型的心理学和精神分析概念。人格混乱通常是指因固执而持久的感觉、思考及行为模式偏于该人士所属文化的期望而形成的一种精神错乱,例如偏执型人格混乱,精神分裂型人格混乱,不爱交际人格混乱,等等。因本文集中讨论突出道德和文化特点的儒道德人格,我所表征的"平均主义人格混乱"和"后平均主义人格混乱"将用来诊断背离了儒家人格基本特点的因素。

接受政党是最重要的社会组织,而在这个组织中每个人都应该为全人类的利益工作。一个人不应该着重追求自己家庭的福利;相反,应该为不熟悉的其他人来牺牲自己和家庭的利益。加之,儒家人格第三个特点("差等之爱"的利他主义)亦为了实现平均主义而被压抑。20世纪50年代末的大跃进运动中,有些地方安排所有人在人民公社之中同吃、同住、同劳动,从而淡化、甚至消解家庭。专家,如大学教授、医生及公务员等,则为了避免与其他阶层有着不平等的社会地位而被定下低廉的工资。最后,善于建立关系和维护和谐的第四个儒家人格特点则被嘲讽为伪善、有如资产阶级或小资产阶级的把戏,有害于无产阶级的社会革命。无情揭发、残酷打击的阶级斗争被强加到所有人的生活里。调解、妥协、和谐等儒家礼仪受到批判和拒斥。人民被鼓励使用冷酷无情的对抗和迫害来彻底铲除阶级敌人,包括其身体和思想。在强烈的政治运动中,夫妻被强制报告彼此的资产阶级想法或反革命行为,而孩子被迫公开殴打他们"有罪"的父母。简言之,千千万万的现代中国人活生生地体验和见证了平均主义人格混乱的这些可怕和可耻的症状。

## 四、后平均主义人格混乱

与平均主义人格混乱有着显著不同,后平均主义人格混乱主要是由近三十年来中国改革中正式宣布的道德与实际有效的道德之间的断裂或分离导致。在我继续探讨这个人格混乱之前,我们必须承认随着平均主义思想对社会控制的坍塌与邓小平的市场改革政策的兴起,中国人已开始向恢复基本的儒家人格类型这个方向移动。

在20世纪70年代后期,改革从一开始就在中国乡镇地区取得了惊人的成就。尽管平均主义思想认为公有制、集体生产、平均分配的农村经济是中国社会主义的最重要特点,但在毛泽东去世后,一些农村地区就开始抵制这种集体农业经济形式,实行家庭承包责任制。这深刻地意味着形势开始走向了回归传统农家经济。这些做法在1978年的十一届三中全会上得到了中共中央的认可,从此,以家庭为单位的经济模式很快便在全国范围内得到了传播与支持。很明显,在这最初的重大突破背后刺激中国改革的是儒家人格的第一个特点。有了平均主义人格混乱带来的极其痛苦的经验,中国开始再一次承认并赞许家庭利益的重要性和合法性。过去的平均制大锅饭被打破,那些更精明和更努力的人可以得到更多的好处。最后,国家对农民的垄断统治也有所减缓。这种以家庭为单位的改革政策取得了极大的成功,因为它有力地激励了农民——在订立的契约中，交了公粮之后，农民完全拥有、掌握了他们的收获。例如，截至到1984年，家庭联产责任制下的粮食产量已经突破了4.07亿吨，比1978年改革开始时增加了三分之一（参阅 Naughton 2007，第89页）。

改革的关键领导人邓小平，其思想透露出儒家人格的一些基本特点，使得最初的改革变得可行及成功。除了以家庭为中心外，这些特点包括第一部分所描述的其他儒家人格的特点：对各式各样制造物质财富的手段采取实用主义的肯定和开放的态度（特点二），对"差等之爱"的利他主义义务的承诺（特点三），和讲求关系技巧及以和谐为目标的合作（特点四）。毋庸置疑，在当时的政治环境下，邓小平必须为他的所作所为找一个符合传统马克思主义思想的说法。邓小平问道："社会主义是什么？马克思主义是什么？"他对过去的大锅饭平均主义的贫穷状态提出了坚定的反驳："社会主义应该减少贫穷，贫穷不是社会主义。"邓小平也质疑了过去的做法："我们的人民共和国在成立之后最大的缺点就是我们没有集中精力来发展生产力。"对他来说，"社会主义制度在与资本主义制度比较时，其优越性只有在更快、更好地发展生产力时才能得到体现。当社会发展了，人民的物质与文化生活都要持续得到提高"（《邓小平文选》，1987，第96页）。表面上，他用重新解读社会主义含义的方法来支持改革，但他的举措戏剧性地改变了过去平均主义的思想和路线。不像人们过去那样追问共产主义、平均主义、无剥削社会的含义，邓小平批评了这些理念，因为它们没有"集中精力来发展生产力"。他强调社会主义制度的优越性应该通过更高、更好地改善人民的物质与文化生活的能力来体现。这其实是由儒家人格的第二个特点所激发的。④ 当他坚

---

④ 儒家人格的这一特征（即对物质财富的实用主义肯定，以及对各式各样增加物质财富的手段抱开放态度）对于推动改革向前发展扮演着重要的角色，有时甚至以近乎矛盾的创新手法来进行。在20世纪80年代初，通过推行"双轨制"，城镇地区的国有企业里也发生了类似农村改革的情况。这是指对于多数物品实行双重价格体系：一方面是国家分配的政府计划价格（通常为较低的价格），另一方面是允许公司获利而制定的较高市场价格，两者并存。换句话说，对于现有物品的分配，传统的计划分配和市场管道下的分配共存。邓小平正是通过模糊社会主义和资本主义在这一点上的界限，从而在中国推行市场经济。像他所讲的那样："资本主义与社会主义的区分不在于是计划还是市场这样的问题。社会主义也有市场，资本主义也有计划。计划和市场都要有。"（邓小平，1993，第203页）在90年代，中国的改革仍在继续开展，邓小平指出"发展才是硬道理"。1992年10月，中国共产党提出要发展"社会主义市场经济"的政策，清楚指出市场需包括所有的经济活动的参与者。以江泽民为核心的新一届领导班子则在市场经济的基础上，继续推行大型国有企业改革，最终实现了国有企业股份制。为适应市场需要，财政和税收系统，银行和金融等单位都做出了重新调整。在2001年12月，中国终于加入世界贸易组织，成为全球市场经济的一部分。

简言之，中国之所以能够以社会主义名义从完全的计划经济制度顺利地改变成一种市场经济制度，是因为儒家人格中明显的实用主义财富态度和经济特征在起作用。

持以经济建设而不是阶段斗争作为党的中心工作并在改革过程中"让一部分人首先富起来"时,他正是在着力恢复和行使儒家人格的第三与第四个特点。除了在名义上以外,邓小平其实彻底纠正了毛泽东的斗争哲学和平均主义倾向。

的确,最有可能合理说明这一伟大改革以及邓小平角色的道德与文化源头应该是儒教资源以及儒家人格。改革家们自觉地或不自觉地利用儒教资源来重新阐释社会主义和马克思主义,从而使经济发展与儒教信条相符合。孔子、孟子以及中国历朝历代的其他儒家学者们都认为,家庭是社会的基本单位,每个家庭都应该有机会劳作而获得财富。如果人们不能照顾好自己的家人,那么他们就更不可能照顾好其他的人。家庭福利促使人们努力工作,认真储蓄。中国人非常自然地支持邓小平"让一部分人先富裕起来"的思想。而过去强加的大锅饭平均主义则违背了儒教的基本道德信条,使中国经济不可避免地陷入困境。如同所有中国人都知道的,这些儒家道德与文化资源即使在改革开放之前的国家困难时期也时有发挥。例如,60年代初期,邓小平就支持"包产到户"等儒家观念的。

对"差等之爱"的利他主义义务的承诺这一儒家人格的第三个特点,在为改革辩护中起着很重要的作用。它被并入到中国共产党的官方学说,即邓小平之后的国家领导人江泽民所提出的"三个代表思想"之中。2002年,"三个代表思想"正式写入中国共产党党章,指出中国共产党必须始终代表中国先进生产力的发展要求,始终代表中国先进文化的前进方向,始终代表中国最广大人民的根本利益(江泽民 2006,第 2 页)。三个代表思想的核心为"中国先进文化"。实际上,这一观点指出,商人、专家、技术人员、私企与外企的企业家和活跃在市场上的中间人等,都属于中国先进文化,都应被中国共产党吸收。在传统的共产主义教条里,这些人通常被认为是"资本主义爪牙",应从中国社会主义文化中剔除干净。如今他们得到了社会主义市场经济的尊敬且受其依赖。在精英主义及其劳动分工的认可下,儒家学说的重塑显得自然而然。儒家思想强调那些道德与智慧并存的人必须受到尊敬且被任命为社会的领导者。君子与大众在社会中被自然地区分开来,君子——而不是大老粗工农代表——应该受到任命承担重要的社会工作以惠泽人民。在三个代表思想的指导下,中国共产党脱离了马克思主义的社会阶级论,儒家学说关于市场财富的优点论以及有赖精英人物来统治社会的看法也被更广泛地接纳了。

最后,讲求成熟的人际关系和以和谐为目标的合作文化(儒家人格第四个特点)完全拒绝了毛泽东的阶级斗争学说,把改革进一步推上了以和谐社会为目标的道路。2004年9月19日,在十六届四中全会上,中国共产党确立了"构建和谐社会"的新目标,和谐社会是指"全体人民各尽其能、各得其所而又和谐相处的社会"。在以胡锦涛为首的新一代领导班子的领导下,中国正步入以"和"为本的社会,这也正是儒家学说的一个明确的中心思想。胡锦涛及其高层领导班子围绕和谐概念,力求重新调整中国的理论指导,在儒家"社会和谐"的理念下追求"经济增长"。通过这种方式,中国明显转向儒教道德资源来解决国家严峻的社会和文化问题。中国政府意识到,为了实现稳定持续、迅速协调的经济增长,中国需要同时建立一个良好的社会管理系统以解决人们所经历的文化冲突(即内在矛盾),并为社会的弱势群体提供帮助(而不陷入西方福利社会所造成的道德、经济和社会困境),同时加大环境保护力度。中国社会在今后数十年内的平稳转变,能否迎来一个更加繁荣稳定、道德秩序良好的局面,将有赖于如何有效地将儒教道德资源应用于和谐社会的构建之中。

然而,当代中国的确存在着道德真空。它主要是由正式宣布的道德与实际上起作用的道德之间的鸿沟或分裂所导致。但是,认为中国现在实际上起作用的道德完全是享乐主义这一观点是错误的。正如我先前的分析表明,在邓小平推行改革开放政策之后,儒教道德——虽然是不完整的、部分的,甚至扭曲的——已在日益发挥作用。人们遵从儒教道德适当地开展日常生活,特别是在市场经济中生存。然而官方道德(包括政府所高调宣扬的道德规范、各种机构道德行为准则的规定)仍处于改革开放之前的阶段。这种官方道德与实际道德之间的分裂引发了各种各样的防御体系和方式来应付官方道德。例如,许多人着意躲开道德问题的公共讨论,因为它与真实的经济环境相互隔离。另一些人则是"两面派",公共集会时完全应和所谓的官方道德,实际生活中却实行另一套可行的道德标准。还有一些人的确变成了虚无主义者和享乐主义者。这三种人中的每一种,都在一定程度上患上后平均主义人格混乱。把他们加在一起,构成了当代中国社会的道德真空。这种道德真空和人格混乱正折磨着中国道德潜在的根本力量——儒家道德人格。

这说明了,问题的真相是双面的。一方面,近三十年来的改革成功只可归功于仍在顽强存在的、尽管有些变形的、儒家人格的特征,包括重视家庭福利,肯定物质财富的实用主义态度,差等之爱的利他主义义务,以及讲求成熟关系及以和谐为目标的合作。人际关系创建市场网络以及透过妥协和斡旋造就和平的合作,挣脱了过去许多年重重枷锁的束缚,这解释了中国人发展市场经济的能力,也反证了许多东欧前苏维埃国家的难处。⑤ 另一方面,市场经济在欠缺明确的儒教道德指导和限制的情况下也引发了道德陷落。要想过一种富裕而又和谐、有德的生活,人们既需要适当的法制,也需要培育美德的礼仪。不幸的是,中国在市场经济中所取得的成功没有明确置于儒教思想和道德的系统指导之中。事实上,传统中国文化中的道德生活将利益追求置于道德规范之内,使得利益追求与道德培养成为兼容的一体。这种兼容性却被一种发育不良而且不够通情理的法治和公共政策破坏了。20世纪的大部分历史正是削弱儒家道德的指导和限制的历史。另外,随着市场经济的成功发展,贪污腐败的诱惑不断上升,不少人为了钱财背信弃义。中国市场经济所取得的成功,是由那些仍然保留着的儒家道德主体的健康元素所支撑。而成功带来的诱惑,却又失去了一个系统的、公开认可的儒教道德的抑制。官方所宣扬的道德与市场经济中所实行的道德之间的分离,导致了社会中享乐主义者和愤世嫉俗者的出现,形成了公开的反道德教育的力量,减弱了德治的可信度。因此,在完整的儒教道德观尚未完全重构之时,在追求快乐和自我实现的许多重大机会面前,享乐主义似乎日渐流行。传统儒家说:"富贵不淫贫贱乐,男儿到此是豪雄。"当代国人似乎是贫贱就怨,富贵即淫。现代中国社会生活的道德真空由此而生。

总之,当前中国社会的特点是后平均主义人格混乱,而不是新型的后共产主义人格崛起。两者的区别至关重要,因为前者蕴含着必须通过重塑有效的孔子道德主体来解决后平均主义的病态人格问题。

## 五、儒教资源能否填补道德真空?

任何真空状态都是相对而言的。现实中国社会道德领域的真空是在儒家人格的扭曲之下产生的。这一道德真空至少有两个重要层面:一个是价值论的,另一个是现象学的。前者是指官方维护的道德与推进中国现代市场文化的道德之间的分裂及由此导致的缺乏协调一致的公共道德状态。结果是,儒教文化价值与社会结构受到严重歪曲和损害,各种腐败弥漫社会。后者是指国人生活缺乏

---

⑤ 儒家人格的所有特点都呈现在现今中国道德现象之上。当中特别重要的是儒教家庭的特点。许多文化都同样对家庭内部的支持有强大的认可,例如拉丁美洲。然而,这些文化看来不是同样能够在以下几方面得到成功,如培训企业成功所需要的人际技巧,发展把当下满足推迟为将来回报的能力,及把市场的物质回报视作在一般情况下没有道德问题。儒家主体的特征是处于许多部分重叠的关系圈之中,包括家庭成员、朋友、同事、社区、国家和宇宙。这种相互联系的关系是由爱、互惠和责任的连贯观念所标示,以带动在市场中谋求赢利的正当行为。

道德方向和意义。享乐主义精神不断高涨，不少人沉溺于及时行乐的、缺乏道德意义的物欲满足，对任何深厚的道德传统都持一种调侃、怀疑的态度。这两个层面的问题都是后平均主义人格混乱的症状，在很大程度上是由于多年来试图消除儒教思想的影响所造成的。简言之，除非中国更切实地认识到恢复儒教完整思想和重塑儒家人格的重要性，否则，道德真空无法填补。这首先涉及到关注过去政策对儒家价值观及社会结构的损害问题。

第一种损害是对以家庭为中心的价值的损害。80年代以来政府推行的一胎政策和实施措施使很多中国人陷入了困境：他们知道有义务顺应政策，但从心底里希望延续家族香火。为生二胎，不少人宁愿尝试腐败，例如贿赂当权官员以得到二胎许可。中国人了解中国面对庞大人口的就业问题，但他们也对其他国家如日本等有良好对应的方式感到困惑。更重要的是，他们看到了一个孩子赡养众多老人的困难，开始质疑计划生育政策的适当性。随着中国人口迅速老龄化，改善计划生育政策变得更加迫切。中国社会需要足够的年轻劳动力来维持。同时，从更基本的道德问题上来说，这也是恢复儒教传统的以家为基础的生活方式的必需。试图压制正常的儒家道德思想已经导致腐化及伪善。

在道德限制之下追求物质财富这个儒家人格的第二个特点，在当前的中国社会亦被严重扭曲。平均主义人格混乱发生在中国政府强制所有人民于国有制中央计划经济体系中创造财富以达到平等，而后平均主义人格混乱则在享乐主义无限制追求财富的气氛中发生。两个情况均欠缺连贯的儒家道德大众文化的引导。当下的道德真空，使许多中国人丧失了应在追求美德的理想和限制中实现物质美好、财富充裕的意识。没有了理想和限制，人变得不再为家庭和社会利益生活，而是由直接的物质满足驱动。再者，当今政策为公务人员和专业人员设立了不道德的奖金鼓励，引诱创收的腐败行为：设定低微的基本工资，却鼓动他们提供更多"服务"来赚取更多奖金。结果是许多公共部门集体设立了不必要的繁琐机构和程序以获得更多收入。他们的真实目地是为自己挣得更多利益，而不是提供更好的服务。有些人更是不知羞耻地直接要求贿赂。

这些政策和行为明显与儒家道德相抵触。儒家认为，虽然利益的追求是合理的，但人不应让利益追求界定了自己的道德品质。更重要的是，儒家教导人不应该见利忘义，不应该以不道德的手段谋求利益。这正是所有古典儒家大师的教诲。例如，孔子认为人应视不仁不义的富贵如浮云，不应对其有所眷顾（论语7.15）。孟子认为，统治者应实行仁政，致力正义，而不是不择手段使国家强盛，军队强大（孟子1A1）。的确，儒家思想认为一个有品德的人以道德手段谋求利益是合理的。个人，尤其那些期望培养美德的人，不应以不道德的手段谋求利益，也不该专注于追求个人利益。对国家来说，制订合理政策，施行适度、非伪善的道德教育十分重要。社会政策不能与仁义道德相违背。公共部门中的奖金制度（包括医生的奖金制度），应该取消。

这个问题与重构儒家人格的第三个特点是有关的，即差等之爱的利他主义和精英主义。事实上，过去平均主义的残余影响导致对政府官员及公务人员（如警察、法官、医生、教授，专家）发放不切实际的低廉基本工资。一方面，这些人员生活在财富数量、商品种类及服务种类都在不断扩大的市场经济里。另一方面，旧的平均主义政策拒绝给与他们足够的、可以支付他们及其家庭在新市场经济中活动的经济来源，导致明显的伪善及腐败。经济从整体上已变为市场经济，官员与专家仍然要在假大空的全心全意为人民服务的口号下工作，这模糊了义务行为与高尚行为之间的界限。当官员与专家仍然在为自己及家庭的利益担心时，优秀的公务员及公共专家便消失了。最终，服务他人同不切合实际的低工资联系在一起，不但没有促成全心全意为人民服务的公务员及专家，反而促生了伪善和腐败，使得贿赂在官场文化中扎根。

这种平均主义意识形态导致道德追求与合理利益追求产生直接冲突。儒家思想认为，一个人的所得应同其所为相符合，而不能单纯由他的志向来决定。即只要在道德的制约下追求利益，对利益的期望是合理的，对社会秩序是有益的，对人类的繁荣也是有贡献的。从儒教的观点来看，回报的多少不应基于个人志向（如为人民服务），而应基于对社会的贡献或工作的质量。正像孟子认为的，社会不应以个人意愿供养一个人，就如同我们不愿养活为了生存而偷窃的小偷一样。相反地，社会应以个人所为来供养一个人。做的工作越重要，越高质，就应当得到越高的回报（孟子 3A4）。不同的工作及服务有不同的价值——它们是不相等的。官员及专家的高质量工作应该得到更高的回报，以使他们可以很好地照顾家人并向其他社会成员做出榜样。总之，平均主义的扭曲必须依据儒教思想对于美德和利益的完整理解来作出纠正。

最后，中国要建立和谐社会，还有很长的路要走。虽然中国政府放弃了斯大林主义的阶级斗争路线并且确立了和谐社会作为它的正式目标，讲求关系成熟及以和谐为目标的儒家人格的健康重建仍然面对很多困难。一个极大的危险，不是返回左的阶级斗争的可能，而是中国社会的官僚化：官僚集团试图加强和扩展他们的范围、职权、力量。在西方社会，类似的扩张是由西方平等主义福利国家制度造成的。由于社会上对平等机会的最大威胁来自家庭——家庭必定对自己的成员实行优先考虑，所以福利国家就以补偿式的手段来保证社会平等。结果是自上而下建立平等主义的福利制度，而非像中国文化中的自下（家庭）而上提供帮助，从而使西方社会充满了道德、经济和政治风险而难以自拔。中国建设和谐社会的理想，不应被含混认为是建立福利社会这一个人主义的自由民主式理想。儒教并不支持一个基于抽象的个人权利的平等福利体系，而是支持以家庭为中心的、以美德为基础的、为弱势群体提供帮助的救助制度。这一救助制度不以平等为目标，而是以和谐为目标。弱势群体不是仅仅以收入来衡量，他们首先是这些人：(1)失去完整家庭的人（鳏寡孤独）；(2)有残疾的人；和（3)遭受自然灾害的人。是美德，而不是要求权，才是关爱他们的基础。⑥

道德意义上的健全人际关系网的丢失，导致对道德的维护及社会运作由非正式的(礼仪)机制转变为正式的官僚机构。随着这些关系的不断扭曲、断裂、损坏，就需要有更多的资源用来建立正式的通常是官僚式的社会统治。因而，社会的官僚化程度越来越高。这在当今中国已成很大问题。试想，在汉代(公元前206年－公元220年)，八千人供养一位官员；在唐代(公元618年－907年)，三千人供养一位官员；在清代（1644年－1911年），一千人供养一位官员；到了1987年，六十七人供养一位官员；而到了一九九八年，仅仅四十九人就得供养一位官员(Chen and Wu 2006，第174－175页)。社会的官僚化当然是世界性的问题。在多数社会，传统意义上的社会组织结构都在崩溃，中国也是如此。官僚化不仅促生了社会整体的经济成本，更重要的是，它使道德责任从家庭、个人和社群转移到了遥远陌生的官僚机构手中。这种解决方法，不仅从经济上讲代价昂贵，并且损害人们亲密的非正式关系。我们需要恢复儒家美德，尤其是由礼仪所体现的巧妙而成熟的人际关系，有助于缓解并制衡官僚主义所造成的问题。

总之，通过恢复儒家人格来填补道德真空需要我们重新认识儒教的力量以及造成儒家人格混乱的原因。其中一个原因是法治的失败，即所制定的公共政策误导了人们的兴趣和激情，同时没有充分地惩治违法行为。另一个原因是没有持续地维护德治。这是最复杂的失败，其中包括了一系列不同的原因，最终导致儒教道德观的丧失、对人类进步的肤浅理解和儒家人格混乱。重建儒教理论，首先要把现代流行的概念——诸如自由、平等、民主、人权等等，统统置于儒教美

---

⑥ 不进行适当的儒家道德教育，和谐社会无法建立。孔子认为国家在其发展中必须经历三个步骤："庶之，富之，教之。"(《论语·子路》) 作为一个国家，中国在20世纪前已经做到了"庶之"。而近三十年的改革是让中国人民富裕起来。虽然这个步骤必须继续，但道德教育更是急迫。一个和谐的中国社会是不可能通过平均主义思想来实现的。它亦不可能通过自由平等主义的国家中立性来达到。我们所需要的是通过合适的礼仪和美德培养来重塑儒家人格。中国早已放弃了以阶级斗争为纲，但中国人亦不会为西方平等主义的特质所吸引而建立一个不可持续的福利国家。中国现在到达了这样一个阶段，人们正日益认识到，必须教育人民过一个有德的、富裕的生活来构建和谐社会。

德的概念之下,阐明它们的儒教意义,适当地对它们归位,构建一个以美德为基础的、和谐一致的儒教道德。

我们应该如何重塑儒家人格呢?儒家人格是君子人格,成为君子是儒家的理想。如何在当代造就儒家君子,是一个极其重要,也极其复杂的问题,这里无法详述。但我想强调一点:除了国家制度、法律、机构的改革之外,还需要两种民间组织的建立和发展:儒家宗亲组织;儒家专业团体。

尽管大家族早已崩溃,但重构儒教宗亲组织的基础还在。正如洪秀平和梁金瑞在上一篇论文中论证说,"儒家信仰作为一种超越其他宗教的信仰,最好的体现就在中国人对祖先的崇拜,对亲情的看重。复祠堂,修家谱,藉此恢复中国的家族文化,则是儒家文化复兴的突破口。根据现实民意(包括网络民意)之反映,此举极易得人心,一直伴随着很高的呼吁声。"他们建议,编修家谱、族谱,敬宗以收族;恢复祠堂建设,重建宗庙礼仪,效天而法祖。一个人想要培养儒家人格,需要参与儒教宗亲组织,并在其中发挥作用。

另一方面,当代社会已是专业化社会,在很大程度上是专业治国。每个人都不可避免地需要从事一个专业。儒教已无法固守传统的"耕读之家"。儒教文化若有前途,必须造就大批的专业君子:儒家公务员、儒家医生、儒家工程师、儒家金融师、儒家教授、儒家会计师、儒家企业家……各个专业应当建立儒教专业团体,以互助协作,提携后进。传统的"修身、齐家、治国、平天下"的理想,应当增添为"修身、齐家、从业、治国、平天下。"

## 六、我们向何处去?

在结束本文前,有必要作一点方法论说明。本文并不是说儒家人格是完美的道德主体,可以解决所有的道德问题。更不假定儒家人格盛行的中国传统社会都是完美的人类社会,不存在任何道德问题。事实上,儒家人格能以不同的方式来定位,对其分离或歪曲也可能产生不同的说明,因此,这样的议题不可避免地带有一定争议性。本文想做的只是,基于我所理解的儒家人格作为现代中国改革成功的文化资源,为填补中国社会的道德真空指出可行之路。

的确,"我们是谁"的问题首先是个文化认同问题。"我们向何处去"的问题取决于我们将做何种文化认同。无论如何,尽管我们承认儒家道德受到了极大的破坏,甚至存在着道德真空,能够有意义地表征当代中国社会和中华人格的文化道德还是儒家道德。有人可能认为,随着市场经济的发展和一胎青年形成中国社会的新型力量,越来越多的中国人要摆脱传统的期许来过独立自主的生活，自由选择自身的价值；因而，他们可能得出结论说，自由主义道德正在兴起并将主导中国社会。我认为这一看法是错误的。自由主义道德的确在中国有所抬头，但不可能主导。相比较而言，欧洲社会是由自由主义道德所主导的：基督教道德日趋没落，个人尊严、自由、平等、社群团结等自由主义价值已在欧洲根深蒂固。但这些自由主义价值与儒家传统的"仁、义、礼、智、信"等多有格格不入之处，无数社会学研究可以表明，中国人不会也不要改造成为自由主义道德人格。

另一方面，如果我们比较中国社会与美国社会，我们会发现，中国不会变成美国那种程度的道德多元社会。不可否认，近些年来一定形式的道德多样性已在中国社会出现。例如，享乐主义已经出现，传统道德——如儒教和佛教——正在复兴，基督教日益传入。尽管如此，对于大多数中国人来说，众多的美国原教旨主义宗教兴盛是难以理喻的事；他们也难以欣赏美国两党及其背后哲学的互不相让、针锋相对。这是由于中国人受到悠久的儒家"中庸之道"与"和谐之道"的熏陶，不愿在宗教或政治问题上走极端。对于一位典型的中国人来说，无论她信奉什么宗教、追求何种意识形态，儒家的"忠、孝、廉、耻"等美德都已注入她的人格之中，影响着她的处世方式和行事风格，形成不走极端、不求偏锋的特点，无法成为一个宗教狂热分子。简言之，中国社会既不是一个欧洲式的自由主义道德社会，也不是一个美国式的多元主义道德社会，而是一个儒家道德人格受到压抑和贬损、但仍在一定程度上发挥作用的道德真空社会。这种文化状况和道德资源为"我们向何处去"指出了最正当、最可行的方向。

中国的未来取决于中国的道德人格。无论如何，中国都不应该仅仅成为一个强大的技术、经济和军事力量，还应该成为一个强大的道德和政治力量。赋予中华文明真正特点与活力的，是它所承载的道德观以及它所体现的道德人格。本文认为，只有在总体上重塑儒家文化遗产的精髓，在细节上恢复儒家道德人格，中国才能真正繁荣富强。现在已是时候重新了解和借助儒家思想遗产中的精华，重塑一个健康的儒家道德主体以克服现代中国社会所面临的畸形问题，从而迈向前方、取得更远大的成功。中国国家领导人已在运用儒家思想作为指导来制定政策以及有了应对质疑的信心。近年来中国国家领导人在各层次的外交会面讲话中多次出现了关于儒家思想的内容，有时还敢于要求外国领导人学习儒家经典、从中汲取处理国际事务的智能和手段。从1980年开始，中国恢复了对黄帝的祭奠仪式。来自中央的领导以及港澳台的代表们都在仪式上向这位中华民族的祖先献上了祭品。对孔子的祭典也在孔子的故乡曲阜重新举行了。可以预见，中国的发展方向既不会是左派自由主义的，也不会是右派自由主义的。伴随着儒家传统在中国的复兴,儒家道德人格将必然得到重塑和发扬。

## 参考文献

《邓小平文选》,北京:人民出版社,1987。

《江泽民文选》,北京:人民出版社,2006。

Althusser, Louis. "Ideology and Ideological State Apparatuses," in *Lenin and Philosophy*. New York: Monthly Review Press, 1971.

Bellah, R., et al. (1986). *Habits of the Heart: Individualism and Commitment in American Life*. New York: Harper & Row.

Chen, Guidi and Wu, Chuntao. *Will the Boat Sink the Water? The Life of China's Peasants*. Trans. Zhu Hong. London: Public Affairs Ltd, 2006.

Naughton, Barry. *The Chinese Economy: Transition and Growth*. Cambridge: The MIT Press, 2007.

Ryckman, R. *Theories of Personality*. Belmont: Thomson/Wadsworth.

Tocqueville, A. (2000). *Democracy in America*, J. P. Mayer (Ed.), George Lawrence (Trans.). New York: Perennial.

Wang, Xiaoying. "The Post-Communist Personality: The Spectre of China's Capitalist Market Reforms," *The China Journal* 47 (January 2002), 1—17.

Weber, Max. *The Protestant Ethic and the Spirit of Capitalism*. London: Unwin Hyman, 1930.

## 图书在版编目(CIP)数据

儒家宪政与中国未来／范瑞平,贝淡宁,洪秀平主编. -- 上海：华东师范大学出版社,2012.4
ISBN 978-7-5617-9216-2

I. ①儒… II. ①范…②贝…③洪… III. ①儒家—政治思想—研究 IV. ①D092.2 ②B222.05

中国版本图书馆 CIP 数据核字(2012)第 001659 号

华东师范大学出版社六点分社
企划人 倪为国

本书著作权、版式和装帧设计受世界版权公约和中华人民共和国著作权法保护

# 儒家宪政与中国未来
范瑞平 贝淡宁 洪秀平 主编

| | |
|---|---|
| 责任编辑 | 万 骏 |
| 封面设计 | 卢晓红 |
| 责任制作 | 肖梅兰 |
| 出版发行 | 华东师范大学出版社 |
| 社　　址 | 上海市中山北路3663号 邮编 200062 |
| 网　　址 | www.ecnupress.com.cn |
| 电话总机 | 021-60821666 转各部门　行政传真 021-62572105 |
| 客服电话 | 021-62865537(兼传真) |
| 门市(邮购)电话 | 021-62869887　地址　上海市中山北路3663号华东师范大学校内先锋路口 |
| 网　　店 | http://hdsdcbs.tmall.com |
| 印 刷 者 | 上海市印刷十厂有限公司 |
| 开　　本 | 787×1092　1/16 |
| 印　　张 | 17.75 |
| 字　　数 | 330千字 |
| 版　　次 | 2012年4月第1版 |
| 印　　次 | 2012年4月第1次 |
| 书　　号 | ISBN 978-7-5617-9216-2/B·684 |
| 定　　价 | 39.80元 |
| 出 版 人 | 朱杰人 |

(如发现本版图书有印订质量问题，请寄回本社客服中心或者联系电话021-62865537)